千早城跡に建つ千早神社。正成夫妻と長男・正行を祭る（大阪府千早赤阪村）

正成が学んだ場と示す観心寺中院の石碑（大阪府河内長野市）

毘沙門天を祭る信貴山朝護孫子寺（奈良県平群町）

正成が幕府方の供養のために建てたと伝わる寄手塚（大阪府千早赤阪村）

桜井駅跡に立つ正成・正行「桜井の別れ」像（大阪府島本町）

御妣神社前に立つ母子像。正行の母を顕彰するため、地元の女性たちが奉納した（大阪府四條畷市）

千早城跡へ登る急な石段（大阪府千早赤阪村）

眺望のいい会下山公園に立つ石碑「大楠公湊川陣之遺蹟」（神戸市兵庫区）

後醍醐天皇を祭る吉野神宮（奈良県吉野町）

四條畷神社の摂社、御妣神社。正成の妻（正行の母）を祭っている（大阪府四條畷市）

金峯山寺蔵王堂。付近は後醍醐天皇が開いた南朝の皇居となった（奈良県吉野町）

正成が奉納したと伝わる石清水八幡宮の巨大なクスノキ（京都府八幡市）

産経NF文庫
ノンフィクション

教科書が教えない

楠木正成

産経新聞取材班

潮書房光人新社

はじめに　正成の人生を貫く「忠義」の意味するもの

日本人にとっての名将とは誰か――を考える時、日本人好みの「型」というものがあると思う。まずは寡を以て衆を討つという戦略・戦術家であること。わずかな兵しか持たないながらも、策と決断力で大軍を破る武将であることが第一の条件だろう。次に悲運の持ち主であること。合理的な頭脳の持ち主ながらも、大局に逆らうような行動で最後は悲壮な最期を遂げることも、日本人の判官びいきを刺激して、人気を集める要因となる。

この基準で名将の系譜をつくるなら、源義経、楠木正成、真田信繁（幸村）ということになるだろう。義経は騎馬軍団を率いた奇襲戦を得意とした。少数の別動隊を率いて一の谷、屋島で、平家の虚を突いて源氏を大勝に導き、壇ノ浦では水夫を射るという、当時としては常識外の戦術で平家を滅亡させた。その後、政治的センスのなさで日本初の武家政権をめざす兄・頼朝と対立し、奥州で悲壮な最期を遂げた。

正成は三十八歳で後醍醐天皇に召し出されるや、領地の河内に山城を築いて鎌倉幕府の大軍を翻弄した。千早城では千人に満たない小勢で数十万の幕府軍を百日間も寄せ付けず、有力御家人の離反を惹起して倒幕の原動力になった。その後、天皇に叛いた足利尊氏と戦った湊川の合戦では、わずか七百騎で二十万とも五十万ともいわれる足利勢に当たり、敵将・足利直義だけを狙った突撃戦で、直義を討ち取る寸前まで奮戦した後、弟の正季《まさすえ》と刺し違える最期を遂げた。

この正成の戦略・戦術を継承したのが幸村で、大坂冬の陣で堅固な真田丸をつくり、徳川の大軍を寄せ付けない徹底した籠城戦を展開した。大坂城が防衛機能を失った夏の陣では、敵将・家康だけをねらう激しい突撃戦を指揮し、家康をして「日本一の兵《つわもの》」と言わしめたことは有名だ。

◇私心や私欲を捨てた生き方

よく似た戦歴を持つ三名将だが、その目的と意識には、大きな違いが見える。義経は父・義朝を討った平家への復讐心と、源氏の家名を挙げることだけが常に頭にあった。それがゆえに、後白河法皇から褒美の官位を頂戴すると、無邪気に喜んだ。所領や官位を一括管理することで武士を束ね、武家政権を樹立しようとしていた兄・頼朝と抜き差し成らぬ不仲となった原因は、この目的意識の低さ、政治意識の未熟さにあったのである。

幸村は、父・昌幸ゆずりの武略を天下に示し、武名を史上に残すことに関心があった。それゆえに、冬の陣の後、家康が大禄を示して寝返りを誘っても応じなかったのだ。これもまた、自分の誇りと主家のために、いわば「私」のために武略を発揮した武将と言える。

こうした点を考えると、不思議なのは正成である。後醍醐天皇に召し出された時、天皇は笠置に潜行して味方は少なく、とても倒幕が実現する環境ではなかった。それは正成も自覚していて、天皇にこう奏上している。

「一旦の勝負は、必ずしも御覧ぜらるべからず。正成未だ生きてありと聞こし召し候はば、聖運はつひに開かるべしと思し召し候へ」

不利な、そして恩賞などとても期待できない戦いに身を投じ、そこで持久戦を戦い抜くという決意を披露し、千早城を中心にそれを実行してみせたのである。武士にまともな恩賞を与えない建武政権に見切りをつけた足利尊氏との戦いでも、正成は天皇のそばを去ろうとしなかった。小勢を以って大軍を討つために、天皇を比叡山に避難させて足利軍を京に入れ、兵糧攻めにする策を天皇側近の公家、つまりは軍事知識のまったくない素人に一蹴されて死地ともいえる湊川への出陣を命じられても、命に服した。ひたすら天皇のために尽くすことを第一に、私心を表に出さなかったのが正成という武将である。

武士とは元々、自分の所領を守るために武装した人々である。鎌倉幕府が成立して以降は、その行動指針は「御恩と奉公」という言葉に集約される。所領を安堵してくれる幕府のために戦い、戦功を挙げれば恩賞をいただくことを当然とした。この武士たちの大原則が元寇で崩れた。外敵を撃退する防衛戦争だったために、幕府は御家人たちに恩賞を与えることができず、その不満が蓄積してついには、後醍醐天皇に味方する武士が増えたのである。そうした背景を考えれば、武士が私心で動くのは当然のことで、私心や私欲を捨てたような正成の生き方は、希有で不思議なものなのだ。

◇「公」のために働く人がいなければ

この本の内容は、産経新聞（大阪版）で「楠木正成考 『公』を忘れた日本人へ」というタイトルで、一面に連載されていたものがベースになっている。私権ばかりを言い立てて公共心を無くした日本人ばかりになっては、この国も社会も成り立たないという思いがあって、足かけ三年続いた連載だった。

面白いことに、こうした危機意識は正成の時代、それも足利幕府の中にもあったことがうかがえる痕跡がある。京都・嵐山の宝筐院《ほうきょういん》という寺院にそれがある。ここは足利二代将軍・義詮《よしあきら》、つまりは尊氏の子の墓所だが、義詮の墓と並んで正成の嫡男・正行《まさつら》の墓が立っている。墓所に入る門扉には、足利家の家紋と並んで、楠木家の菊水紋が刻まれている。宿敵の息子は二人並んで、それもほぼ同格の扱いで眠っているのである。

正行の墓を望んだのは義詮だった。三十七歳で病没する際、十九年前の四條畷の合戦で二十三歳で自刃した正行の人柄を惜しんで、自分の墓の横に正行の墓を建てるように遺言したのだ。その理由を筆者は、こう推測している。

義詮の父、尊氏は「くれっぷりのいい大将」と言われた。配下の武将たちに気前よく恩賞を与えたからである。それは、建武政権に不満を抱く武士らを自陣に引き入れ、官軍の権威に負けない大軍勢を編成するためにも必要だったことだろう。それがゆえに、尊氏が発足させた足利幕府には構造的な欠陥があった。後に全国六十六か国のうち十一か国の守護を務め、「六分の一殿」と称される山名氏をはじめとする大大名が生まれ、ともすれば幕府はその統制に非常に苦労するのだ。その対策として三代将軍、つまりは義詮の子の義満が手を出したのが禁断の明との貿易だった。朝貢貿易しか認めない明との交易で富と文化を得ることで、強大な領地と兵力を持つ守護大名らを統制しようとしたのである。その結果、花開いたのが金閣寺に代表される北山文化だが、義満は明から「日本国王」に任じられる売国奴のような手法を取らざるを得なかった。この手を使わなかった義詮は幕政に悩み、常々こう考えていたのではなかろうか。

「私心のない正成・正行らが幕下にいてくれれば、幕政も楽だろうに」

どんな時代でも、「公」のために働く人がいなければ、国政も社会も、組織も円滑な運営はできない。そのことを教えてくれるのが宝筐院の二人の墓なのである。

◇教科書に必ず載っていた「滅私奉公」の精神

正成が湊川に赴く前、正行に後事を託して河内に帰した桜井の駅跡（現在の大阪府島本町）にある父子像には「滅私奉公」の文字が刻まれている。この精神がまさに、正成の人生を貫くもので、その生涯は明治維新後、教科書には必ず載っていた。

それが昭和に入ると、次第に次の言葉に変わっていく。「七生報国」。湊川で自刃した際、弟の正季が、七度生まれ変わっても賊を討ちたい、と言ったことが語源である。それが戦時色が強まるにつれて国に報いる生き方を示すものに変質されたのだ。加えて「楠公精神」という言葉も盛んに使われた。百倍以上の敵を相手に果敢に戦った湊川での正成の手勢をたたえる言葉だが、これも次第に、玉砕を辞さない戦いを鼓舞するものになった。

そのために戦後、楠木正成の名と存在が、人々の記憶から薄らいでいったことは否めない。一例で言えば、冒頭に挙げた三人の名将のうち、ＮＨＫ大河ドラマの主役になっていないのは正成だけだ。

◇正成が夢見た「公」「日本」とは

正成が夢見た「公」とは、天皇の下に心を一つにした人材が集まり、政治的能力と人望を持った人材が天皇の権威の下で国政を行う体制だったのではないかと思う。それを示すのは、関東で後醍醐天皇に反旗を翻した尊氏を、京から追い落とした際に徹底的な追撃戦を行わず、天皇に尊氏との和睦を進言した正成の姿である。対価なくしては動かない武士の世になってしまった以上、武士軽視の天皇親政では世はまとまらないと判断し、天皇の求心力と権威の下で、実務に長けた武士が国政を取る「日本」を夢見て、そのために粉骨砕身働いたのが正成という武将だった。

その「日本」の姿は、象徴天皇を戴く今の日本に通じるものである。現代に通じる合理主義と知恵、そして精神の高尚さと無私の心を感じさせるのが正成である。戦後の色眼鏡を外して、ありのままの正成の実像を、この本で理解してほしい。

安本寿久（産経新聞特別記者編集委員、取材班キャップ）

教科書が教えない 楠木正成——目次

教科書が教えない　楠木正成

序章

消された忠義の心

正成を祭る湊川神社。菊水紋がいたる所で見られる
（神戸市中央区）

教科書の英雄はなぜ忘れられた

楠木正成《まさしげ》が少年時代に学んだ観心寺がある大阪府河内長野市。同寺から西に約三キロ離れた市立ふるさと歴史学習館（愛称・くろまろ館）に二十世紀最初の年、明治三十四（一九〇一）年に発行された『尋常修身教科書』が展示されている。開かれたページに載っているのは正成《まさしげ》・正行《まさつら》父子の「桜井の別れ」である。

〈櫻井驛《さくらいのえき》にて、子の正行に教へさとしていはく「汝《なんじ》、幼くとも、我がことばを忘るるな。我、打ち死にせば（略）汝、我に代り賊（足利尊氏）をうちて、大御心《おおみこころ》を安んじ奉るべし。」〉

大軍で上洛する足利尊氏を討つため兵庫・湊川に出陣する正成が、後事を考えて正行を河内に帰す場面は『太平記』ではこう記されている。

〈汝はすでに十歳に余れり。一言耳の底に留まらば、わが教誡《きょうかい》に違《たが》ふ事なかれ。（略）正成すでに討死すと聞きなば、天下は必ず将軍の代となるべしと心得べし。しかりと云へども、一旦の身命を助けんために、多年の忠烈を失ひて、降参不義の行跡《ふるまい》を致す事あるべからず〉

教科書が、『太平記』の格調を崩さず、平易に文意を伝えようと苦心していることがわかる。

修身は、明治時代から昭和二十年まで続いた教科で、展示されている教科書は、現在でいえば小学一年生から四年生にあたる子供が使った。全五十四ページ。紫式部や渡辺崋山といった歴史上の人物などを題材にし、正成・正行父子に関する記述は十七ページ、全体の三分の一近くを占めている。

「『忠孝』の精神を教えようとしたのでしょう。発行されたのが日清戦争の後、日露戦争の前という時期ですから」

同館の高田加容子学芸員はそう話す。正成・正行父子は、明治六（一八七三）年に文部省が小学校教科書として初めて編纂《へんさん》した国語教科書「小学読本」に、すでに登場している。

前年の五年は、正成の墓所に湊川神社が創建された年だが、墓所には幕末から志士の参詣が多かったことも見逃せない。嘉永四（一八五一）年の吉田松陰にはじまり、高杉晋作、真木保臣、木戸孝允、西郷隆盛、大久保利通、伊藤博文らが名を連ねる。彼らは、京や江戸と国元との往来の際に西国街道に面した墓所に参詣し、勤皇の意志を強めた。このことも正成顕彰の背景と考えられる。

「戦前・戦中の日本では教科書（の影響力）が絶対でした」

共著に『軍記文学研究叢書《そうしょ》9　太平記の世界』がある東京学芸大の中村格《いたる》名誉教授はそう話し、興味深い数字を明らかにした。

〈一位楠木正成二六%、二位天子様（天皇）二三%、三位先生二〇%〉

明治三十二（一八九九）年、岡山県下の小学生に行った「各自の模範となすべき人物」調査の結果という。天皇をも上回る正成の人気を、河内長野市立図書館地域文化遺産啓発専門員の尾谷雅彦氏はこう見る。

「教科書で教えられてはいるが、当時の子供たちにとって、正成とは堅苦しく考えるのではなく、物語や講談などに出てくる英雄、ヒーローとの意識が強かったのではないでしょうか」

『太平記』がその死を惜しみ、水戸黄門（光圀）が墓所を建立し、明治天皇が神・楠公さんになることを許した。日本史上、楠木正成ほど愛された武将は少なかろう。にもかかわらず、その足跡を知る現代人は稀（まれ）になってしまった。この章では正成が忘れ去られた事情を教育の場を中心に追い、戦後日本の「忘れ物」を考える。

明治政府が目指した教育

明治政府は明治十四（一八八一）年、「小学校教則綱領」を公布し、歴史の教育内容を初めて明文化した。〈殊《こと》ニ尊王愛国ノ志気ヲ養成センコトヲ要ス〉と明記し、新政府樹立の柱ともいえる「尊王愛国」の精神を国民に教えることに主眼を置いたことが特徴だ。

この視点から絶好の教材になったのが南北朝時代、後醍醐天皇のために力を尽くした南朝方の人々で、東京学芸大の中村名誉教授の分析では、楠木正成・正行父子のほか、正成の妻である久子、新田義貞、児島高徳らが数多く取り上げられているという。

玉砕美化　歪曲された正成像

〈正成弟正季《まさすえ》に向って、「何か最後の願なる。」と問ひけるに、正季、「たゞ七度《なゝたび》人間に生れて朝敵を滅さんことを願ふのみ。」と答へければ、正成うちゑみて、「われもさこそ思ふなれ。」といひて、遂に兄弟刺しちがへて死せり〉

湊川の戦いに敗れ、楠木正成と弟の正季が刺し違える場面を、大正十年から昭和八年に使われた『尋常小学国史』はそう記す。これも日本人の心に残る『太平記』の場面だが、戦争が激化する昭和十八年から二十年の『初等科国史』では次のように変わる。

〈正成は、さもうれしさうにいひました。「自分の願ひも、その通りである。」兄弟は、にっこり笑つて、刺しちがへました。家来もみな、続いて、勇ましい最期をとげました〉

敗色が濃くなるにつれて、死が「美化」されていくのがわかる。大阪府河内長野市立図書館地域文化遺産啓発専門員の尾谷雅彦氏は言う。

「戦前の教科書で『正成や正行らに関する部分がどう書き換えられたか』を考えるだけで、一つの研究ができるくらいです」

〈忠君愛国ノ意ヲ全国ニ普及セシメ、一般教育ノ準的ヲ達シ〉

第一次伊藤博文内閣の文部大臣だった森有礼《ありのり》が、明治二十（一八八七）年に起草したとみられる閣議案の一節である。日本で初めて発足した内閣が、忠君愛国の精神を国家意識の中心に据えたことがわかる。

二年後、森は凶刃に斃《たお》れるが、「忠君愛国」の精神は国の基本的な考えとなった。さらに日清戦争（一八九四〜九五年）で、国民に「国家意識」が根付き、正成らの物語は国家意識を教えるうえで最適の教材となる。昭和四年生まれで、自身も戦前の教育を受けた中村名誉教授は言う。

「楠木正成は後醍醐天皇のため粉骨砕身、力を尽くした人物。そうした部分が『忠孝の鑑《かがみ》』として（時の政府に）利用された面もあります」

その過程を学術的に立証したのが龍谷大の相川美恵子准教授の論文『明治以降の歴史教科書にみる楠木正成像の変容過程』だ。相川氏はその中で、後醍醐天皇の失政を公家の万里小路《までのこう》路藤房《じふじふさ》が諫《いさ》める場面などが教科書から消えてゆくことを指摘している。正成が足利尊氏と決戦する湊川の戦いの前に、正成が朝廷に秘策を奏上する場面も教科書から消え、七生滅賊《しちしょうめつぞく》の逸話に変わっていくという。

「皇国史観のもと、忠孝の部分だけが利用され、純化されていったことは間違いありません」

〈♪青葉茂れる桜井の　里のわたりの夕まぐれ　木の下蔭に駒とめて……〉

落合直文作詞、奥山朝恭《ともやす》作曲の唱歌「楠公の歌」の一節である。全体で十五番まで作られた歌で、現在八十七歳の中村氏は「戦前の小学校に通った人なら誰でも知っている。知らないのなら『日本人ではない』といわれたくらいだった」と話す。

「押しつけでなく正成、正行親子の精神が日本人の心に触れたのだと思う。日本人に正成らが広まった理由はそこにあり、教科書で教えられた部分も本来はそこにあったのだと思います」

森有礼

日本の初代文部大臣。父は薩摩藩士。下級武士の家に生まれたが、慶応元(一八六五)年、藩の留学生として英国に留学。その時に一緒だった一人が五代友厚。帰国後は欧米思想の啓蒙、近代国家建設のために積極的に西洋文明を取り入れ、一橋大学の母体となった「商法講習所」の創設者にもなった。明治六大教育家に数えられる。

大日本帝国憲法発布当日の明治二十二年二月十一日、式典に出席するため自宅で準備をしていたところ、国粋主義者に襲撃され、翌日に死亡。四十一歳の若さだった。

一転、墨塗り　消された正成

真っ黒に墨で塗りつぶされた教科書（複製）。終戦後、新しい教科書が作られるまで使われた、いわゆる「墨塗り教科書」である。

京都市学校歴史博物館（京都市下京区）で見せてもらった写真の教科書は、昭和十七年度ごろから使われた『初等科国語』。消されているのは「菊水の流れ　櫻井の驛」と題した物語だ。

〈一族のうち、一人も生き残りてあらん間は、金剛山のほとりにたてこもり、敵寄せ来たらば、命にかけて忠を全うすべし。これぞ汝《なんじ》が第一の孝行なる〉

塗りつぶされたのは、湊川の戦いに出陣する楠木正成が、嫡子・正行に言い残した言葉などである。『太平記』の原文では次のような内容だ。

〈一族若党一人も死に残つてあらん程は、金剛山に引き籠もり、敵寄せ来たらば、命を兵《へい》刃《じん》に堕《お》として、名を後代に遺すべし。これを汝が孝行と思ふべし〉

教科書が教えようとしているのは、ほぼ原文通りの内容である。その「歴史」教育を不都合と考えた当時の判断がうかがえる。

戦前の教科書で正成・正行父子は、修身、国語、歴史で登場する。記述内容は時代とともに微妙に変わるが、相川美恵子准教授が注目するのは国定教科書時代の明治四十四（一九一一）年の「歴史」のみで行われた改訂だ。それまで「湊川の戦いで討ち死にした」と簡潔に記されていた正成の最期に突然、「七たび人間に生れて朝敵を滅ぼさん」という記述が現れる。さらに昭和九（一九三四）年の改訂では、文末にこんな文章が加筆された。〈実に、正成は古今忠臣のかゞみである。わが国民は、皆、正成のような真心を持って、大いに御国のためにつくさねばならぬ〉

相川氏は、明治四十四年の改訂前に大逆事件や南北正閏《せいじゅん》論争が起き、昭和六年には満州事変が起きたことを指摘した上でこう話す。

「いずれの改訂もそれらと連動して行われ、改訂、加筆された部分は『七生滅敵』『七生報国』といったスローガンへとつながっていく。意図は明らかです。実際、十八年に出された教員向けの教科書では『尊皇思想の原動力』と結びつけて教えるようにといった内容が記されています」

京都市学校歴史博物館によると、空襲をほとんど受けなかった同市では昭和二十年十月から学校が再開された。戦後の混乱の中、従来の国定教科書を使わざるを得ず、戦争に関する部分を墨で塗りつぶした。

「疎開から戻った子供たちが最初の授業で行ったのは、教科書に墨を塗ることでした。墨をどの部分に塗るかは学校まかせ、先生まかせで、明確な基準はなかった」

同館の和崎光太郎学芸員はそう話す。二十一年には修身・国史科が停止され、教科書回収命令が出された。二十二年、教育基本法、学校教育法公布。文部省編集による教科書が登場するが、楠木正成の物語はなかった。その理由を相川氏はこう解説する。

「第一に教科書を作る側がＧＨＱ（連合国軍総司令部）の意向を付度《そんたく》して正成を排除したこと、第二に当時教育を受けた人たちの正成に対する嫌悪感が強かったこと、第三にこれが最も大切なのですが、教育をした側が、正面から教育者としての責任と向き合い、検証することをしないまま戦後を歩んできてしまったことだと思います」

国定教科書

国や国が定める機関が著作・発行し、学校での使用が義務づけられる教科書。日本では、明治初期には自由編纂《へんさん》の教科書が使われたが、明治十年代から制度化が進み、十六（一八八三）年からの認可制時代を経て、十九年の小学校令施行とともに文部省の検定制となった。

三十五年に贈収賄事件「教科書疑獄事件」が起こり、三十六年に小学校教科書の国定制度が定められ、翌年から国定教科書が使用され始めた。以後、昭和十六（一九四一）年まで度重なる改訂が行われ、戦後の教育基本法公布で姿を消した。

私学には残った正成妻の遺徳

〈四條畷《しじょうなわて》神社境内に摂社御妣《みおや》神社が建設されたのを動機に、祭神大楠公夫人を中心思想としてこの霊地を選ぶこととなった〉

大正十五（一九二六）年の創立事情をそう自伝に書き残しているのは、四條畷高等女学校（現在の四條畷学園、大阪府大東市）の創立者、牧田宗太郎氏である。牧田氏が、楠木正成の妻を女学校設立の基本思想に据えたのは、母・栄子の姿が正成の妻・久子（名前には諸説ある）に重なったからだ。

牧田氏の父・虎之丞《とらのじょう》は大坂城詰めの幕臣だったが、明治維新で失職した。栄子は一家を支えるため、女学校の教員になったほか、内職をいくつもこなし、七人の子供を育てた。牧田氏はその姿を見て十五歳から小学校の教員として働き、その後、英語教師として岩手県や山口県に赴任し、大正十年に大阪府立四條畷中学校長に就任。五年後に四條畷高等女学校を設立した。

「今の自分があるのは母親のおかげなので、亡くなった母のためにできることは何かと考えて、学校をつくったと聞いています。四條畷神社に祭られている楠木正行を立派に育て上げた久子さんに、お母さんの姿が重なったのでしょう」

同学園の川崎博司理事長はそう話す。牧田氏の理念は創立以来変わらない建学の精神「報恩感謝」に込められているという。

〈妻として母として時代を超えて愛され続けた正行母は、草創期の樟蔭《しょういん》が理想とした女性であったことがうかがえる〉

平成二十九年に創立百年を迎えた樟蔭学園（大阪府東大阪市）の大阪樟蔭女子大では、年十五回の講義「樟蔭の窓」で楠木正成・正行や正行の母について教えている。

「大正時代から続く講義と聞いていますから、戦前戦後一貫して、正行の母を理想とした教育を続けているのだと思います」

同講義で教壇に立つ横田智鶴・非常勤講師はそう話す。講義では、正成・正行に続いて正行の母について学び、三人の近世以降の評価を追ってゆく。

「『太平記』は本来、女性を登場させない軍記物です。そこに例外的に正行の母が登場する。当時から正成・正行を支えた存在として評価されていた証しで、その意味を学生に教えています」

正行の母は『太平記』では、正行の自害を止める場面にのみ登場する。桜井の別れで後事を託された数え十一歳の正行は、首となって河内に帰った父の姿を見て取り乱し、自害しようとする。それを言葉を尽くして諭すのが母である。

〈「当座の歎《なげ》きに引かされ、行末《ゆくすえ》を顧みず、父の恥を雪《すす》がず、われになほ愁《う》き目を見せんとする。うたてのあどなさよ」〉

情けないばかりの幼さと責め、それでも死ぬならまず、自分を刺せと迫った。正行は幼心にも母の言葉が道理と納得した。青年武将に成長して南朝のために奮戦する正行は、父の遺言のみでは育たず、母の捨て身の教えが大きな役割を果たしたことを『太平記』は現在に伝えている。

〈樟蔭という校名は、樟《くす》の余芳《よほう》の蔭、つまり楠木正成夫人の遺徳（余芳）にあやかるという意味から付けられています〉

樟蔭学園は、建学の理念をそう記している。公教育から消えた正成たちの精神は、私学では戦後も脈々と伝えられていたのである。

御妣神社

楠木正行の母を祭るため大正十四年、正行を祭る四條畷神社の境内に鎮座。神道が女人禁制だった時代に、正行を育てた母を慕う地元の女性たちだけの尽力で創建された。神社の前には母が正行を諭す姿を再現した母子像がある。これも地元女性の会「御妣会《みおやかい》」が平成二十七年に奉納したもので、父子像は桜井駅跡（大阪府島本町）などにあるが、母子像は珍しい。

四條畷神社は、楠木正行が殉死した地に明治二十三年に建立された。正行と、一緒に自害した弟・正時ら二十四柱を祭っている。神社から西に一キロには正行の墓所がある。

実像をどう次世代に伝えるか

〈♪青葉茂れる桜井の／里のわたりの夕まぐれ／木の下蔭《こ》に駒とめて／世の行く末をつくづくと／忍ぶ鎧《よろい》の袖の上《え》に／散るは涙かはた露か〉

湊川に赴く楠木正成と、嫡子・正行の別れを描いた唱歌「楠公の歌」。湊川神社（神戸市中央区）境内の楠公会館では月二回、「楠公歌の会」のメンバーが集まり、合唱する。

「歌が好き、というだけで普段はまったく接点のない人々と交流できるのが一番の魅力。歌に込められた日本の心を一人でも多くの人に知っていただきたい」

同会の河合純子副会長はそう話す。河合氏は大阪府千早赤阪村の出身。通った小・中・高校すべての校章に「菊水の紋」があった。金剛山や楠公産湯《うぶゆ》の井戸など、正成ゆかりの場所に囲まれて育った子供時代の経験が、現在の活動にもつながっているという。

「カナダで生活していた時期があったが、現地では日本の歴史、日本とはどういう国なのか、と聞かれることが多かった。説明できる日本人が、今、果たして何人いるのでしょうか」

自国の先人を知らず、自国の成り立ちを知識として知らない人々が増えている現状に、河合氏は危機感を抱く。

東京都町田市の元小学校教諭、後藤久子氏は平成二十年、『楠公父子物語』上下巻を出版した。

文中の漢字にはすべて読みがなを振り、挿絵が豊富に添えられるなど子供向けの伝記本としての体裁を備えている。

「子供だけでなく親世代にも正成父子の生き方に触れてもらい、日本人が大切にしてきた『誠の心』に目を向けてもらいたい」

後藤氏はこれまでにも、吉田松陰や高杉晋作の伝記を執筆してきた。その過程で、日本が危機に陥るたびに「命をかけて国を守る」正成の精神が呼び覚まされていく様子を知った。

「今は自分がよりよく生きることばかり優先され、人のため、公のために尽くす心が忘れられている。人のため、国のためにどうすればよいかを考えさせることが大切だと思います」

〈近畿地方を中心に、幕府に従わない武士たちが登場してきました。かれらは集団で荘園や寺社におしいったり、年貢をうばったりしたため、幕府や荘園領主からは「悪党」とよばれました。（略）1333年、楠木正成らの悪党勢力や、足利尊氏・新田義貞ら東国の御家人の活躍などにより、鎌倉幕府はほろびました〉

戦後の中学校の社会科教科書では、楠木正成はこんな形で触れられている。天皇親政の復活のために戦ったことには触れず、鎌倉幕府の秩序を破壊した面のみが強調されていることを、湊川神社の垣田宗彦宮司は危惧する。

「最近では楠公さん(正成)の存在そのものを知らない若い世代に接することが多くなり、状況はより深刻になっていると感じています」

一方で、大阪、兵庫の六市町村が正成・正行父子をテーマに日本遺産認定を目指し、同神社の「楠公武者行列」も平成三十年五月に開催された。

「正成に愛着を持っているのは高齢の方が多く、若い世代に受け継がれていない。追い風が吹いている今こそ、正成の実像を次の世代へ語り継いでいく機会にしたい」

楠公歌の会

「桜井の訣別」として知られる「楠公の歌」など、戦後顧みられることが少なくなった日本の唱歌、叙情歌などを歌い継いでいこうと平成十七年に発足した。月二回、第一木曜と第三火曜に湊川神社で練習会を開いている。

二十七年に開催した一〇周年記念演奏会では、建国神話を織り込んだ交声曲「海道東征」第八章「天業恢弘《てんぎょうかいこう》」を披露した。現在の会員は約百五十人。「楠公の歌」は十五番まであり、桜井の訣別から湊川の戦いまでを描いている。

第一章

正成誕生の背景

楠木氏の氏神、建水分神社。今も正成をしのぶ祭り
「くすのきさん」が行われる（大阪府千早赤阪村）

貫いた忠義と仁

大阪府河内長野市の真言宗遺跡本山・観心寺。南北朝時代の武将、楠木正成《まさしげ》が少年期に学び、首塚が残る同寺の前住職、永島龍弘長老は戦後、母校の校歌が忘れ去られたことが残念でならない。母校とは開校百十五年の歴史を誇る府立富田林高校。明治三十四年の開校と同時に作られた校歌の二番はこんな歌詞だった。

千早城頭観心寺畔
千古絶えせぬ菊花の香
あゝ偉なるかな
あゝ偉なるかな吾等の祖先
いでや学生
我も御国の男《お》の子なり

千早城は、鎌倉幕府の大軍を散々苦しめた正成の居城。菊花の香とは、楠木氏の菊水紋を読み込んだものだ。河内に生まれ育ち、九十六代後醍醐天皇をたすけて幕府を倒した正成をたたえ、あやかろうとした歌詞なのである。戦後、新制高校になって女子生徒が入ってくると、この歌詞は敬遠され、一番のみが歌われた。昭和五十六年には二番と三番の歌詞が全生徒から公募され、正成を歌った二番は校歌から消えた。

「経済のことばかりを考え、心のことを言わなくなった戦後日本を象徴しているようで、非常に残念なことだと思っています」

〈南河内赤坂の水分山の井、楠館にて生誕。幼名を多聞と言ふ〉

正成について、『太平記』はそう書く。永仁二（一二九四）年のことだ。後醍醐天皇のお召しに応じて下赤坂城で挙兵したのは元弘元（一三三一）年、正成が数え三十八歳の年である。

下赤坂城が幕軍に落とされ、後醍醐天皇が隠岐に流されてからは千早城に拠《よ》って戦いを続けた。正成の奮戦で幕軍に離反が相次ぎ、幕府が滅んで建武の中興が成ったのは挙兵から三年後のことだ。

しかし、二年もたたないうちに足利尊氏が背き、正成は尊氏の大軍との戦に心を砕く。九州から京を目指す尊氏と摂津・湊川で戦い、激戦の末に弟・正季《まさすえ》と刺し違えて自刃したのは延元元（一三三六）年である。正成四十三歳。

「七生滅賊《しちしょうめつぞく》」

七度生まれ変わって賊軍を討ちたいと正季は言い、正成は笑って応じたと伝承される。

「だから忠義、正義の人といわれるが、私は仁の人だったと考えています。部下にも敵にも思いやりのあった人ですね」

境内に墓所があり、正成を祭神とする湊川神社（神戸市中央区）の垣田宗彦宮司はそう話す。正成は新政府の官職に就いていた四十一歳の時、激戦地だった赤坂に身方《みかた》塚、寄手《よせて》塚を築いて敵味方の別なく戦死者を弔っている。

「尊氏は家の繁栄と武運長久を願う、当時当たり前の武将ですが、楠公さん（正成）は天下の静謐《せいひつ》や平和を願う、一歩進んだ人だったと思います」

後世、正成の末裔《まつえい》を名乗って天下人を恐れさせ、重用された人が二人いる。一人は、伊勢・北畠氏に仕えて織田信長と戦った楠木正具《まさとも》。一志郡八田城にわずか七百人の手勢で籠もり、織田の将、滝川一益の南進を食い止めた。

「げに伊勢の楠（木）こそ、いくさにかけては鬼神よ」

信長はそう言って、攻撃の将を羽柴秀吉に代えたと伝わる。正具は北畠氏の降伏後も伊勢・長島、摂津・石山で織田勢と戦い、六十一歳で戦死したと記録される。

いま一人は大饗正虎《おおあえまさとら》で、教養人として秀吉の右筆に用いられ、天下統一後の秀吉が後陽成《ごようぜい》天皇を聚楽第にお迎えした際、『聚楽行幸記』を浄書している。

〈時に今上皇帝十六歳にして御位に即せ給ふ。百官巾子をかたぶけ、万民掌を合せずといふ者なし〉

この文章は、正成が追い求めた、皇室を敬う理想の世を代弁しているようで面白い。

武に長《た》け、文に通じた二人の末裔は、正成がどういう人だったかをうかがわせる。正成の生涯が現代に伝えるものは何なのか。

正成の活動範囲

河内に生まれ育ち、そこで鎌倉幕府の大軍を迎え撃った正成だが、活動範囲は近畿一円に及ぶ。

後醍醐天皇に召された場は山城（京都府）の笠置《かさぎ》。倒幕後、官軍として臨んだ戦場は摂津（大阪府と兵庫県）に多い。特に有名なのは桜井の駅（現在の大阪府島本町）。朝命を受けて寡兵で、足利尊氏の大軍討伐に向かう途中、嫡子の正行《まさつら》を河内に帰し、父に代わって天皇に忠節を尽くすよう説いた場所だ。
〈青葉茂れる桜井の　里のわたりの夕まぐれ……〉
その様子は、文部省唱歌『桜井の訣別』に歌われている。

祖父の代　駿河から河内に

楠木正成を祭神とし、真筆などゆかりの品約三百点を収蔵する湊川神社が発行する『大楠公』年譜に、こんな記述がある。

〈正和四（一三一五）年　大楠公御父御逝去。御父の御名、正康、正遠《まさとお》、正澄《まさずみ》、正玄《まさはる》等諸説あり〉

学芸員の役割を果たす神職が何人もいる同神社でさえ、正成の父の名が特定できないのだ。『太平記』には、楠木氏は橘諸兄《もろえ》の後裔《こうえい》と書かれているが、それを証明する資料は他にない。正成の祖先は謎に満ちていると言っていい。

「だから悪党という評価が広まっているが、正成の生涯は決して悪党のものではない。皇室を敬い、敵を無用に殺さないところに相当の教養を感じます」

同神社の垣田宗彦宮司はそう話す。

〈くすの木の　ねハかまくらに成るものを　枝をきりにと　何の出るらん〉

正成が鎌倉幕府の大軍を迎えて戦った千早城合戦のころ、都でこんな落首《らくしゅ》がはやった、と『後光明照院関白記』が記している。書き留めたのは後醍醐天皇の関白を務めた二条道平。

楠木氏系図

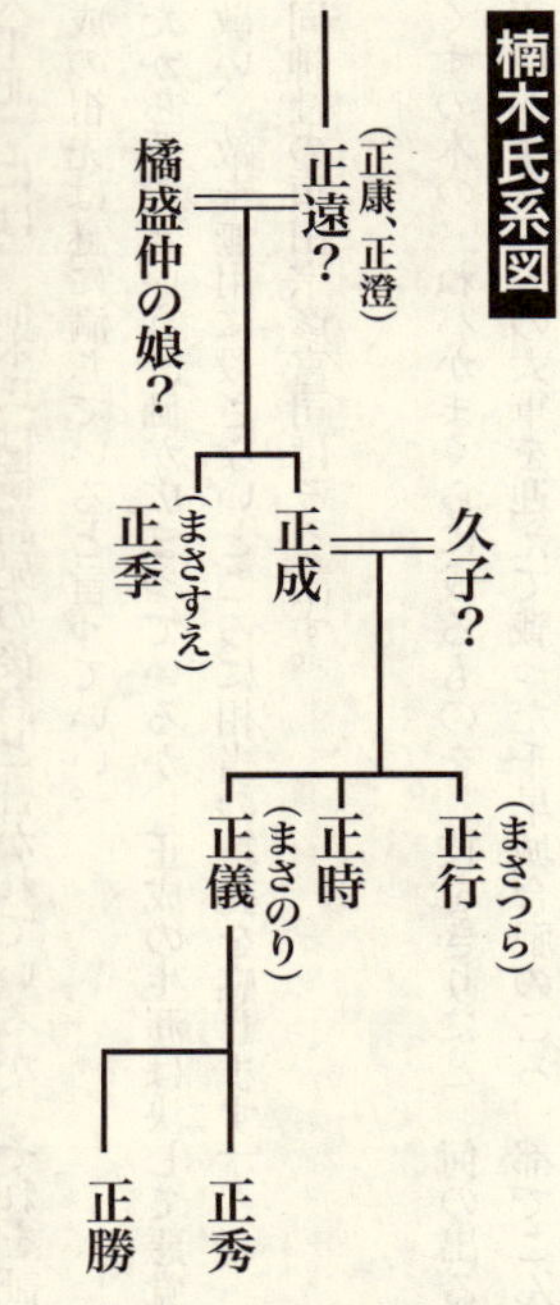

楠木の根は鎌倉にあるというのに、その枝を切ろうと幕軍はどうして戦に出ていくのか――。そう皮肉る狂歌は当時の都人が、楠木氏がもともと鎌倉側の武士と知っていたことを示している。

「最近の研究では、楠木氏の故郷は河内から遠く離れた駿河国（静岡県）の入江荘楠木村にあったと考えられています」

そう話すのは『楠木正成』（吉川弘文館）の著者で、独協大の新井孝重教授である。

「ここと河内はともに北条得宗《とくそう》家（執権家）の支配下にあり、観心寺荘を領地化した際、楠木村の得宗被官だった楠木氏が、代官として入ったのではないでしょうか」

観心寺荘の地頭だった安達氏が滅ぼされたのは弘安八（一二八五）年である。得宗家の新たな領地に組みこまれ、楠木氏が移ったのはその後と考えられる。さらに十年後の永仁三（一二九五）年、東大寺領播磨大部荘に乱入した楠河内入道という人物が、東大寺文書に登場する。これを正成の父か叔父とする説もある。その前年の永仁二年は、正成が誕生したとされる年だ。

「河内には楠木という地名はない。だから土地を基盤にして名乗りにする鎌倉武士らしい武士ではなく、銭の力で家人や土地の者を動かす武士だったのでしょう」

楠木氏の菩《ぼ》提寺《だいじ》、観心寺の永島龍弘長老はそう話す。

「正成の地盤の一つ、赤坂は朱（水銀）の産地で、交通の便もよい。その立地条件のもとで力を付けた家だったと思います」

楠木氏は、正成の祖父の代に駿河から河内に入り、財を成した——。執権政治や荘園制度がほころび、流通や商業が力を持つ時代の申し子が、新たな武士・正成だったのである。

家紋は菊水、橘氏の末裔説も

河内を地盤とする豪族とされ、家紋は流水に菊花が浮かぶ「菊水」。伊予橘氏や名門・橘氏の末裔とする文献もあるが、鎌倉時代末期に活躍した正成（一二九四〜一三三六年）以前のことはよくわからない。

正成は四人兄弟といわれ、湊川で一緒に自刃した弟、正季が有名。嫡子の正行も最後まで足利軍と戦って討ち死にし、正成が大楠公と言われるのに対し、正行は小楠公と呼ばれる。楠木氏一族の多くが南朝方についたため長く「朝敵」とされたが、永禄二（一五五九）年、正親町《おおぎまち》天皇によって赦免された。

信貴山　心と戦略の拠り所

〈これは彼が母若かりし時、志貴《しき》の毘沙門《びしゃもん》に百日参詣して、ある夜錦帳《きんちょう》の内より、玉《たま》を給ふと夢に見て儲《もう》けたる子にて、童名をば多聞《たもん》とは付けて候《そうろ》ふなり〉

楠木正成の誕生について、『太平記』はそんな伝承を記す。「志貴」は河内（大阪府）と大和（奈良県）のほぼ境に位置する信貴山（標高四三七メートル）の朝護孫子寺《ちょうごそんしじ》（同県平群町）である。寺の本尊、毘沙門天は聖徳太子が物部守屋《もののべのもりや》を討伐するため、この山で戦勝祈願すると、寅年の寅日、寅の刻に現れ、願いを成就させたという言い伝えが残る。

「中世という厳しい時代の、女の秘めたる戦いを感じさせます」

子孫長久の祈願所ともされた寺で懐妊を祈る母の姿について、信貴山成福院《じょうふくいん》の鈴木貴晶貫《かん》主《す》はそう語る。『太平記』が書く「玉」は仏教の如意宝珠《にょいほうじゅ》のことで、母は夢のなかでのみ込み、これが子宝、つまり正成に変化した、と伝わる。

四天王の一尊である毘沙門天の異名は多聞天。憤怒の相の甲冑《かっちゅう》姿で、左手に宝塔、右手には宝棒を持ち、仏法を守護する。後に上杉謙信ら戦国武将も信仰した武神である。正成の誕生譚《たん》には、武将にふさわしい男子を願った母の思いが読み取れる。

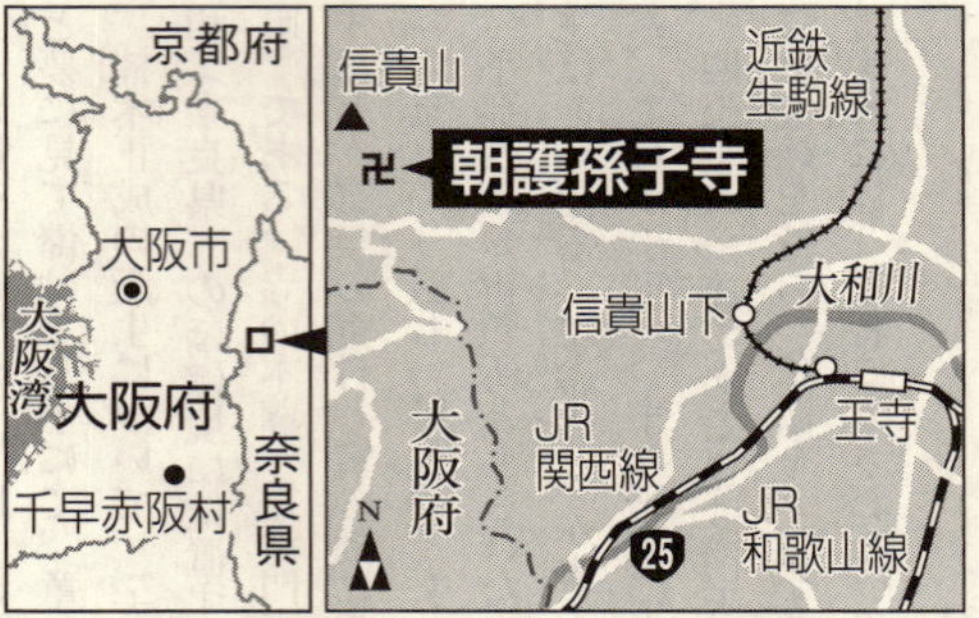

『太平記』の記述をさらに紹介する。倒幕をめざす後醍醐天皇は元弘元（一三三一）年八月二十七日、笠置山（京都府笠置町）に行幸し、そこで夢を見た。

〈大いなる常葉木《ときはぎ》ありて、緑陰茂りて南へ指したる枝ことに栄え蔓《はびこ》れり〉

木に南、と書けば「楠」という字になる。天皇は、京や笠置から見て南の河内に楠木正成という武士がいることを知ると、直ちに呼び寄せた。天皇の意を知った正成はこう返答した。

「正成一人いまだ生きてありと聞こし食《め》し候はば、聖運はつひに開くべしと思《おぼ》し召し候へ」

いかに鎌倉幕府の大軍に攻められようと、正成が討ち死にしない限り、倒幕の目的は必ずかなうという力強い言葉だ。正成の心境を鈴木貫主はこう推測する。

「正成は幼少期から、なぜ自分は『多聞』という名なのかと思っただろうし、親から教育を受けたのではないか。それなりに自信があったのだろう」

菊水紋の飾り金具が入った兜《かぶと》（重要文化財）に、菊水が施された旌旗《せいき》（平群町文化財）。朝護孫子寺霊宝館には正成の奉納品とされる二点が並ぶ。旌旗の「元弘元年九月十日」という墨書銘は、旗揚げのころと一致し、天皇につく決心をして納めたと考えられる。「信貴山へのあつい信仰を物語っている。山は地理的な要衝で、情報伝達する山伏も多かった」

平群町教委の葛本隆将《たかゆき》学芸員はそう話す。北上すれば京も近い信貴山は後醍醐天皇の皇子、大塔宮護良親王《おおとうのみやもりよし》が兵を集めるなど南朝の拠点にもなった。南朝の中心人物、正成にとって、毘沙門天を祭る山は、心と戦略の拠《よ》り所だったのだ。

信貴山朝護孫子寺

飛鳥時代に聖徳太子が像を祭ったことに始まると伝わる毘沙門天信仰の聖地。平安時代、この山で修行した命蓮《みょうれん》上人が醍醐天皇の病気平癒を毘沙門天に祈願。朝廟安穏《ちょうびょうあんのん》、守護国土、子孫長久の祈願寺として「朝護孫子寺」の勅号が与えられた。戦国時代には山頂に信貴山城が築城された。松永久秀が城主の時、織田信長に攻められて落城し、寺も焼けたが、豊臣秀頼が再建した（寺伝）。現在の本堂は昭和三十三年建立。平安時代後期の信貴山縁起絵巻（国宝）は命蓮に関する説話を描いている。信貴山真言宗総本山。

物流の要衝だった誕生の地

〈河内国金剛山の西にこそ、楠多門兵衛正成とて、弓矢取て名を得たる者は候なれ〉『太平記』が書く「金剛山の西」は現在の大阪府千早赤阪村付近。役場前バス停のすぐそば、村の中心部に明治時代に建立された「楠公誕生地」の石碑が立つ。諸説ある楠木正成の生誕地のなかでも有力なのがこの場所である。

この一角は国有地で、周囲には十数本のクスノキが植えられている。明治や大正時代の皇族が植樹したものだ。

誕生地のすぐ北、棚田の間を通り、林の中の階段を下りると、「楠公産湯の井戸」と名付けられた小さな井戸に行き当たる。正成が生まれた際、ここからわき出る水を沸かして産湯に使ったという伝承が残る。水は今もわき出ており、子孫繁栄や家内安全に御利益があるとされる。

「石碑と産湯の井戸、そして村立郷土資料館をめぐる人が多いですね。資料館の年間入場者は約四千人です」

同村教委の吉光貴裕氏はそう話す。人口約五千三百人の静かな村を訪れる人の意外な数は、正成の根強い人気を示している。

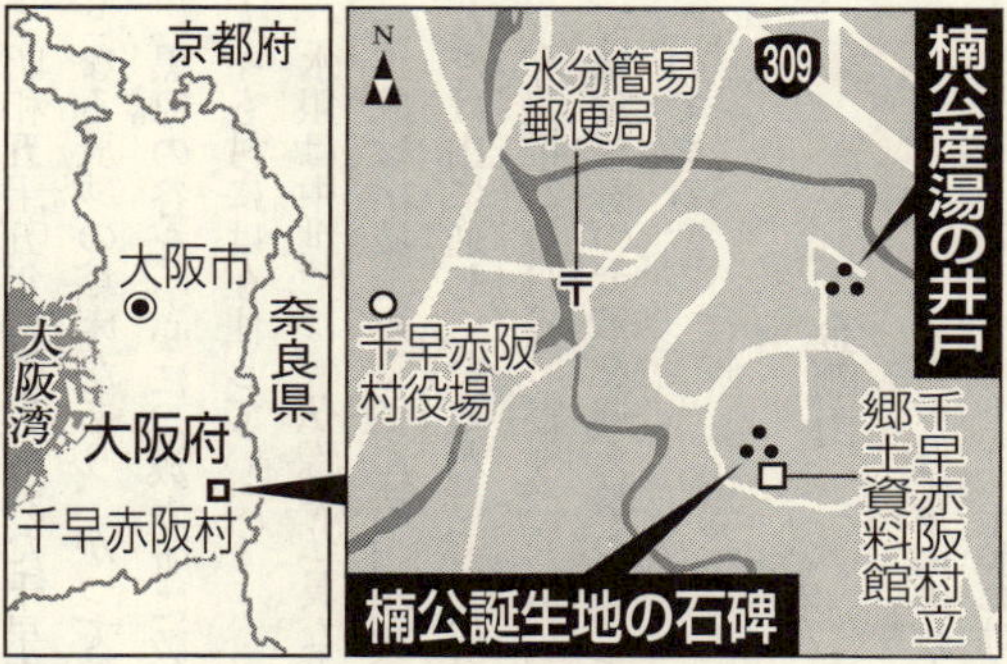

誕生地付近では、平成二年から四年にかけて行われた発掘調査で、二重の堀に囲まれた城館跡が見つかった。正成が活躍した十四世紀ごろのもので、白磁や青磁などの輸入陶器が多く出土した。

「確たる証拠はないが、防御能力のある館なので正成の館と考えられる。輸入陶器も一般的に、物流を握っていたといわれる正成の館と推測させる」

阪南大の和泉大樹准教授はそう話す。千早赤阪村付近は、東は大和に抜ける峠道が通り、西は河内から和泉につながる。金剛山から西に流れる水越川は千早川と合流し、石川を経由して大和川に注ぐ。その先は大阪湾。海運や交易の中間点としてまさに、うってつけの土地が同村付近なのである。

「陸路、水路の要衝に館や居城を持っていたことで正成には、大きな財力があったでしょうね」

昭和五十五年に発行された千早赤阪村誌に、千早鉱山についての記述がある。水銀の原料となる辰砂《しんしゃ》の鉱床があり、かつて稼働していた鉱山である。〈黒栂《くろとが》の谷を中心に、数カ所に数キロに及ぶ坑道が残っている。水銀鉱山に勤務していた人々も村には在住していた〉

水銀は中世には、仏像や仏具などのメッキに使われたほか、顔料の朱の原料になった。「正成は山城をたくさん造ったが、どこにも金剛山に逃げるルートがあったといわれる。それだけ山に通じているわけで、辰砂の採掘権も握っていたのではないでしょうか」和泉准教授はそう話す。正成は最初に挙兵した下赤坂城のほか、上赤坂城や千早城も築いて鎌倉幕府の大軍を迎え撃った。正成の活躍は、豊かな河内の土地柄あってこそのものだったのである。

金剛山

大阪府千早赤阪村と奈良県御所市との境にそびえる金剛山地の主峰。標高は一一二五メートル、中腹には大阪府の最高地点（一〇五六メートル）がある。

約千三百年前に修験道の開祖・役小角《えんのおづの》が修行したとされ、古来、修験道の聖地として神聖視されてきた。頂上付近には、役小角が開いたとされる金剛山転法輪寺や一言主神を祭る金剛山葛木神社がある。

大阪側には、楠木正成が幕府方と激しい戦闘を繰り広げた下赤坂城、上赤坂城、千早城の城跡などが残されている。

財力も持っていた楠木一族

境内に響き渡る勇壮な和太鼓の演奏に続き、豊作を願って盛大に行われる餅まき。建水分《たけみくまり》神社（大阪府千早赤阪村）の春祭「くすのきさん」のクライマックスである。

祭日は四月二十五日。永仁二（一二九四）年四月二十五日とされる楠木正成の誕生日にちなんでいる。同神社は楠木氏の氏神。元禄十五（一七〇二）年に神社の縁起を記した『上水《かみのみ》分宮略記《くまりのみや》』にはこんな記述がある。

〈後醍醐天皇の御宇、楠正成公、山下の社を以て山頂に移し、神殿、仏閣、拝殿、弊殿、鐘楼、経蔵、楼門、衢門等を営造し……〉

正成が、近くを流れる水越川のほとりにあった社殿を山上に移築し、寄進を行ったというのだ。元弘三（一三三三）年に記されたとみられる『西明寺文書』にはこう記されている。

〈正成津のくに河内の聖跡、於ほく造営のくわたて候あひた、大用にめんし候て、代官職にて知行すへきよし申談たき子細候者也〉

元弘三年は倒幕が成って正成が摂津守、河内守に任じられた年だ。その年に正成が、寺社の造営に熱心に取り組んでいたことが垣間見える。

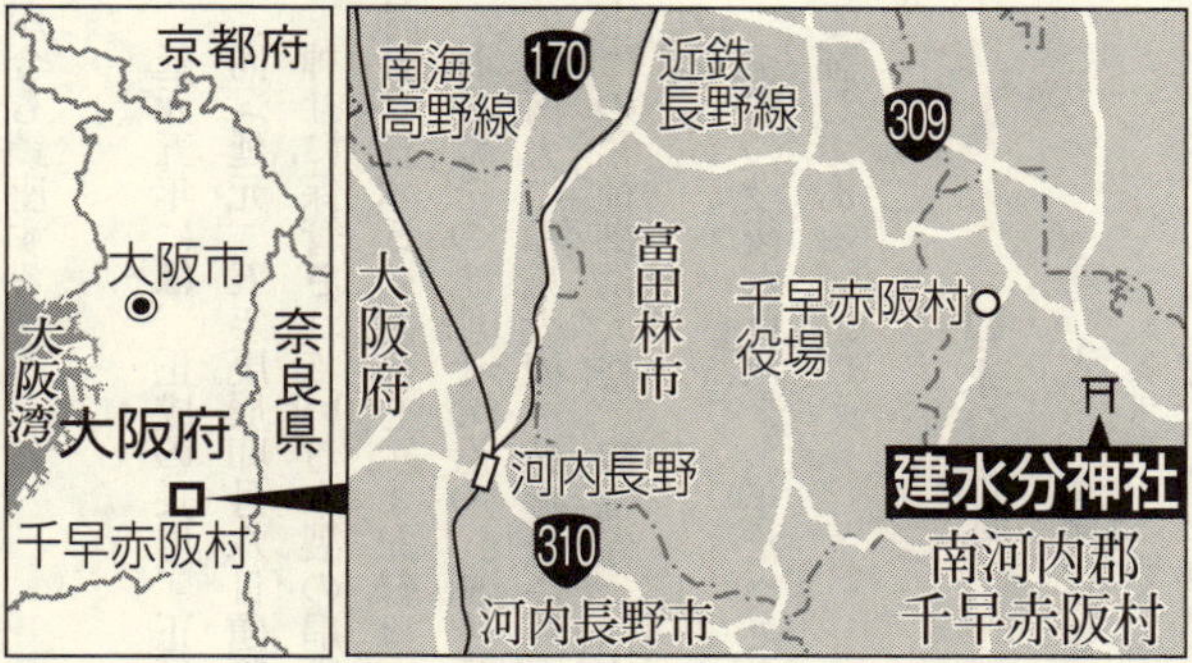

「建水分神社との深い関係は、楠木氏がこの地域の有力者で、水利権を握っていた可能性を示している」。同神社の禰宜《ねぎ》、岡山博美氏はそう話す。同神社は、大阪府と奈良県の境にある分水嶺《れい》、水越峠のふもとにあり、古くから水神として祭られた。「水分」とは文字通り、生活や農業用水を分配することを意味する。

岡山氏はさらに、楠木氏の勢力の強さは神社の造りにも表れていると言う。同神社は、本殿の中殿が春日造、左殿と右殿が流造《ながれづくり》という極めて珍しい構造になっている。

「河内だけでなく、大和など広い地域から腕利きの宮大工を集められるほどの権力、財力を持っていた証しだと思います」

延元元（一三三六）年、正成が戦死すると、その死を悼んだ後醍醐天皇の命で正成の像が作られ、同神社の境内に祭られた。天皇の跡を継いだ後村上天皇からは神号を授かり、境内には正成を祭る摂社・南木神社が今も鎮座する。

延元五年には、正成の長男、正行が扁額《へんがく》を奉納している。〈同（延元）五年庚辰卯月八日題額草創之、左衛門少尉橘正行〉神社に保管されている木製の扁額の裏面には、正行直筆と伝わる文字が残されている。同神社と楠木氏の関係を示す記録は、正成の死後にも多くみられる。

「神社はその土地そのもの。楠木氏が地元を愛し、地元から尊敬されたことがわかります」阪南大の和泉大樹准教授はそう話す。「くすのきさん」は、道明寺天満宮（大阪府藤井寺市）の菜種御供大祭《なたねごくうたいさい》、叡福寺（同府太子町）の大乗会とともに、南河内の三大春事《はるごと》に数えられる。

正成の没後六百八十余年たった今も親しまれている祭りは、正成の精神が今も慕われている証しである。

建水分神社

古来、金剛山鎮守とされる神社。通称水分《すいぶん》神社。中殿に初めて天上界に現れたとされる天御中主神《あめのみなかぬしのかみ》を祭り、左殿と右殿に四柱の水神を祭る。十代崇神《すじん》天皇の御代に飢饉《ききん》に備えて、金剛葛城の山麓に水分神が祭られたことを起源とする。

石段に「伊賀国住人服部藤右衛門尉」なる人物が文明十九（一四八七）年、寄進を行ったと刻まれている。昭和三十年代に伊賀で見つかった『上嶋家文書』の中の観世福田系図には、能楽の祖・観阿弥《かんあみ》が伊賀出身で、母は「河内の楠木正遠《まさとお》の娘」と記され、河内と伊賀とのつながりをうかがわせる。

■「楠公」祭る全国の神社

神社本庁のデータベースによると、楠木正成、正行を楠公として祭る全国の神社は次の通り。

笠置（かさぎ）神社	茨城県大子（だいご）町
楠木神社	茨城県鉾田市
楠公社	茨城県茨城町
楠木神社	群馬県館林市
天神社	静岡県掛川市
宇治神社	三重県伊勢市
雲出（くもず）神社	三重県津市
楠神社	岐阜県揖斐川（いびがわ）町
伊勢玉神社	富山県氷見（ひみ）市
四條畷（しじょうなわて）神社	大阪府四條畷市
千早神社	大阪府千早赤阪村
楠神社	兵庫県洲本市
湊川神社	兵庫県神戸市
葛木（かつらぎ）神社	奈良県御所（ごせ）市
吉水神社	奈良県吉野町
四位殿（しいどの）神社	奈良県上北山村
勝神（かつかみ）神社	和歌山県紀の川市
楠神社	和歌山県紀の川市
岡上（おかのうえ）神社	徳島県板野町
楠神社	徳島県阿南市
五十鈴神社	香川県三豊（みとよ）市
河内神社	愛媛県大洲（おおず）市
新田神社	愛媛県西予（せいよ）市
満穂（みつほ）神社	愛媛県内子町
河内神社	高知県津野町
妙見神社	福岡県芦屋町
楠神社	長崎県佐世保市
八幡神社	長崎県諫早（いさはや）市
楠公社	大分県竹田市
日隈神社	大分県日田市
旭丘（ひのお）神社	宮崎県都城市
楠木神社	鹿児島県さつま町
藤之尾神社	鹿児島県日置市

✦第二章

城と領民に支えられた武将

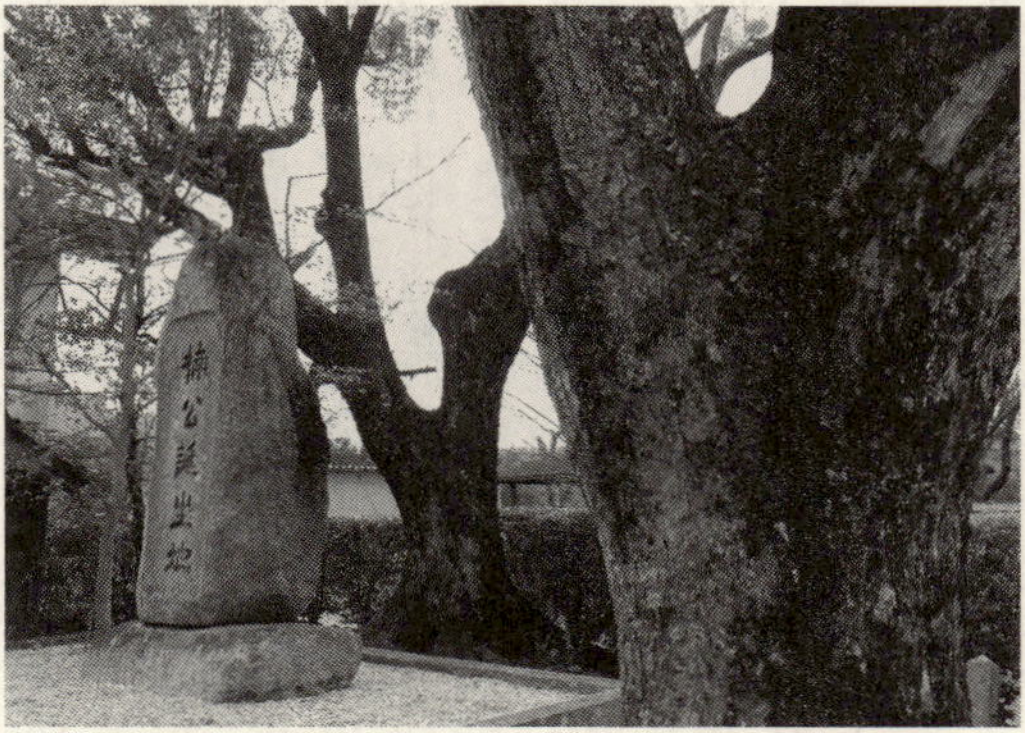

石碑が立つ楠公誕生地。正成が元服したのもここと推測される（大阪府千早赤阪村）

「精神」創った河内の地

大宝元（七〇一）年の草創と伝わる大阪府河内長野市の古刹《こさつ》・観心寺。山門を抜けて広い境内を歩くと、左手に高さ約一・七五メートルの石碑がある。

〈楠公学問所　中院〉

中院は観心寺の支院の一つで、楠木一族の菩提寺《ぼだいじ》。南北朝時代の武将、楠木正成《まさしげ》が少年時代、ここで学問を修めたことを石碑は伝えている。伝承では、正成が学んだのは八歳から十五歳まで。師は僧・龍覚《りゅうかく》だった。だから学んだのは主に仏道修行だったと考えられる。

「詳しい史料は残っていません。しかし、ここで学んだことが正成という人間をつくる『骨』となったことは間違いない」。同寺の前住職、永島龍弘長老はそう語る。

〈師の龍覚より四恩《しおん》（国・親・衆生《しゅじょう》・三宝《さんぼう》の恩）の教えの大切さを学んだ〉

同寺が発行する『高野山真言宗遺跡本山　観心寺』はそう書く。国を治める王と育ててくれた父母、生きとし生けるものすべてから受けている恩を学び、仏教徒として完成するための三つの宝、つまり仏・法・僧への思索を深めたというのである。

「国王とは『国家の統治力』。正成の場合は天皇だったと思います」

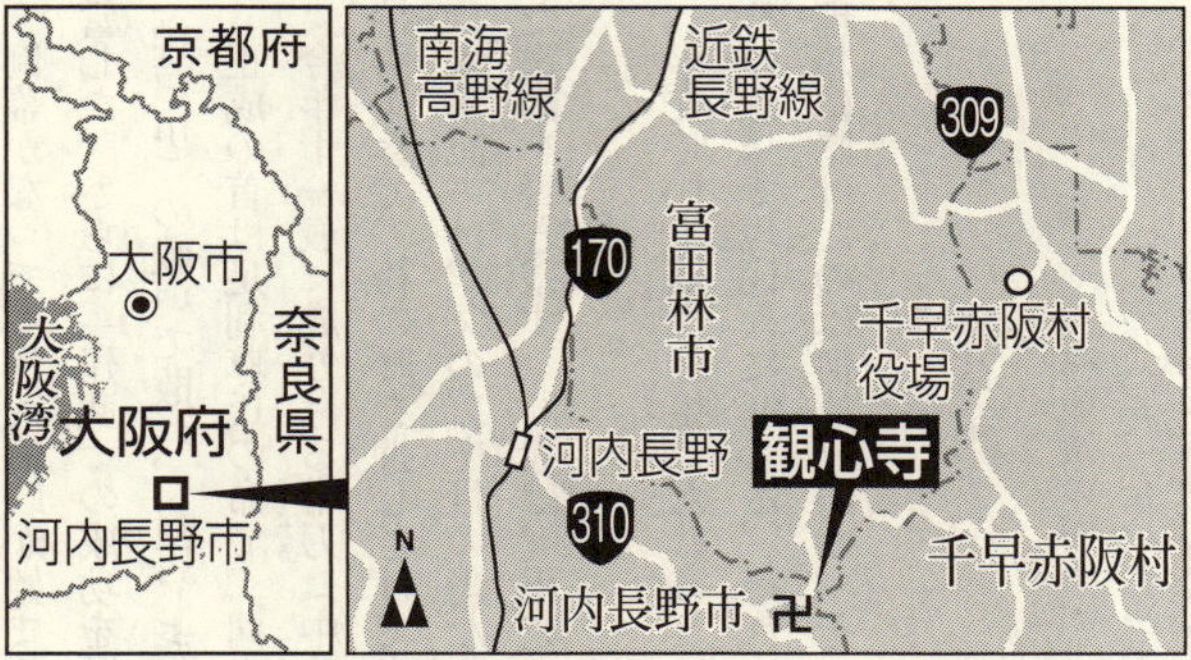

永島長老はそう語る。衆生の恩という観点から、正成の郷土愛に注目するのは阪南大の和泉大樹准教授だ。

正成は楠木氏の氏神、建水分《たけみくまり》神社（大阪府千早赤阪村）の社殿を川のほとりから山上へ移し、寄進を行うなど地元で盛んに寺社造営に取り組んだ。

「成人した正成の行動から類推しても、幼少期に自身の本拠地から近い観心寺で学んだことが地域への愛着を深めたと思います」

一方で、見落としてはならないのは師、龍覚の出自である。鎌倉幕府の侍所の初代別当（長官）、和田義盛の子孫と伝わる。和田氏は後に北条氏との権力争いに敗れ、滅んでいる。

「正成と龍覚の間でどのようなやり取りがあったのか、わからないが、観心寺で学んだ結果が、後の行動となって表れていると思います」

永島長老の指摘は、歴史ロマンをかきたてる。

倒幕がなって、建武新政が始まると、正成は後醍醐天皇の命を受け、同寺境内に金堂を造営した。さらに「建武」の成功を願い、三重塔建立を計画した。計画の半ばで、正成が湊川（神戸市）の戦いで敗れ、自害したために塔は初層だけの「建掛塔《たてかけとう》」のまま、今に残る。

正成の首は足利尊氏の命で、同寺に届けられ、境内の首塚で祭られた。

〈今年十一歳に成りける帯刀《たてわき》（中略）父が兵庫へ向ふ時形見に留《とど》めし菊水の刀を、右の手に持ち抜きて、袴《はかま》の腰を押しさげて自害をせんとぞしゐたりける〉

『太平記』は、父の首を目の当たりにした長男・正行《まさつら》が自害しようとしたが、母に諫《いさ》められた逸話を書き残す。同寺は、正成の遺志が正行に引き継がれた「学び」の場でもある。

平安時代末期に誕生した武家とは、自身の名誉と家の繁栄をひたすら願う人たちである。その意味で現代人に通じる。それに対して武家の一人、楠木正成が家も子孫も後醍醐天皇の理想に賭けたのは何故なのか。その理由を求めて、正成の少年・青年時代を探る。

観心寺

修験道の開祖・役小角《えんのおづの》が修行の一道場として草創。当初の名は雲心寺。大同三（八〇八）年に弘法大師・空海が訪れ、北斗七星の力を境内に求め、弘仁六（八一五）年の再訪時に国の安泰と衆生の厄除祈願のため如意輪観音菩薩《にょいりんかんのんぼさつ》を刻んで本尊とした。

天長四（八二七）年には空海の筆頭弟子・実恵《じちえ》と、同じく弟子の真紹《しんじょう》が造営工事を開始。同寺では実恵を実質的な開基として位置づけている。正成が学んだ楠木一族の菩提寺、中院を創建したのは真紹という。

名軍師の礎築いた学びの道

南海高野線三日市町駅（大阪府河内長野市）から約四キロ。一面のススキ風景で有名な岩《いわ》湧山《わきさん》に向かう途中に府指定文化財「伝大江時親《ときちか》邸跡」がある。平安時代の歌人、大江匡房《まさふさ》の子孫で安芸毛利氏の祖となった時親の屋敷跡と伝わる民家である。

「楠木正成は父の勧めでここで、時親に兵法を教わったと伝わっています。正成は観心寺から馬で通ったようです」

現当主の大江禧昭《よしあき》氏はそう話す。観心寺からの道のりは約八キロ。少年時代の正成は数年間、一日も休まず通ったという。当時、正成が渡った橋跡も伝えられ、「楠公通学橋」という交差点名になっている。

「匡房は漢学者でもあって、中国兵書を管理する家の人でした。源義家に『あなたは戦は強いが、兵法を知らぬ』と諭し、教授したという逸話があります」

時親は匡房の六代あと。「兵書を伝え持っていたはずで、『孫子』などとともに教えたと思います」。

「時親は、屋敷跡がある河内・加賀田郷の地頭職ですが、同時に六波羅探題《ろくはらたんだい》評定衆《ひょうじょうしゅう》でした。

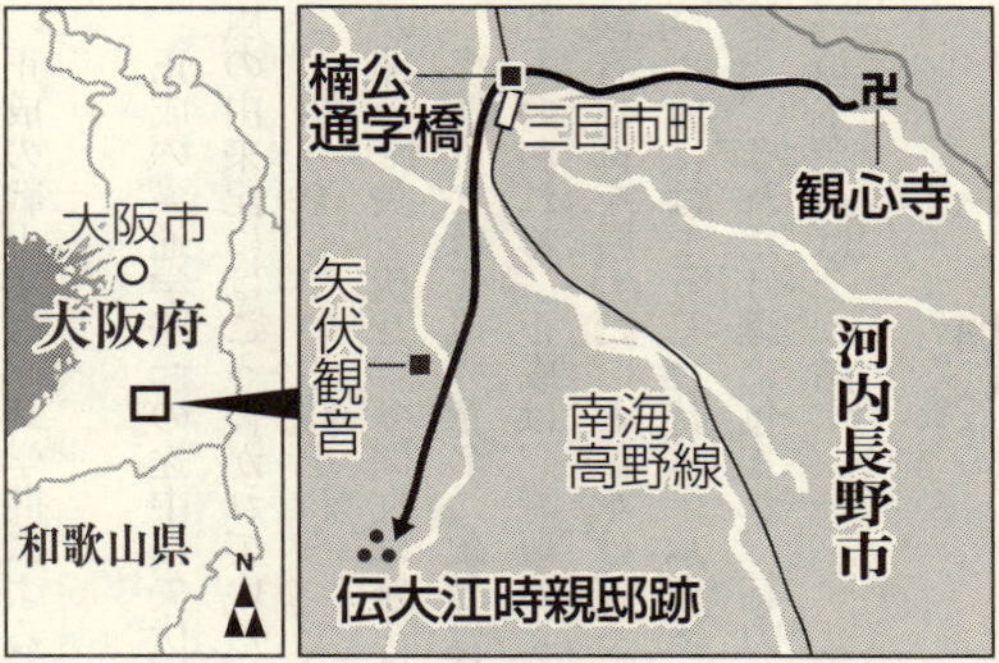

鎌倉幕府の重職者で在京人ですから、正成が接点を持つとしたら御家人・被官仲間としてとしか考えられない」

河内長野市郷土研究会の椋本《むくもと》進会長はそう話す。時親の三代前は大江広元。源頼朝の側近で、幕府の政所の初代別当（長官）を務めた人だ。その家柄から考えれば、加賀田に隠棲《いんせい》し、正成に兵法を教えたとは考えにくいという。

「でも、正成が名軍師だったことは間違いない。峠越えした敵を挟み撃ちにしたり、敵の補給路をねらったり。大軍を京に入れて出入り口を塞ぐ戦術を考案したことも、並の武士にできることではない」

椋本会長が注目するのは交通の要衝・河内の千早赤阪を本拠とした地の利である。東は大和、西は和泉につながり、木材を中心とする物資の大動脈だった。

「当然、さまざまな情報も入るはずで、播磨の赤松氏など戦上手の話が相当、蓄積されていたでしょう」

正成の戦上手は、耳学問によるところが相当大きかったのでは、という指摘である。

正成の「通学路」の途中に矢伏《やぶせ》観音の小さな祠《ほこら》がある。本尊は石像十一面観音で、立て札風の由来記にはこう書かれている。

〈お祈りをしている時をねらって、敵は矢を射ました。が、その瞬間、一陣の風でお堂の扉が開いて矢を伏せ、多聞丸は難を逃れました〉

多聞丸とは正成の童名。敵とは楠木氏と領地を接して宿敵関係にあった八尾（矢尾）顕幸ともいわれる。正成は、時親の元に通う際に観音詣でを欠かさず、このご利益があって生涯、観音信仰を持った、と伝承は続く。

「正成にはこうした持仏伝承も多い。多くの人が、自分だけの正成像をつくり上げている証拠で、それだけ謎に包まれ、魅力的なのが正成という武将です」

椋本会長はそう話す。

闘戦経《とうせんきょう》

国内独自では最古の兵法書。古代から朝廷の書物を管理してきた大江家が著したとされ、大江時親が楠木正成に教えた書ともいわれる。

『孫子』の補助的兵書として書かれているため、戦術論は説かず、主に兵や将としての思想や精神などを説いている。時親の安芸下向で毛利元就の家系に伝わり、明治後は海軍兵学校に寄贈されて海軍大学校で講義に用いられた。大江家は別に、平安中期に唐からもたらされた中国兵家の陰陽書を和訳した『訓閲集《きんえつしゅう》』を管理し、大江軍学があったとされる根拠になっている。

初陣で父に奇襲を進言

近鉄八尾駅（大阪府八尾市）から徒歩十分。禅寺・常光寺に、八尾（矢尾）別当顕幸《べっとうけんこう》の墓がある。

〈嘉元三（一三〇五）年、大楠公、八尾（矢尾）顕幸との戦に初陣の功あり〉

楠木正成をご祭神にする神戸・湊川神社が発行する『大楠公』の年表にそう記されている。初陣の時、正成は元服前、数え十二歳だった。顕幸の所領は河内北部。河内南部を本拠とする楠木氏とは領地を接していた。

〈楠多門丸（正成）父正澄の前に進み出で、敵に足をためさせなば、合戦しにくかるべく候。味方唯今馳せ合うべしとは、敵思い寄るまじければ、油断してぞ候らん〉

『南朝太平記』によると、正成はその時、奇襲を提案したという。年表はその後、こう続く。

〈延慶二（一三〇九）年、大楠公、八尾（矢尾）顕幸を破る〉

〈延慶三（一三一〇）年、大楠公、八尾（矢尾）顕幸と戦ふ〉

〈正和五（一三一六）年、大楠公、八尾（矢尾）顕幸を河内人見山に破る〉

父の死で正成が、楠木家の当主となったのは正和四年。その前後、正成の宿敵が顕幸だったことを伝承は示している。

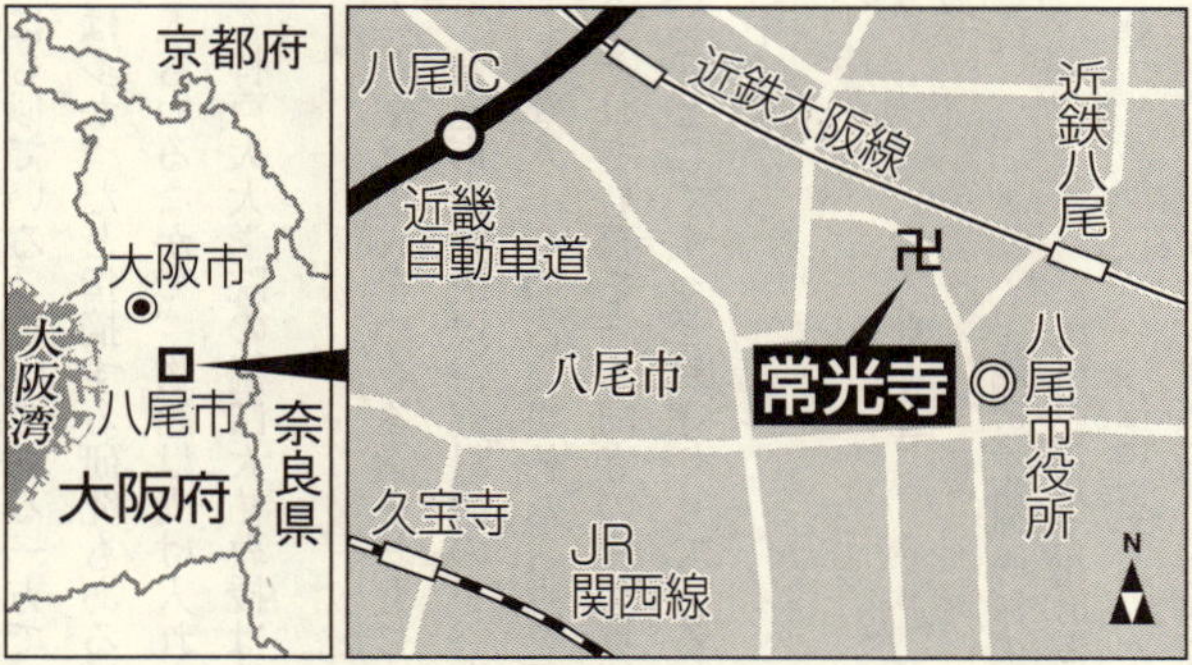

〈八尾顕幸は楠氏八臣の一人である。所謂《いわゆる》八臣とは和田和泉守正遠、安満了願、恩地左近満一、湯浅孫六入道定仏、八尾別当顕幸、宇佐見河内守正高、志貴右衛門朝氏、神宮寺太郎左衛門正師の八人である〉（八臣の読み方は諸説ある）

昭和九年、同寺が発行した冊子『八尾顕幸』にこんな記事がある。正成と度々戦った顕幸が、正成の重臣になったというのだ。近世初期の成立といわれる『太平記評判秘伝理尽鈔』は、その事情を伝えている。

顕幸の実力を知っている正成は、官位を与えて味方につけるように大塔宮《おおとうのみや》に進言した。宮は、正成が先に味方をしているのなら味方になれないとする顕幸に、「正成の存亡は知らない」と伝え、味方につけた。正成は後で策をわびたが、顕幸は「うまく謀《はか》ったな」と笑って受けながした――。

「負けるといさぎよく仲間になる。義経と弁慶の関係にも似ている。忠臣である一方でアウトローでもある正成に、精神的よりどころを求める人は多かったと指摘する研究もある。正成になれなくても、それを支える人物に自分を重ねる人もいるなかで、物語は受け入れられていったのではないか」

神戸大大学院の樋口大祐教授はそう話す。

「顕幸は正成をめぐる話をおもしろくするために、作られた人物ではないか」

八尾市立歴史民俗資料館の小谷利明館長はそう話す。実在を伝える唯一の史跡が同寺の墓しかなく、寺の古文書約八百点を調査しても顕幸に関する記述が出てこないためだ。

それでも墓を守る同寺の片岡英悟副住職は言う。

「寺としてずっとお守りしている。いい世の中にしようと戦ってきた先人あっての今の世の中ですから」

常光寺

臨済宗南禅寺派の寺院。本尊の木造地蔵菩薩像《じぞうぼさつ》、本堂、阿弥陀堂、行者堂などが八尾市の指定文化財となっている。

寺伝によると、木造地蔵菩薩像は平安時代初期、参議小野篁《たかむら》が六道の辻で衆生を救う地蔵に会って作ったという。地蔵菩薩への幅広い信仰を集め、足利義満の祖母も帰依するなど、京都の貴族や武家と関わる寺院となった。義満の筆と伝えられる「常光寺」と書かれた扁額《へんがく》も残されている。

河内音頭発祥の地とされ、流し節正調河内音頭が披露される地蔵盆踊りでも知られる。

元服より兵法習得を重視

〈延慶二年二月十三日吉日たるにより多門丸十六歳にて元服の儀式あり、楠多門兵衛尉《ひょうえのじょう》正成とぞ名乗られける〉

江戸時代、庶民に人気のあった『絵本楠公記』にこう記されている。筆者は大坂（大阪）の浄瑠璃作者、山田案山子《やまだのかかし》。延慶二年は一三〇九年で、永仁二（一二九四）年生まれとされる楠木正成は、数え十六歳で元服したことになる。

正成をご祭神にする湊川神社が発行する『大楠公』も『南朝太平記』を引用する形でこう書いている。

〈延慶二年、大楠公、元服して正成と名乗らる〉

武士・楠木正成の誕生である。

「想像にすぎませんが、場所は楠木氏の館だったでしょう。楠公誕生地遺跡は二重の堀に囲まれた強固な造りで、この一帯を楠木氏が治めていた当時の事情からみても、楠木氏の城館跡の有力地と推定できます」。大阪府千早赤阪村教育課の吉光貴裕氏はそう話す。遺跡は、十四世紀ごろの城館跡で、正成元服の場所としても有力地である。

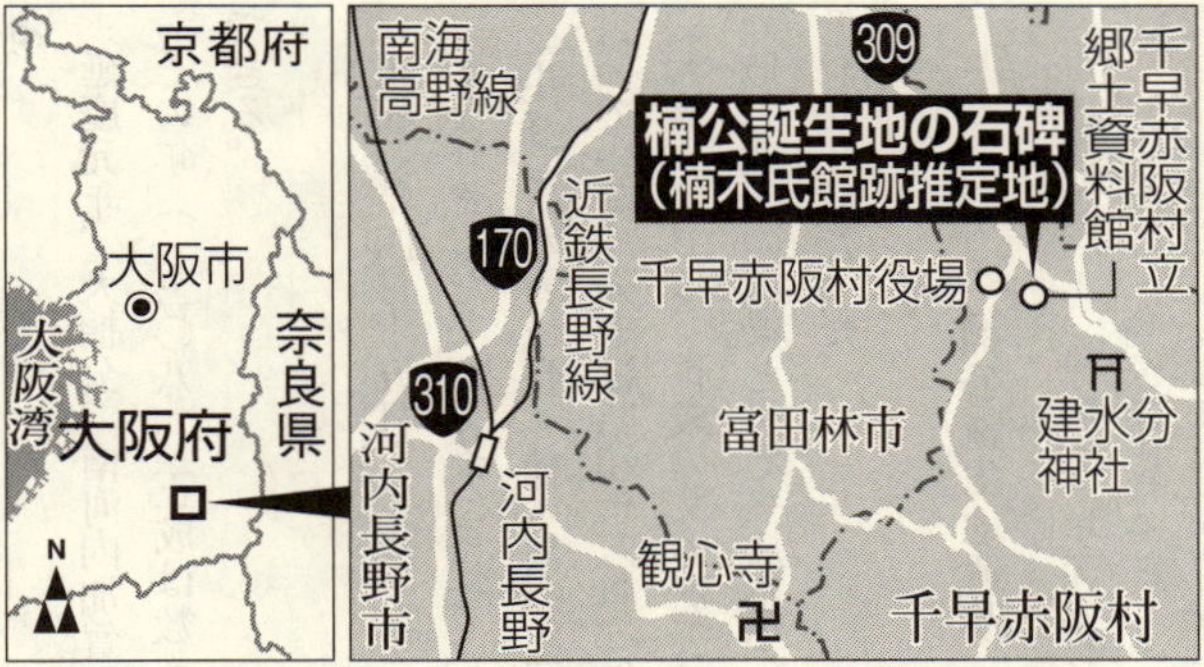

元服とはいわば男子の成人式。大人になったことを祝い、髪形や服装を改め、頭には冠をつける。それ故に古くは「加冠《かかん》の儀」といわれたが、中世の武士社会では冠ではなく烏帽子《えぼし》をつけた。

烏帽子をつける「烏帽子親」はいわば後見人。有力者に頼むことが一般的だった。足利将軍家の記録によると、烏帽子親のほかに髪形を結う「理髪」などの役もあって、元服は大がかりだった。

「下級武士の生活については資料が乏しいが、（正成の場合は）将軍家や公家のようにとはいかないまでも、それを踏まえて同様の儀式は行っていたかもしれません。簡略化はされていたでしょうが」

南北朝時代に詳しい福岡大の森茂暁教授はそう話す。当時、武家の少年は早ければ十一歳、遅くとも十六、七歳で元服した。十六歳の元服は、十二歳で初陣を果たした正成にしては遅い。その理由をうかがわせる記述が『南朝太平記』を引用した『大楠公』にある。

〈延慶元年、大楠公、南河内加賀田の大江（毛利）時親につき兵法を学ぶと伝ふ〉

その年（一三〇八）、正成は数え十五歳。兵法教授を重視して元服が遅れたという見方もできる。

〈正和三年四月十五日、正成二十一歳とき、父正澄が亡くなり、正成は父に代って赤坂の城主となりました〉（原文のまま）

正成の次なる成長、楠木家の当主となった事情について、『大楠公と恩師瀧覚坊《りゅうかくぼう》』がそう書いている。同書は昭和十八年、児童文学者の久留島武彦が書き、湊川神社に残っている。『大楠公』では、正成の父の逝去は正和四年。いずれにしても正成は、二十一歳か二十二歳で地方武士の棟梁《とうりょう》として一族を率いたのである。長い少年時代を経て生まれた若き青年武将。それが正成だった。

楠公誕生地遺跡

大阪府千早赤阪村にある楠木正成誕生の地と伝わる場所で、村立郷土資料館に隣接。楠公誕生地遺跡とも呼ばれる。明治八年、大久保利通が楠公遺跡めぐりをした際に建立した石碑が立つ。平成二年から発掘調査が行われ、正成が活躍した十四世紀ごろの中世城館跡が確認された。

縄文時代から中世に至る遺物も出土したが、大半は中世のもので、土師器《はじき》、国産や輸入陶器もあった。国産陶器は常滑や備前のもので、輸入陶器は当時希少だった青磁や白磁が多く、楠木氏の勢力を想像させる。

知と人が支えた「鉄壁の城」

〈千早城本丸跡にもと八幡大菩薩を祀《まつ》って千早城の鎮守として創建する。後に楠木正成卿、正行朝臣、久子刀自《とじ》を合祀して楠社と称する〉

大阪府千早赤阪村の千早城跡に建つ千早神社に、こんな案内板がある。楠木正成を長男、妻と共にご祭神にしているのが同神社だ。

「日本のため、人のために無私で尽くしたのが大楠公。お参りするときは、日本人の精神である大楠公の神霊に触れてほしい」

同神社の福永弘禰宜《ねぎ》はそう話す。以前は正成が自刃したとされる五月二十五日に最も近い日曜日に例祭が営まれ、餅まきなどが行われてにぎやかだったという。今は宮司や住民が少人数で例祭を営む。

静寂が支配する境内で、かつての激戦を想像させるのは、第四郭（四の丸）跡から主郭（本丸）跡への参道に生い茂る「箭竹《やたけ》」だけだ。昔は矢の材料に用いられたといい、籠城戦の大事な軍備だったことをうかがわせる。

〈兵法家築城家としての楠公の偉大を知ることが出来る〉

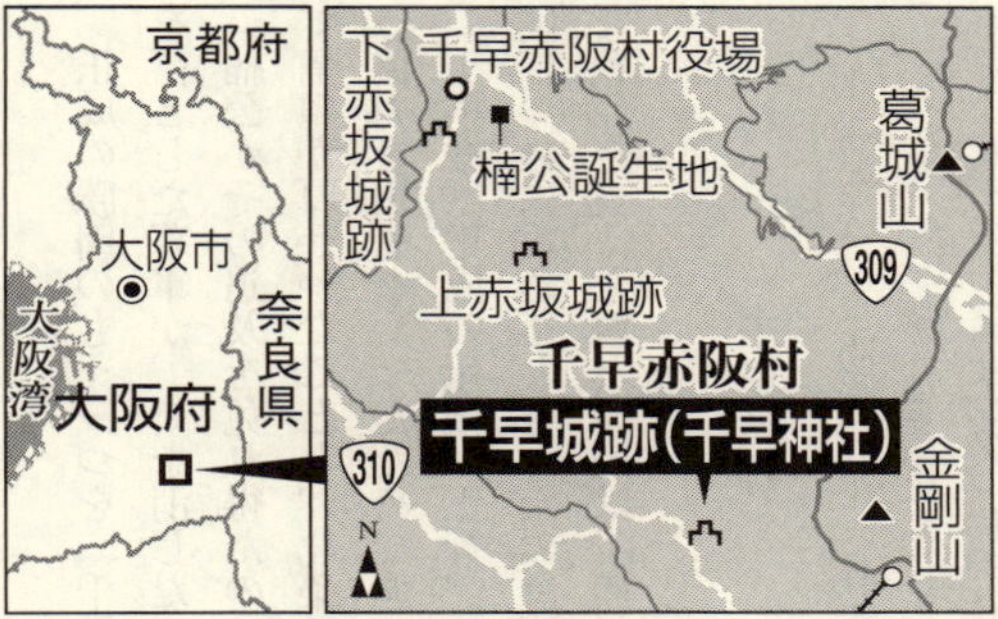

元弘二（一三三二）年、正成が金剛山中腹に築いた千早城について、昭和五十五年発行の『千早赤阪村誌』はそう記す。同村教育課の吉光貴裕氏によると、三方は絶壁という地形を利用して築城され、尾根上に配置した十三の曲輪《くるわ》（区域）と、尾根につながる稜線上の九の曲輪で構成。周辺の多くの峠にも兵を置いて、敵の侵入に備える城だった。ここで正成は百日間、鎌倉幕府の大軍と戦って敗れなかった。

「城は非常に小規模で簡素。いわば掘っ立て小屋に柵を張り巡らせた程度だったと思われる。それでも鉄壁だったのは、正成の知略が勝っていたからだ」

城郭研究者で滋賀県立大の中井均教授はそう話す。山間部に隠れたような城で背後を尾根伝いに登っていけば金剛山頂に到達する。「鎌倉幕府軍にとっては、迷路といっていい場所だったでしょう」と中井教授は言う。わずか千人といわれる手勢で数万の幕軍を寄せ付けなかった大きな理由はこの地形にあった、という指摘である。

正成の勝因のもう一つを『千早赤阪村誌』が書いている。千早城の戦いの前年、下赤坂城を落とした幕軍が、姿を消した正成を追捕《ついぶ》しようと懸命だった様子を伝える記述である。〈楠公がその追及を免れ得たのは、楠公が元服以来二十数年間、領民を愛撫し、恩恵を施して信望が厚かったことと、北条氏に対する人々の不平や反感が、楠公への同情となり、人々は協力を惜まなかったためである〉

千早城は正成の死後、正行、正儀《まさのり》、正勝《まさかつ》と三代にわたって居城となった。北朝方の畠山基国についに攻め落とされたのは明徳三(一三九二)年、六十年後のことだ。楠木一族の強靭《きょうじん》な戦いを支えた城と領民は、武将として領主として成長した正成の実像を伝えるものである。

千早城跡

昭和九年三月、上赤坂城跡(国史跡名・楠木城跡)、下赤坂城跡(同・赤阪城跡)と共に国史跡に指定された。千早神社や大阪府立千早山の家がある。主郭跡、同神社の社殿の奥は禁足地。小高い山のようになっており、自然の地形がほぼ残っているが、最上部には当時のものでない石垣が築かれている。平成五年三月発行『国史跡　千早城跡　千早赤阪村埋蔵文化財調査報告書　第1輯』によると、存道館(現在の千早山の家)建設の際、鉄鏃(鉄製のやじり)などが出土している。

第三章

忠義の対象は天皇

千早赤阪村上空から望む金剛山方向。正成の勢力はここから四隣に及んだ（大阪府千早赤阪村）

幕府軍役に応じ反乱討伐

楠木正成《まさしげ》の本拠地、南河内（大阪府）から金剛・葛城山を挟んで東側に広がる奈良県高取町。中世大和武士である越智《おち》氏の拠点である。

〈正和五年四月七日、大楠公、幕命により越智邦永を伐《う》ち、邦永ら敗死する〉

湊川神社（神戸市中央区）発行の『大楠公』にそう書かれている。正和五年は一三一六年。後醍醐天皇が即位する二年前のことだ。越智氏に関する史料『大和国越智家系図』によると、邦永は北条得宗《とくそう》家（執権家）に所領を取り上げられたため反乱を起こした。京都の幕府機関、六波羅探題《ろくはらたんだい》は鎮圧のために近国の武士を集め、そのなかに正成もいた。正成は越智勢がわずかなのを見抜いて突進し、たちまち邦永を討ち取ったという。

本書四六ページで、楠木氏が得宗被官だった可能性を指摘したのは、この戦があったからである。

「得宗家や幕府と関係がなければ、反逆的武士を討つコマには起用されないでしょう」

独協大の新井孝重教授はそう話す。戦の記述は、これまで非御家人、悪党などと考えられてきた正成の出自が、歴とした武家だったことを示すものなのだ。

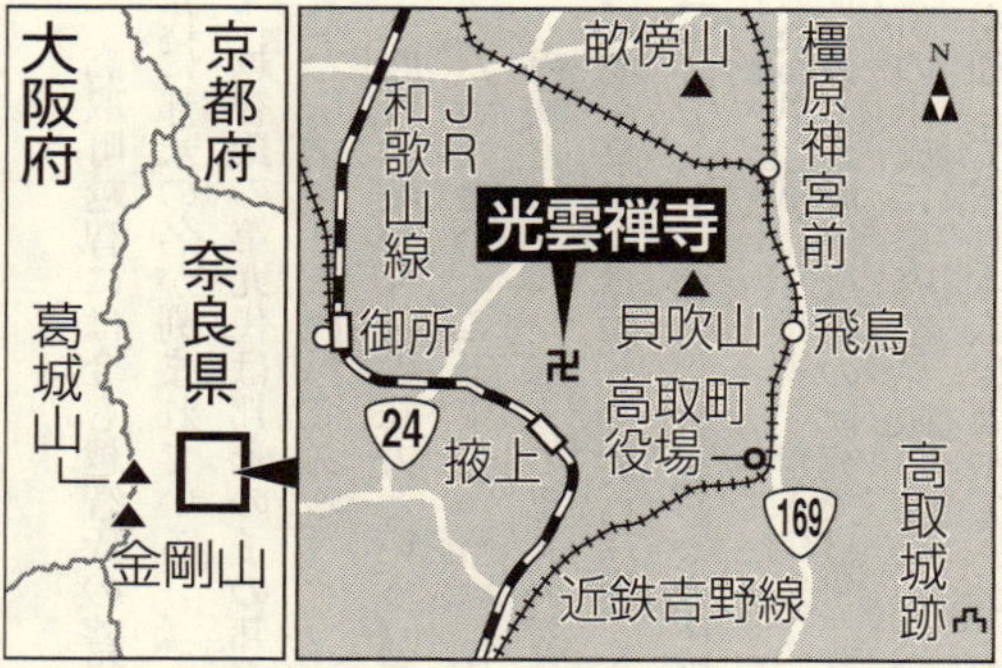

邦永を討った時、正成は数え二十三歳。父を亡くし、楠木家の当主となった翌年である。年齢からは血気盛んな鎌倉武士を想像させるが、越智勢の弱点を見抜く戦ぶりは冷静な人柄を感じさせる。

「すでに大将としての教養と武術を身につけていたでしょうね。神仏を心の中心にすえているので、人の道から外れるようなことも生涯していませんから」

楠木氏の菩提寺《ぼだいじ》で正成の学問所だった中院がある観心寺（大阪府河内長野市）の永島龍弘長老は、そう話す。

『大楠公』には、正成が邦永を討った正和五年四月にこんな記述もある。

〈大楠公、八尾（矢尾）顕幸を河内人見山に破る〉

顕幸は、数え十二歳で戦った初陣の敵であり、その後も度々、戦場でまみえた宿敵である。二つの戦は、当時の正成が領地を接する武家との争いを繰り返す一方で、鎌倉幕府の軍役にも応じていたことをうかがわせて興味深い。

高取町越智には今も越智氏の菩提寺、光雲禅寺《こううんぜん》がある。境内には代々の墓碑が並び、第八代に邦永の名が刻まれている。

越智氏の第九代は邦永の子の邦澄《くにずみ》。高取城を築き、南朝方となって、正成らとともに戦ったと伝承される武将である。

「昨日の敵が今日の味方という点で、いかにも乱世を感じさせるが、正成も越智氏も忠義の人だったということでしょう」。関光徳住職はそう語る。

南朝方になった二人の忠義の対象は、倒幕を目指した後醍醐天皇である。鎌倉武士だった正成が幕府を見限り、天皇につくことを決心したのはなぜか。永島長老はこう推測する。

「正成という人物には私利私欲が感じられない。先見の明があり、国を思ってのことだったに違いない」。

楠木正成は最新の研究では、北条得宗家（執権家）の被官だったとされる。鎌倉幕府の一員の正成に幕府を見限らせたのは、後醍醐天皇との出会いだった。この章は正成の「変節」を通じて、日本人にとって「公」とは何かを考える。

光雲禅寺

奈良県高取町越智にある黄檗《おうばく》宗の寺院。付近は筒井氏などとともに有力な中世大和武士だった越智氏の拠点とされる。

もともとは南北朝時代、越智邦澄が自家の菩提所として建立した興雲寺。越智氏没落後は衰退するが、江戸時代に黄檗宗となり、光雲寺として復興。静寂に包まれた境内には本堂や庫裏《くり》、鐘楼門などがあり、越智氏代々の墓碑が並ぶ。

周辺に越智氏の居館や山城（貝吹山城）があったとされる。また、邦澄は吉野山に近い約六キロ南東に高取城を築城、南朝方に属して戦ったと伝わる。

武名鳴り響き勢力拡大

〈元亨《げんこう》二年四月、大楠公、摂津渡辺右衛門尉・紀伊安田（保田）庄司・大和越智《おち》四郎を討伐〉

湊川神社発行の『大楠公』は、楠木正成が越智邦永を討った後もなお、鎌倉幕府に反抗する勢力討伐に尽力したことを記す。元亨二年は一三二二年。正成が邦永を討って六年後、正成が数え二十九歳の年である。

〈高時、河内国の住人、楠正成をして之を撃ち平けしむ〉

江戸時代に編纂《へんさん》された『鎌倉将軍家譜』は、正成は執権・北条高時の命令で渡辺氏と戦ったと書いている。高時はさらに正成に、紀伊に軍勢を差し向けるよう命じる。安田庄司（湯浅氏）討伐については、九～十八世紀の高野山の歴史をまとめた『高野春秋編年輯録《しゅうろく》』にも同様の記述がある。

〈保田庄司、北條高時の命に叛《そむ》く。よりて楠木正成をして之を討ち亡ぼせしむ〉

この功績で正成は高時から、湯浅氏の領地を恩賞として与えられたとされる。

大和の越智四郎を討伐した際の『鎌倉将軍家譜』の記述は興味深い。

〈之を攻めるも利あらず。正成襲い撃ち、之を滅す〉

最初は、京都の鎌倉幕府機関の六波羅探題が派遣した将兵が攻めたが勝てず、正成が転戦して討伐したというのである。六波羅の弱体化ぶりが見て取れる。

「史料には表れていないが、楠木氏が代々実力を培ってきたことがうかがえる」

楠木氏の氏神、建水分《たけみくまり》神社（大阪府千早赤阪村）の禰宜《ねぎ》、岡山博美氏はそう話す。楠木氏は、正成の父、正遠《まさとお》（正康、正澄《まさずみ》とも）の代には、大和川の水運を支配し、河内を広範囲に勢力下に置いていた。後世に書かれた史料に従えば、楠木氏の勢力は正成の代でさらに摂津、紀伊、大和へと広がったことになる。

「楠木氏には確かな実力があった。挙兵後、すぐに後醍醐天皇方の中心となったこともそれを表していると思います」

〈「一天下《いってんか》の間に、暫《しばら》くも御身を隠さるべき所なし。但し、かの木の陰に、南へ向かへる座席あり。これ、御ために設けたる玉扆《ぎょくい》にて候へば、暫くここにおはしまし候へ」〉

倒幕を決意した後醍醐天皇は、夢に現れた童子に

文献にみる楠木正成の動き

こう告げられたと『太平記』は書く。

〈「もしこの辺に、楠と云はるる武士やある」〉

天皇の下問に、山城・笠置寺の衆徒は答える。

〈「河内国金剛山の麓に、楠多聞兵衛正成とて、弓矢取つて名を得たる者は候ふなれ」〉

『太平記』も正成の武名がすでに、近隣に鳴り響いていたことを記している。

「正成が畿内で高い実力を持っていたことは間違いない。二人の出会いは『太平記』の書くようなものではなく、倒幕のための戦力を求めていた天皇を支援する勢力が、正成を引き合わせたのだと思います」。福岡大の森茂暁教授はそう話す。

得宗専制と幕府の衰退

鎌倉幕府では元寇後、北条家嫡流（得宗）の権力独占が進んだ。全国の守護の約半数を独占する中で、他の御家人の不満は高まっていった。

さらに、当時の慣習だった分割相続により、御家人は代を追うごとに所領が細分化されていった。御家人層の没落は、幕府の支配基盤の弱化を招き、幕府と主従関係を結ばない「悪党」と呼ばれる勢力が各地に現れた。

後醍醐天皇の倒幕活動はこうした不満や社会的矛盾を背景に勢力を増し、鎌倉幕府は約百五十年の歴史に幕を下ろす。

倒幕志し入山の天皇に呼応

畿内に武名を轟《とどろ》かせ、妻帯もした楠木正成が、倒幕を志して山城・笠置山《かさぎやま》（標高二八八メートル）の笠置寺（京都府笠置町）に行幸した後醍醐天皇に召されたのは、元弘元（一三三一）年のことだ。湊川神社発行の『大楠公』はその時の様子をこう書く。

〈九月三日、天皇、急使を以て大楠公を召し給ふ。即日、行在所《あんざいしょ》に参内。幕府軍を平定して大御心を安んぜんことを誓はる〉

同寺には、後醍醐天皇に拝謁する正成を描いた『笠置寺縁起絵巻』（上中下三巻、室町時代）が伝わっている。

「正成は笠置で生まれた、というのが父の持論でした。正成は天皇が夢を見たからこそ、この世に出てきた。その場所はこの笠置だったと誇りにしていたのです」

小林慶範《けいはん》前住職はそう話す。幕府軍が行在所を攻めた笠置山の戦いが描かれた中巻は、他の二巻よりも傷みが激しいという。同寺には戦前、戦中に多くの人が訪れており、小林前住職は「求めに応じてこの巻を披露していたのでしょう」と話す。

〈笠置殿には（中略）事のはじめより頼み思されたりし楠の木兵衛正成といふ者あり〉

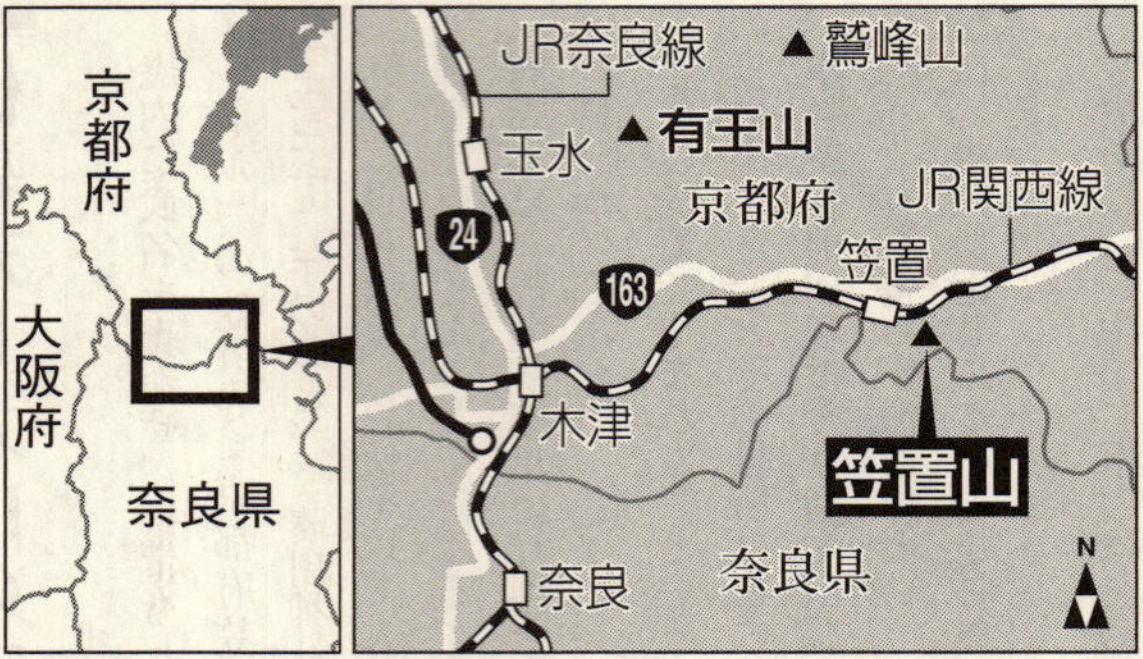

笠置山での正成について、南北朝時代に成立したとされる歴史物語『増鏡《ますかがみ》』はそう記す。『太平記』では後醍醐天皇が入山後、夢で知って召されたとされるが、最初から後醍醐天皇の頼みとする武将だったとしているのだ。

「正成が河内で一定の軍事力を持っていたことは確かでしょう。笠置に入った後醍醐天皇にすぐに呼応して蜂起しており、『増鏡』のいうような存在だった可能性は高い」

南山大の森田貴之准教授はそう指摘する。『増鏡』によると、正成は館の周りを固め、笠置が危ない時には別の場所への行幸も用意していたという。正成は、用意周到な武将として描かれている。

〈九月四日、大楠公、河内に帰り下赤坂城を築く〉

拝謁後の正成について『大楠公』はそう書く。翌日には早々、山を下りたのだ。翌五日には幕府の大軍が鎌倉を進発し、二十八日には笠置山を攻撃して陥落させ、二十九日には天皇を、有王山《ありおう》（京都府井手町）近くで捕らえた。

「正成のもとへ」と山中をさまよい、疲れ果てた後醍醐天皇は歌を詠んだと『太平記』は記す。

〈さして行く笠置の山を出でしよりあめが下には隠れ家もなし〉

この歌を刻んだ石碑「後醍醐天皇御舊蹟《きゅうせき》」が有王山近くの府道脇に残る。紀元二六〇〇年にあたる昭和十五年の建立である。

〈「一旦の勝負は、必ずしも御覧ぜらるべからず。正成未だ生きてありと聞こし召し候はば、聖運はつひに開かるべしと思し召し候へ」〉

正成は下山する際、そう言い残したと『太平記』は書く。その言葉を頼りに、後醍醐天皇の不撓不屈《ふとうふくつ》の戦いが始まった。

笠置山の戦い

鎌倉幕府の倒幕運動「元弘の乱」の緒戦。元弘元（一三三一）年九月、後醍醐天皇の軍勢と鎌倉幕府軍が戦い、楠木正成もこれに呼応して河内の下赤坂城で挙兵した。後醍醐天皇方は要害である笠置山の地勢も生かし、数で圧倒的に勝る幕府軍の攻撃に耐えたが、風雨の夜に忍び込んだ幕府軍の兵に放火されたのをきっかけに、敗北した。

後醍醐天皇は脱出し、下赤坂城を目指したが、側近の公卿《くぎょう》・万里小路《までのこうじ》藤房《ふじふさ》らとともに山中で捕らえられ、隠岐に流された。

武士のあり方変えた築城

合戦に勝敗はあれど、自分が生きている限り、ついには帝の運は開ける――。拝謁した後醍醐天皇にそう約した楠木正成は河内で、挙兵準備を進めた。

拝謁が元弘元（一三三一）年九月三日、河内帰国が四日、下赤坂城を築き、鎌倉幕府の大軍と戦端を開いたのが十月十五日だ。わずか一カ月半で北条得宗家（執権家）の被官という幕府方から天皇方に転じ、天皇への忠勤は終生、変わることがなかった。

「正成は、本当の権力者の存在に気づいたのだと思います。この国はもともと、公地公民、人々は天皇の民だった。その体制を再興しようとしている後醍醐天皇こそ仕えるべき主人だと納得したのでしょう」

作家の童門冬二氏はそう指摘する。正成が陸運や水運を握り、鉱山経営にも関わっていたことが、そんな気持ちになった理由だと、童門氏は推測する。

「働く民衆と一緒にいたことが、正成に武士らしからぬ気持ちを育てたのではないか。摂関政治にしろ幕府政治にしろ、民衆を搾取している政治にすぎない。それを正そうとする天皇に仕えることで、正成は満足感と名誉感を味わっていたのだと思います」

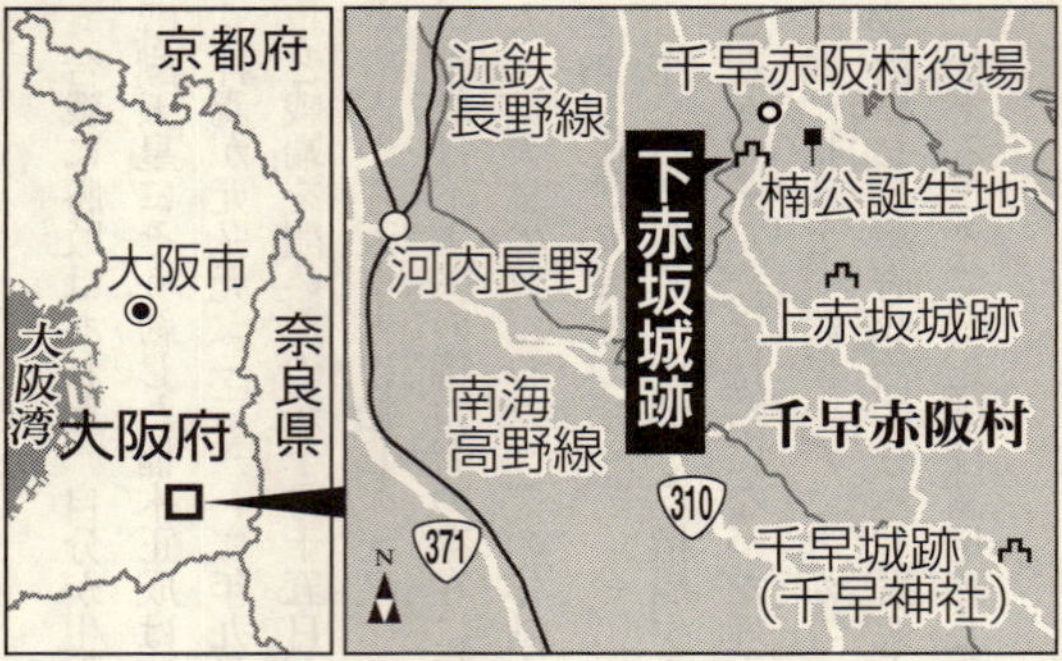

〈はかばかしく堀なんども掘らず、ただ塀一重塗りて、方一、二町には過ぎじと覚えたるその中に、櫓二、三十掻《か》き並べたり〉

正成が築いた下赤坂城について『太平記』はそう記す。一枚の塀に囲まれた城域が、一辺が一〇九～二一八メートルにすぎない小城だというのである。

〈「あなあはれの敵の有様や」〉

三十万騎と呼号する幕府の寄せ手はそう言い、一日で正成を討てると考えた、と書いている。

実際の下赤坂城跡は、大阪府千早赤阪村の国史跡、赤阪城とされるが、遺構は残存せず、規模も不明だ。主郭（本丸）とされる場所は二カ所ある。一つは「史蹟　赤坂城阯《じょうし》」の石碑の建つ場所。もう一つは段々畑のあぜ道の中で、雑草に埋もれた大正十年の銘のある碑が建っている。

「眺望という観点からは二つ目の主郭跡が、城であったことを感じさせる。ただ、村の歴史は伝承が主。ここを指定した時代も、地元の人の話がもとになったのではないか」

同村教育課の吉光貴裕氏はそう話す。

謎に包まれた下赤坂城について、『太平記』はさらなる特徴を書いている。

〈東一方こそ、山田の畔《くろ》重々に高くして、少し難所なれ、三方は皆平地に続きたる〉

天険に拠《よ》りながらも三方は、騎兵を主力とする幕軍が迫る余地があったということだ。正成が接近戦で奇策を次々に用いるためには、絶好の立地場所だった。

「まさに戦いのための場所。これが山城の誕生で、騎兵から歩兵へと日本の武士のあり方を一変させた。戦の姿も築城思想もここから変わった」

城郭研究者で滋賀県立大の中井均教授はそう指摘する。

下赤坂城跡

千早赤阪村の中心部から金剛山に通じる府道に面してあり、城跡に接する形で千早赤阪村立中学校の校舎が建つ。

平成十六年同村発行の『国史跡　赤阪城跡　千早赤阪村埋蔵文化財調査報告書第3輯』によると、平成十四、十五年の発掘調査では遺物はほとんど出土しなかったが、「矢場《やば》武《たけ》」「甲取《かぶとり》」など城跡と関連があると考えられる小字名が残る。

正成はこの城を築城した後、上赤坂城、千早城を築いた。千早城では百日を超える籠城戦に耐え抜き、鎌倉幕府滅亡の主因となった。

「天皇を安泰に」と嫡男を諭した夫人

〈元亨《げんこう》二年四月、御夫人を迎へる（御夫人の御名。滋子、久子等諸説あり）〉

湊川神社発行の『大楠公』はそう記す。元亨二年は正成が摂津、紀伊、大和と連戦した年で、正成は数え二十九歳。当時としてはかなり晩婚である。

「夫人は正成の死後も当寺の中院で暮らしたが、史料は残っていません。正成が長く、賊として扱われていたためでしょうか」

楠木家の菩提寺、中院が境内にある観心寺の永島龍弘長老はそう話す。

史料の少なさを示すように、『大楠公』もこう続ける。

〈一説には藤原藤房の妹なりと言ひ、又他説には南江正忠の妹なりとも言ふ〉

正成の妻について『太平記』は、自害した正成の首を見て後を追おうとした嫡男・正行《まさつら》を諭す姿を描いている。

〈「汝少《おさな》くとも、父が子ならば、これ程の理《ことわ》りにや迷ふべき。幼《いとけ》なき心にも、よくよく事の様を思ふべし」〉

十一歳の正行に、朝敵を滅ぼして天皇を安泰にし、父の遺恨を散じることこそ使命だと涙

ながらに説き、さらにこう言った。

〈「とてもなほ、ともかくもなるべくは、愁《う》き目を重ねて見せんより、われを先ず殺せや」〉

どうしても自害するならまず、自分を殺せと迫る母に、正行は翻意したと『太平記』は書く。大阪樟蔭女子大の横田智鶴・非常勤講師は言う。

「史料的なもので書き残された正成の妻の姿は、これが唯一です。そのために母親として様々な想像が広がったのでしょう」

樟蔭学園は「正行の母」の良妻賢母ぶりを具現することを理想に九十九年前に創立された学校である。

近世になると、「正行の母」の美化が進む。代表格は『本朝女鑑』（一六六一年）だ。

〈けいさくのたくましき事。世もつてまれなる女性かなと。時の人は申しけるとなり〉

明治維新後に書かれた『楠公夫人伝』ではこう記されている。

〈久子八、九歳にして、已に淑質備はり、敏慧にして能く家庭を守り、学文習字より、歌道の奥義に通じ、姿《し》貌嫻麗《ぼうかんれい》にして、礼節に慣《なら》ひ、兼ねて薙刀の稽古より、武技の大要に通習せ

り〉

「時代がつくり上げたイメージですが、本来は女性を描くことの少ない『太平記』がわざわざ紙幅を割いていることに注目したい。正成の遺志を正行につなぐ要として意識されていたということでしょう」

作家の童門冬二氏は著書の『楠木正成』で、正成の妻を河内の豪族、南江正忠の妹、久子とし、正成に代わって配水や物流を仕切る働きぶりを描いている。

「北条政子と日野富子の間の夫婦異姓の時代で、久子も二十歳という晩婚ですから、クールで肝の据わった人だったと思います」

そう話す童門さんはこうも言う。

「久子がいたからこそ、正成や楠木一族の活躍があったことは間違いない」

「正行の母」の人気

楠木正行を祭る四條畷《しじょうなわて》神社（大阪府四條畷市）の摂社、御妣《みおや》神社は「正行の母」を祭っている。大正十三年、「母性の亀鑑《きかん》」とする有志が奉祀することを申請した。大正は特に、正行の母の人気が高まった時代で、講談社が発刊した『少女倶楽部』大正十三年十一月号の人物懸賞投票第一回発表では、正行の母が三位だった。ちなみに一位は静御前、二位は紫式部。

人気の伏線は江戸時代にあり、一七一〇年初演の浄瑠璃『吉野都女楠』では、父の敵を討つため馬で飛び出そうとした正行を、手綱をつかんで押さえる母の姿が演じられている。

第四章

挙兵、倒幕へ

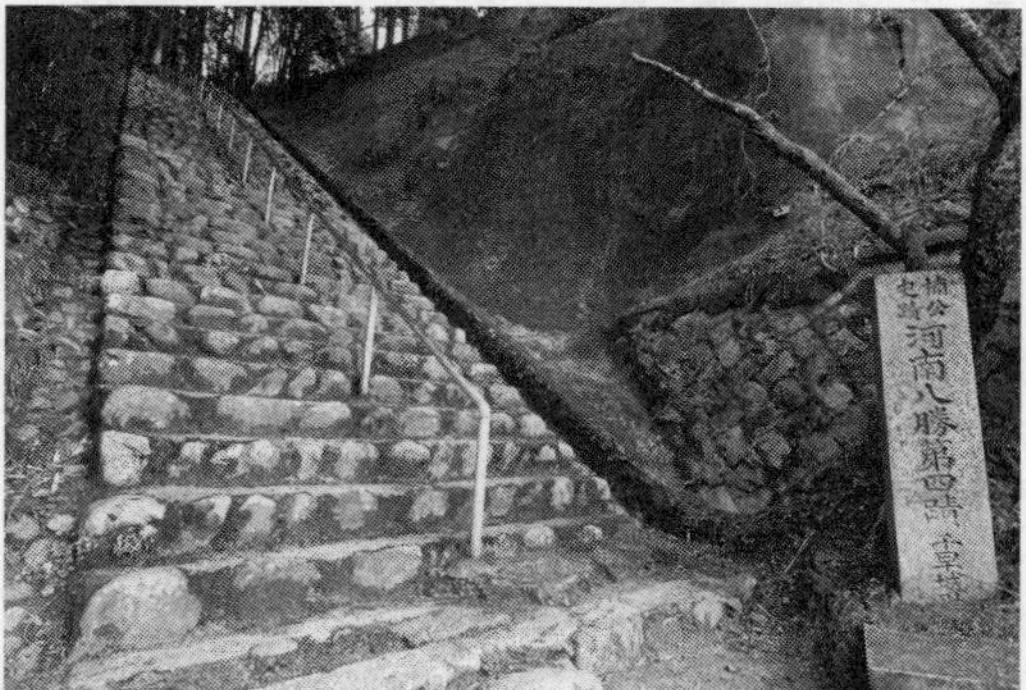

千早城跡・四の丸に登る階段。幕府軍はこの傾斜を攻め上がった
(大阪府千早赤阪村)

親王の「命令」背に再び挙兵

〈九月、大塔宮《おおとうのみや》吉野愛染宝塔に拠り、大楠公金剛山に拠る〉
楠木正成《まさしげ》を祭る湊川神社（神戸市中央区）発行の『大楠公』は、元弘二（一三三二）年のこととして、こう書く。鎌倉幕府の大軍の前に、笠置山で後醍醐天皇が敗れ、下赤坂城で正成が敗走してから約十一カ月。天皇の皇子である護良《もりよし》親王と正成が再び、倒幕の兵を挙げたのである。

金剛山の峻厳を頼んで挙兵した正成がもう一つ、頼りにしたのが天野山《あまのさん》金剛寺（大阪府河内長野市）だ。真言宗御室《おむろ》派大本山で、正成が度々、文書を送ったことが、金剛寺文書や『大楠公』に書かれている。

〈大楠公、金剛寺三綱の祈祷巻数《きとうかんず》を贈ったのを答謝する〉
〈大楠公、金剛寺衆徒に牒《ちょう》し、幕府軍の侵入に備えしめ、かつ祈祷を嘱する〉
巻数とはお札のこと。正成が同寺に、戦勝祈願を何度も依頼し、衆徒の軍事力に期待をかけていたことがわかる。

「正成が勝つためには、経済力や軍事力、情報源を持つ金剛寺を味方につけることが必要だったのです」。河内長野市立図書館地域文化遺産啓発専門員の尾谷雅彦氏はそう話す。

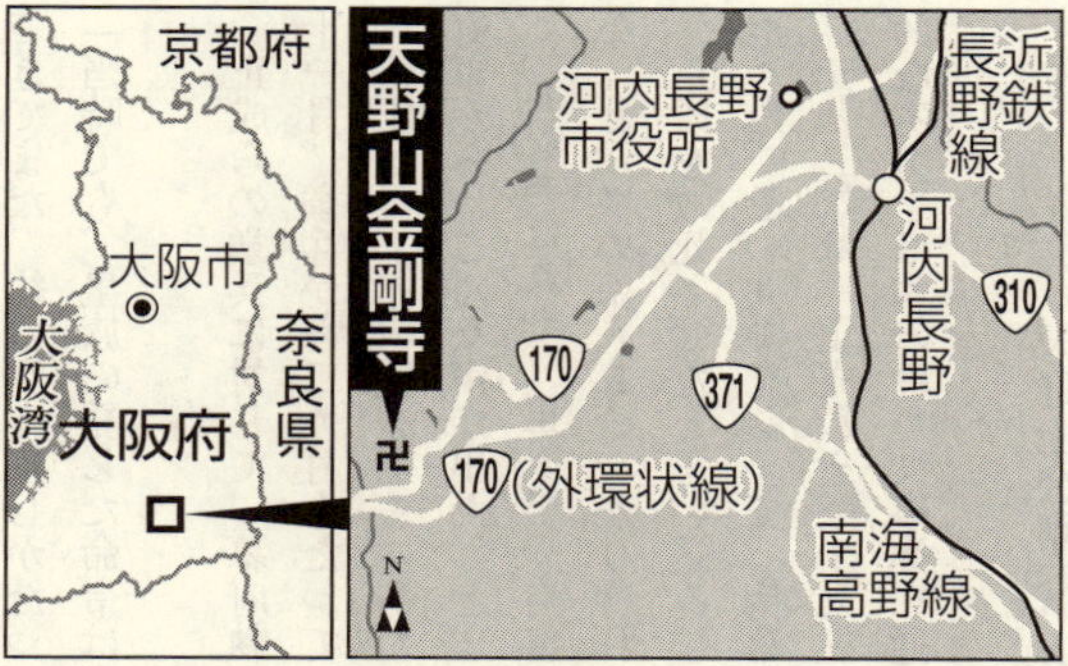

金剛寺側にも正成と協力する理由があった。後醍醐天皇が当時の皇族としては珍しく、真言密教を信仰していたからである。

「鎌倉幕府の世をどうにかしなければ、という考えで正成と後醍醐天皇は同じ方向を向いていた。金剛寺と関係を深め、守ることは正成にとって（後醍醐天皇を守ることにつながり）一本筋の通った話です」

同寺の堀智真座主《ざす》はそう語る。同寺に祈祷と協力を依頼する文書には重要な要素が含まれていた。こんな内容である。

〈このことに関しては大塔宮（護良親王）からの令旨が下されているはずである〉

尾谷氏はこの文言に、平安時代の前例を想起する。後白河天皇の皇子・以仁王《もちひとおう》が全国の源氏に、平氏打倒の挙兵を促す令旨を出したことで、反平家の機運が高まった史実である。正成の時代は、平氏に代わって鎌倉幕府ができてまだ、約百四十年しかたっていない。

「当時でも、皇族の発した命令は大きな効果を持っていたはずです」

正成らの挙兵に対して、幕府執権職だった北条高時が畿内の軍兵を召集したのは元弘二年十一月。挙兵から二カ月もたっていた。

正成は、下赤坂城を退くにあたって、自分らしい死体を用意して城を焼いた。戦勝した幕府軍からはこんな声が出た、と『太平記』は記している。

〈「あなあはれや。正成早や自害をしけり。敵ながら、弓矢取って尋常に死にたるものかな」と、誉《ほ》めぬ人こそなかりけれ〉

正成を敗死させたと思い込み、後醍醐天皇を隠岐に流したことで幕府には明らかに油断があった。その間隙を縫って、倒幕の戦いはいよいよ本格化してゆく。

元弘二年は、正成数え三十九歳。翌年にかけて倒幕のための政略、軍略が冴え渡る。圧倒的な劣勢をはねのけた大事業を通して、正成を支えた精神を考えたい。

天野山金剛寺

奈良時代の天平年間（七二九〜七四九年）、僧・行基《ぎょうき》が聖武天皇の勅願《ちょくがん》によって草創したと伝わる。弘法大師・空海も密教修練に励んだとされるが、その後衰退。平安時代末、高野山の阿観《あかん》上人が再興した。明治時代の初めまで高野山は女人禁制だったが、参拝を許していたため「女人高野」とも呼ばれた。

南北朝時代は、足利尊氏と弟・直義《ただよし》の内紛から北朝と南朝の両天皇家が一時期、同居。北朝は光厳《こうごん》、光明《こうみょう》、崇光《すこう》の三人の上皇らと南朝方の後村上天皇が約四年間、ともに行在所《あんざいしょ》としていた。

鮮やかな速攻で幕府軍を翻弄

〈大楠公、湯浅定仏《じょうぶつ》を破り下赤坂城を奪還す〉

挙兵から一カ月で楠木正成が、鎌倉幕府が河内に置いた地頭《じとう》を破ったことを、湊川神社発行の『大楠公』は記す。勝因はここでも奇策だった。

城に兵糧を運ぶ敵勢を討って手勢の一部に成り代わらせ、それを楠木勢が追って見せた。定仏が味方と信じて城内に入れると、兵糧部隊は俵に隠した武具で蜂起し、定仏はなすすべなく降伏した。

ここからの快進撃は東福寺の僧侶、良覚の筆とされる『楠木合戦注文』に詳述されている。

〈一月一四日、河内野田の地頭を追ひ、池尻を略し、河内守護代を攻めて丹下入道を追ひ、和泉守護を破る〉

〈一月一五日、陶器《とうき》左衛生門尉、中田、橘上《たちばなのうえ》等の地頭を遂《お》ふ〉

わずか二日で河内、和泉の地頭や御家人を一掃した戦果を『太平記』はこう評する。

〈和泉、河内の両国を推すに（押し寄せると）、靡《なび》かずと云ふ者一人もなし〉

正成は、四天王寺（大阪市天王寺区）に進出。京・六波羅《ろくはら》から駆けつける幕府軍に備えて淀川河口、渡辺の橋の南に陣を敷いた、と『太平記』は書く。

「（正成の速攻は）大坂から高野山に続く複数の高野街道を使っていたからでしょう。京からみれば、大坂と直結する淀川下流にまで正成が来ていると、心理的にはかなり近くに迫っていると感じたはずです」

河内長野市立図書館地域文化遺産啓発専門員の尾谷雅彦氏はそう話す。『太平記』によると、駆けつけた六波羅勢は七千余騎。楠木勢は三百騎の小勢で、遠矢を射ただけで逃げ出した。六波羅勢が四天王寺近くまで追うと、正成率いる二千余騎が三手に分かれて待っていた。

楠木正成が進出した大坂

※県境などは現代のもの

東から矢戦を仕掛け、西からは突撃部隊が隊列を分断した。さらに南から現れた本隊が、鶴翼《かくよく》の陣で六波羅勢を包囲しようとした。六波羅勢は退路を断たれまいと敗走し、渡辺の橋で大混乱を見せて〈残り少なに討ちなされた〉。

『楠木合戦注文』は、さらなる正成の凄《すご》みを伝えている。合戦から数日で、正成が兵を収めて葛城に戻ったというのだ。存在感を確実に示した上で、幕府の大軍とは地元の本城、上赤坂城と千早城で戦おうという戦略だった。

「引き際の見極めがうまい。正成は、自分の判断で行動できる戦いでは、負けていない」

尾谷氏はそう話す。同市在住の地域史研究家、堀内和明氏は、複数の古文書に見られる「楠木合戦」という表現に注目する。当時の戦いは「笠置合戦」など合戦場所を冠して表記されるのが通例。大将の名字を冠しているのは異例で、その事情を『立命館文学』にこう書いている。

〈六波羅・幕府を翻弄しつつ内乱をリードする正成への驚嘆や畏怖、その巧妙な戦術に対する敬意すら感じられる〉

宮方についた武士

楠木正成の活躍で宮方（天皇側）についた武士に和田助康《すけやす》がいる。和泉国大鳥郡和田庄《みきたのしょう》（現在の堺市南区美木多付近）を本拠地とした御家人和田氏に関する『和田文書』では、元弘三（一三三三）年四月、和田氏は当主の助家が幕府軍に参加し、子の助康が護良親王側について六波羅攻めに加わったことがわかる。『和田文書』を保管する堺市博物館の渋谷一成学芸員は「河内と隣接する和泉では正成はよく知られた存在だったはずで、脅威でもあった。情勢を見極めるなかで、宮方についたのではないか」と話している。

幕府に対する「決死の心火」

〈諸国七道の軍勢八十万騎を三手に分け、吉野、赤坂、金剛山、三つの城へぞ向けられける〉

楠木正成に天王寺の合戦で敗れた後の鎌倉幕府軍について、『太平記』はこう記す。全国から大軍を集め、大塔宮護良親王の籠もる吉野と、正成が築いた上赤坂城、千早城に向かったというのである。

上赤坂城は正成の老臣、平野将監《しょうげん》が守り、正成は千早城にいた。楠木城とも呼ばれる楠木氏の本城、上赤坂城を『太平記』はこう説明する。

〈三方は、岸高くして屏風《びょうぶ》を立てたるが如し。南一方ばかりこそ、少し平地につきて細きを、広さ深さ十四、五丈（四二〜四五メートル）に掘り切って、岸の額に塀を塗り、上に櫓《やぐら》をかき並べ〉

幕府の大軍は深い堀に走り下り、はい上がって城壁に取りつこうとした。楠木勢は矢の雨を降らせた。幕府軍は毎日、五、六千人の手負い、死人を出したが、〈城はちつとも弱らず〉と『太平記』は書く。

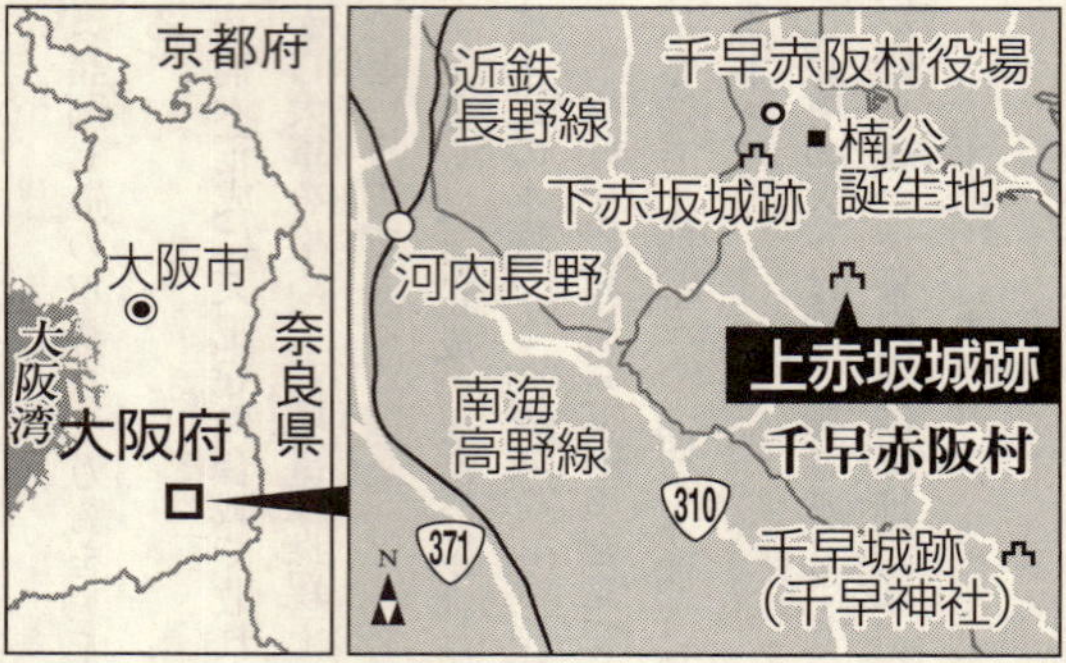

城際に引き付け、大石を落とし、矢を散々に浴びせる。『太平記』が描く正成得意の戦法について、滋賀県立大の中井均教授は「あり得ること」と話す。「平安時代の合戦を描いた『後三年合戦絵詞《えことば》』には矢を射たり、石を落としたりする場面があるが、実際に描いたのは南北朝時代の絵師。その時代の合戦を見聞きして描いた可能性が高い」

幕府軍の被害については東洋史学者の植村清二氏が著書の『楠木正成』で、元弘三（一三三三）年二月二十八日の大手への攻撃で、死傷者の総数が千八百余人に上ったことを立証し、こう書いている。

〈城兵の勇敢な防禦《ぼうぎょ》が攻撃軍に及ぼした精神的影響は、極めて強烈なものがあったに相違あるまい〉

しかし、上赤坂城は水を断たれて開城した。助命を約束されていた将監は、京に送られ、二百八十二人の兵とともに斬首され、六条河原に首をさらされた。

その報に接したときの正成たちの思いを、作家の大谷晃一氏は『楠木正成』でこう書いている。
〈彼らの中に、決死の心火が燃えた〉
信の置けない幕府の姿を目の当たりにし、吉野や千早の兵で降伏しようと思う者はいなくなったというのである。

上赤坂城跡は昭和九年、国史跡「楠木城跡」に指定された。当時の千早村と赤阪村が大阪府へ指定願を出したのは同年一月二十五日、府が国に申請したのは二月十九日、指定されたのが三月十三日。わずか二カ月足らずという異例の速さは、正成らの奮戦で倒幕がなり、天皇親政が復活した建武元（一三三四）年から六百年後の昭和九年三月十三日、「建武中興六百年記念の日」に間に合わせるためだった。

「当時の地元の盛り上がりは大変なものだったでしょう。史跡の碑があることで、楠公さんの業績を後世に伝えていかなければならない気持ちになります」

千早赤阪村立郷土資料館の山本正夫館長はそう話す。

上赤坂城跡

金剛山の尾根の突端に築かれた中世山城跡。西側の主郭（本丸）、東側の第二郭

（二の丸）から成り、標高は主郭で三四九メートル、第二郭で三四〇メートル。主郭の周囲や第二郭から北西方向に曲輪《くるわ》と呼ばれる平坦地《へいたん》が二十二カ所ある。

幕府軍を悩ませた堀切があったとみられるのは城の北端に位置する最先端部。しかし、現在は台風被害などによって、その姿を確認できない。平成十七年からの発掘調査で、焼けた壁土が出土。『太平記』に記述のある延文五（一三六〇）年の火災は、上赤坂城の可能性があるという。

楠木軍略躍動　鎌倉終焉の象徴

楠木正成の本城、上赤坂城（楠木城）を落とし、大塔宮護良親王が挙兵した吉野も陥落させた鎌倉幕府軍は、正成が詰め城として築いた千早城に殺到した。その様子を『太平記』はこう書く。

〈寄手は（略）二百万騎に余りければ、城の四方二、三里が間は、見物相撲の場の如く打ち囲みて、尺地をも余さず充満したり〉

二百万騎は誇張だが、三方面に派遣された幕府軍のすべてが集まったのだから、数万の大軍だったことは間違いない。対する正成の手勢は〈わづかに千人足らぬ小勢にて〉という有様である。

「でも、幕府軍の攻め口は一つしかなかったと思います。今、四の丸に登る石段のある道です。他は谷が深くてとても登れません」

千早赤阪村（大阪府）郷土史友の会会員で、ボランティアガイドを務める枝松悦子氏はそう話す。石段は五百六十段あり、標高差約一〇〇メートル。観光客は大体、途中で音を上げる急坂だが、幕府軍は小城と侮り、攻め支度もせず攻めかかった。

〈われ前にと城の木戸口近く、被《かず》き連れて（楯を連ねて）ぞ上りたりける〉

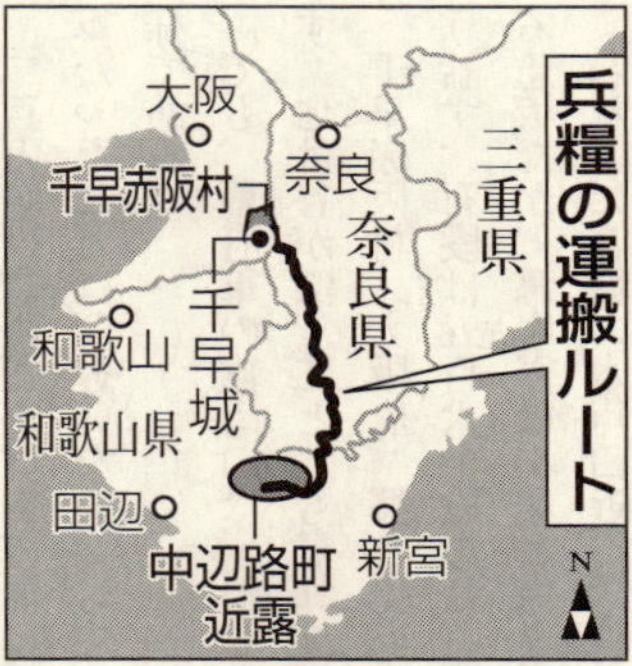

この後は楠木軍略の独壇場である。大石を落として楯を砕き、散々に矢を浴びせて毎日、五、六千人の損害を与えた、と『太平記』は書く。幕府軍が持久戦の構えを見せると、わら人形を城壁に並べて払暁《ふつぎょう》、鬨《とき》の声を上げ、幕府軍を引きつけて大石や矢を浴びせた。幕府軍が長梯子で攻め入ろうとした際には、油を注いで火矢を放ち、兵ごと梯子を焼き落とした。

「使えるものは何でも使うという戦いぶり。足利尊氏のような鎌倉武士には想像もつかない戦術で、正成が悪党と呼ばれる理由となる戦いだと思います」

大阪樟蔭女子大の横田智鶴・非常勤講師はそう話す。当時の悪党とは、従来の秩序を壊そうとする新しい勢力を指す。『太平記』が描く千早城の戦いは、鎌倉の世が終わろうとしていることを象徴するものだった。

「知謀はもちろんだが、水や兵糧に困らなかったことが勝因でしょう」と、同村立郷土資料館の山本正夫館長は言う。水は城の内外に、山伏が秘密にしていた水源が五か所あり、一夜に五石（九〇〇リットル）が湧いたという。兵糧は、城の裏から金剛、吉野、熊野古道へと抜ける山道を使って紀州の中辺路《なかへち》・近露《ちかつゆ》の武士、野長瀬盛忠が運び入れた。その縁で同村は昭和五十七年、和歌山県中辺路町（現在の田辺市）と友好提携した。

「平成六年には六百六十年前のお礼をしようと、村民ら百八十一人が当時のルートを中辺路まで歩きました」

全長約一五〇キロ。ほぼすべて山道の行程は、三泊四日かかったという。

「着替え程度しか持たない旅でそれだけかかるのだから、兵糧を五百石も運ぶのは難業だったと思います。それをしてくれる仲間の武士団がいた。その団結力を生む魅力が正成にあったからこそ、百日の籠城戦に勝ち抜けたのだと思います」

楠木七城

楠木正成は鎌倉幕府の大軍と戦うにあたって、金剛山中腹を中心に多くの山城をつくった。一般に「楠木七城」と呼ばれるが、北から連なる下赤坂城、上赤坂城（楠木城）、千早城が主だった城。幕府軍が北から来ることを想定してそれぞれ前衛の城、本城、詰め城と位置づけていた。

最後の砦になった千早城は海抜六七三メートル、比高一七五メートルで、幕府軍はこの一七五メートルを最後まで乗り越えられなかった。城の背後に一本だけある山道が金剛山頂につながり、兵糧運搬に使われた。千早とは「強い風が吹く場所」という意味。

尊氏の翻心生んだ籠城戦

楠木正成が千早城で、鎌倉幕府の大軍と戦った日数は百日を超える。正成が奮戦する間に起こった変化を、湊川神社発行の『大楠公』はこう記す。

〈元弘三（一三三三）年閏《うるう》二月二四日、天皇、隠岐御脱出。二八日、名和長年、船上山に御迎へす〉

この変化に反応した一人が鎌倉幕府の有力御家人、足利高氏《あしかがたかうじ》（一三〇五～一三五八年、後の尊氏）である。『大楠公』は、四月二十九日のこととしてこう書く。

〈足利高氏、帰順し、赤松則村・千種忠顕《ちくさただあき》・結城親光等と共に六波羅を攻む〉

源氏の嫡流を自負する高氏は、正成より十一歳若く、幕府に背いた時は数え二十九歳だった。この時の心境を『太平記』は、高氏の言葉として書いている。

〈われは源家累葉《るいよう》の貴族なり。（中略）重ねてなほ上洛の催促を加ふる程ならば、一家を尽くして上洛し、先帝の御方に参じて六波羅を攻め落とし、家の安否を定むべきものを〉

幕府からの執拗な出陣命令に上京したものの、心はすでに、平氏である北条氏が率いる幕府を離れていたのである。高氏は、隠岐を脱出して伯耆国《ほうき》（現在の鳥取県）船上山《せんじょうさん》にいた後

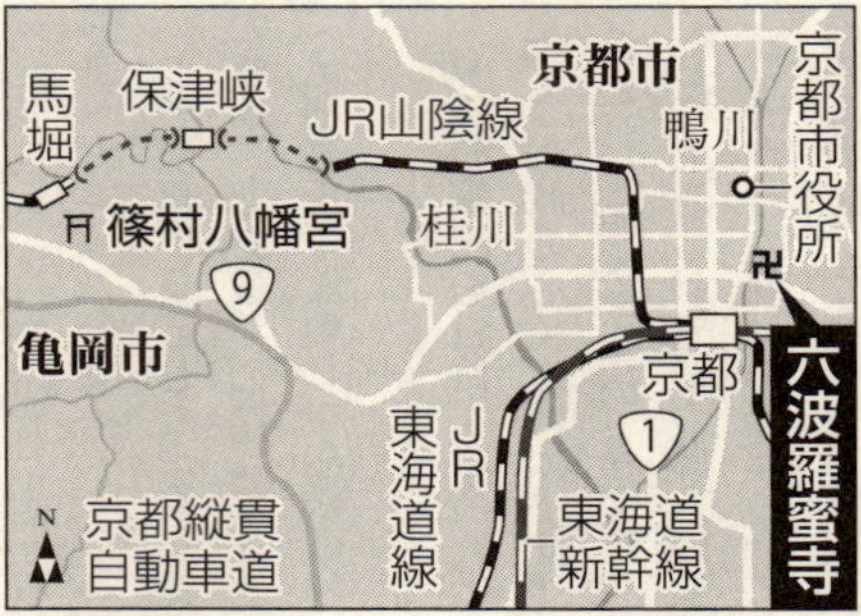

醍醐天皇に使いを送り、朝敵追討の綸旨《りんじ》を得た。四月二十七日、伯耆に向けて出兵したが、山陽道に向かう途中、母の出身地、丹波篠村（現在の京都府亀岡市）に入った。

「ここは当時、足利氏の飛び領でした。高氏は二十九日には、願文を奉納して決意を表明します。事をなすにはやはり、この地でなければならなかったのでしょう」

篠村八幡宮（同市）の大橋通夫宮司はそう話す。同宮には「敬って白《まお》す　立願の事」で始まる有名な「足利高氏願文」が残されている。

八幡神は源氏の氏神で、弓矢・武道の神だ。高氏は「勅命にしたがい義兵を挙ぐる所なり」と高らかに宣言し、六波羅をめざした。

〈五月七日、六波羅を陥《おち》つ〉
〈五月九日、北条仲時以下、近江番場にて自刃す〉

『大楠公』は、高氏の翻意からわずか八日で六波羅が陥落し、十日で探題職にあった北条一族が自害に追い込まれたことを記す。仲時らが自刃した翌日には、千早城の幕府軍は囲みを解き、奈良に敗走した。その日の千早城内の様子を『太平記』はこう書く。〈城中悦び勇みて、ただ籠の中の鳥の、出でて林に遊ぶが如く悦び〉

正成が籠城戦に勝利してから十一日後、新田義貞が鎌倉を落とし、幕府を束ねていた北条高時は自害。ついに鎌倉幕府は滅びた。

「高氏が叛意したという事実が大きかった。その後の昇進や恩賞がめざましかったことからも（高氏への評価は）明らかです」

福岡大の森茂暁教授はそう話す。高氏は後醍醐天皇から諱《いみな》・尊治《たかはる》の一字を賜り、名を尊氏と改める。正成はやがて、この尊氏としのぎを削ることになる。

六波羅探題

鎌倉幕府が京・六波羅に置いた出先機関、およびその役職名。後鳥羽上皇が鎌倉幕府の討伐を図った承久の乱の後、かつての平清盛邸を改築して設置された。朝廷の監視や京都の警備、尾張・加賀以西の政務や裁判を総括した。北と南があり、執権・連署（執権の補佐役）に次ぐ重職とされて北条氏から選ばれた。

元弘三年、後醍醐天皇の命を受けた足利尊氏らに攻められ、当時の探題だった北条仲時・時益が追われて滅亡。跡地の南には六波羅蜜寺《ろくはらみつじ》がある。

第五章

「夢」だった建武の新政

正成が後醍醐天皇を奉迎した福厳寺。新政の初歩はここから始まった（神戸市兵庫区）

後醍醐天皇迎えた栄光の地

湊川神社（神戸市中央区）の境内に、楠木正成《まさしげ》の生涯を絵入りで解説した「大楠公御一代記」の看板がある。その中で、ひときわ晴れがましい光景として描かれているのが、船上山《せんじょうさん》（鳥取県）から京に還幸する後醍醐天皇を兵庫の地で迎える正成の姿だ。

〈楠多門（聞）兵衛正成、三千余騎を卒して参向す。その形勢ゆゆしくぞ見えたりける〉

『太平記』はそう記す。後に終焉《しゅうえん》の地となる兵庫だが、この時の正成にとっては下赤坂城で挙兵して以来、鎌倉幕府の大軍と戦い続けてきた労苦が報われた「栄光の地」にほかならなかった。

〈「大義早速の功、ひとへに汝《なんじ》が忠戦にあり」〉

後醍醐天皇は、乗っていた御車のすだれを巻き上げさせ、正成にこう語りかけた。

「姿や顔を見せない従来の天皇像とは異なった、後醍醐天皇独自の気質がうかがえる。正成を重視する『太平記』の姿勢が、破格ともいえる天皇の対応に投影されているのではないか」

神戸大の市澤哲教授はそう話す。

後醍醐天皇が兵庫に滞在した際、行在所《あんざいしょ》としたのが臨済宗の寺院、福厳《ふくごん》寺（神戸市兵庫区）だ。

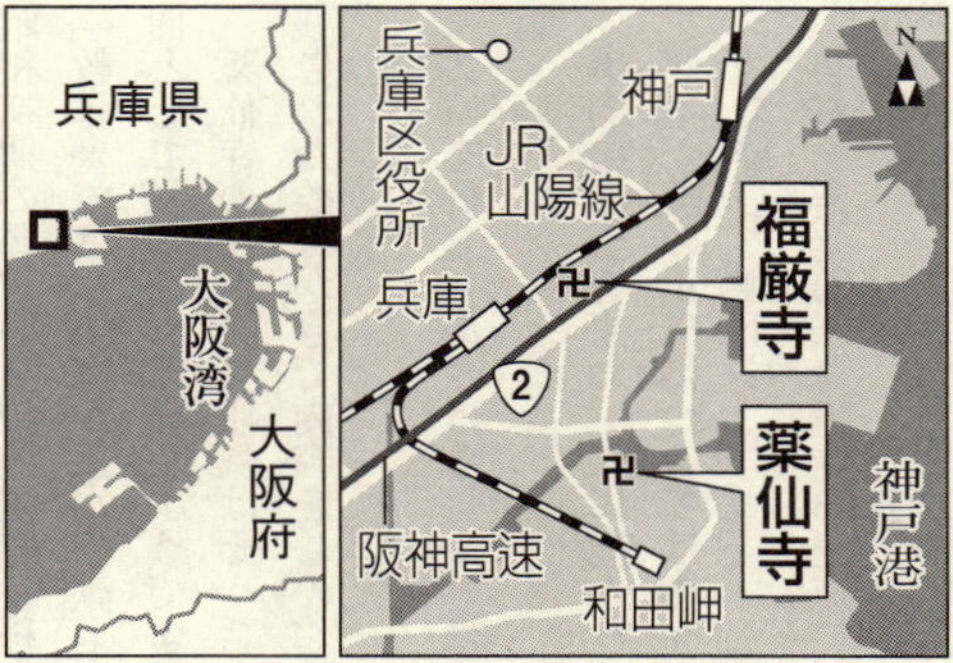

「港だった兵庫津から遠くない立地が行在所に選ばれた理由かもしれません。当時の禅僧は大陸と国内各地を往来しており、さまざまな情報に接するには最適だったのではないでしょうか」

神田謙光住職はそう推測する。実際、後醍醐天皇は同寺で、鎌倉幕府滅亡の知らせを受ける。新田義貞が鎌倉を落とし、北条高時らを自害に追い込んで十日後のことだった。

福厳寺からほど近い薬仙寺（同）には、福厳寺に滞在した後醍醐天皇が病に伏し、吉報を耳にしても癒える気配がなかったという伝承が残る。そこで、薬仙寺の住職が境内にわいていた霊水を献上したところ、病が治ったという。

『薬仙寺縁起絵巻』には、菊水の旗の下、弓を携えて福厳寺の庭に控える正成の姿が描かれる。この場面は、昭和初期の尋常小学校の国史教科書に掲載されていたという。

「教科書では、住職が霊水を献上する光景としてではなく、正成が後醍醐天皇に拝謁する場面として説明されていたようです。正成の影響力の大きさを感じます」

薬仙寺の後藤尚玄住職はそう話す。絵巻は、昭和二十年の神戸大空襲で失われ、今は寺に残された絵はがきで内容をしのぶしかない。

〈兵庫を御立ちありける日よりは、正成、前陣を承って、畿内の勢を随《したが》へ、七千余騎にて前騎す〉

畿内の武士を束ね、京に向かう正成の姿を『太平記』は描く。後醍醐天皇にお褒めの言葉を賜った際の正成についてはこう書いている。

〈功を辞して謙下《けんか》す〉

褒賞を辞退して謙遜する正成に対して、後醍醐天皇が名誉の職を与えて報いたことがうかがえる。

倒幕で実現した建武の新政は、正成にとって「夢」だった。新政は二年余でほころびが生じるが、その短期間に見せた正成の姿、施政から、正成が目指した世を考える。

福厳寺と薬仙寺

福厳寺は、臨済宗南禅寺派の寺院。正安二（一三〇〇）年創建と伝えられる。戦前までは、後醍醐天皇が眺めたという松や、創建時の本尊十一面観世音菩薩像が伝えられていたが、戦災で焼失した。

薬仙寺は、天平年間に行基が開山したとされ、十四世紀中ごろに「踊り念仏」で知られる一遍を開祖とする時宗の寺院になった。後醍醐天皇の病を癒やした霊泉がわき出していたと伝わる井戸や、平清盛が後白河法皇を幽閉した「萱《かや》の御所」が周辺にあったとされ、跡地を示す石碑が境内に残っている。

倒幕の夢かない天皇帰京

楠木正成に奉迎され、兵庫をたった後醍醐天皇は、京の東寺を目指した。その時の様子は『太平記』が格調高く記している。

〈六軍序《りくぐんついで》を守り、五雲《ごうん》静かに幸《みゆき》せしかば、六月五日の暮れ程に、東寺まで臨幸《りんこう》なりたりける〉

五雲とは天子の乗る輿《こし》のこと。東寺は、平安京の入り口に位置する。そこでは武士は無論、摂政や関白、大臣、医師や陰陽師《おんみょうじ》までもが集まり、青や紫の衣が照り映えて、まるで天空に星を連ねたようだった……と書き継ぐ。

「後醍醐天皇は一泊して翌日、二条富小路（京都市中京区）の内裏へ入ります。さほど距離があるわけではなく、そのまま向かってもよさそうなものですが、東寺に立ち寄ることにも意味があったのでしょう」

東寺宝物館の新見康子・文化財保護課長はそう話す。後醍醐天皇は父・後宇多《ごうだ》天皇の影響を受け、あつく東寺に帰依し、保護した。倒幕の夢がかなって都に入る際、胸中をよぎる思いは想像に難くない。

東寺の境内には、その時ゆかりの松の木がある。由来はこうである。

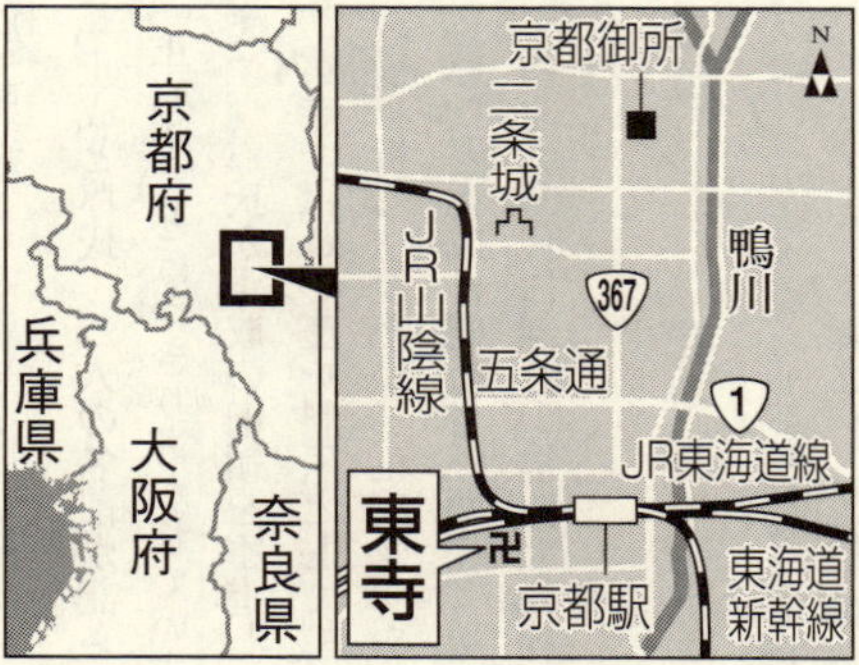

天皇は、小子房《しょうしぼう》という建物に泊まり、近くにあった松について質問した。東寺長者の頼意《らいい》は応えて、天皇の帰京を喜ぶ歌を詠んだ。

〈うへをきし　昔やかねて　契りけむ　けふの御幸を　松風の声〉

以来、その松は「小子房の松」「見返りの松」と呼ばれるようになった――。

「小子房の松」とされる松の木は現在、弘法大師空海の座像を安置する御影堂（国宝）のそばにある。

「江戸時代の『都名所風俗図絵』でもほぼ同じ場所に松の木が描かれています。ただ幹が細いので、代替わりをしているのかもしれません」

七百年の歴史を踏まえて、新見氏はそう話す。

東寺にはもう一つ、正成に関する興味深い古文書が残されている。建武三（一三三六）年六月十五日の日付がある足利尊氏寄進状である。

文面は「天下泰平家門繁栄のため河内国新開庄（正成跡）を寄付する」。花押は源朝臣（尊氏）。尊氏はこの日付の半月ほど前、正成を兵庫・湊川で破ったばかりだ。

「正成と尊氏、二人の名前が記された珍しい史料です。新開庄は現在の東大阪市にあって、『正成跡』とはっきり書かれていますから、湊川で戦死した正成の所領だったことがわかります。尊氏が正成の旧領を寄進した、ということになります」

東寺ではこの庄を料所として、尊氏のための「大勝金剛供《たいしょうこんごうく》」などの法会を始めた。息災や敬愛を祈る法要だが、正成にあやかり、戦勝祈願の意味もあったのではないかと考えられる。

「尊氏と正成は認め合う関係、もう少し言えば、尊崇の念があったのではないか」

南北朝時代に詳しい福岡大の森茂暁教授はそう推論している。

東寺

正式には教王護国寺《きょうおうごこくじ》、京都市南区九条町、JR京都駅の南西に位置する東寺真言宗総本山。延暦十五（七九六）年、平安京の鎮護としてその入り口に、西寺とともに創建された。その後、空海に下賜《かし》され、真言密教の根本道場となる。

建武三（一三三六）年、足利尊氏が境内に本陣を構え、南北朝動乱の表舞台となった。境内の五重塔（江戸時代の再建）のほか真言七祖像、両界曼荼羅《りょうかいまんだら》図《ず》、平成二十七年に世界記憶遺産に登録された東寺百合文書《とうじひゃくごうもんじょ》など国宝多数。平成六年、「古都京都の文化財」の一つとして世界遺産に登録された。

「直臣」の証し　一国を拝領

〈諸軍勢の恩賞は延引すとも、大功の輩の抽賞《ちゅうしょう》は行はるべしとて（略）楠判官正成に摂津国、河内国〉

京に戻った後醍醐天皇はまず、倒幕に大功があった者に恩賞を与えた、と『太平記』は記す。楠木正成は摂津守、河内守に任官した。

「地方の国司という官職で、位階でいえば従五位下といったところ。無位無官の武士がもらう官職としては妥当なところです」

東京大の木下聡助教はそう話す。河内国は正成の地元、摂津国は大阪湾や淀川といった水運の要衝を含む国である。鉱業や流通、商業を基盤とした正成にとっては、ありがたい恩賞だったに違いない。

「この位階では昇殿はできませんが、呼ばれれば朝議に出て、天皇の前で意見を言うことができる。その資格が得られるので、官位官職をもらうことは意味があったはずです」

『太平記』は、大功の輩として正成の名を五番目に書いている。真っ先に挙げているのは足利尊氏で、恩賞として与えられたのは武蔵、常陸、下総の三カ国。鎌倉に攻め込んで幕府を

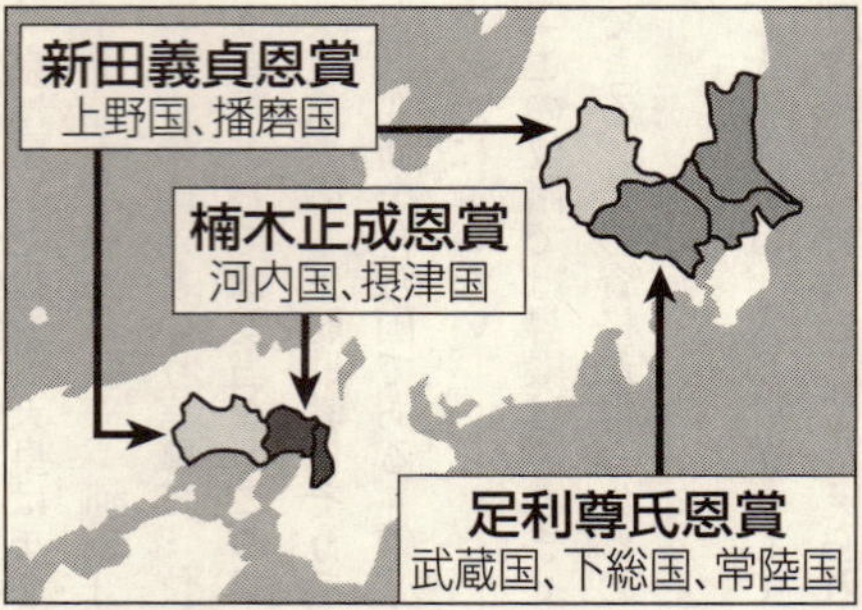

滅亡させた新田義貞への恩賞は上野と播磨だった。五国とも最上位の大国に分類される国だが、尊氏の手柄を第一と見る恩賞だったことがうかがえる。

「六波羅《ろくはら》探題《たんだい》という幕府の京都支社を滅ぼした尊氏が、本社の鎌倉を攻め落とした義貞より功が上とされた。後醍醐天皇が京育ちの尊氏に親近感を持っていたからだろうと思います」

『楠木正成』という著書もある作家の童門冬二氏はそう推測する。尊氏の出生地は、母の実家があった丹波国上杉荘（現在の京都府綾部市）とされる。

正成が頂戴した二国は、河内は大国だが、摂津はその下の上国だ。源氏の嫡流を争う尊氏と義貞より格下と見られ、一段低く評価されたことが読み取れる。

「それでも正成はうれしかったと思います。河内はすでに実質支配している国だが、官命で公式に認められたのですから。それ以上に、天皇の直臣になったことを喜んだでしょうね」

〈その後、五十余ヶ国の守護、国司、国々の関所、大庄をば、悉《ことごと》く公家被官の人々拝領しけ

る〉

建武の新政で行われた論功行賞について、『太平記』はそう書き継ぐ。大国三国と幕府から没収した所領数十カ所を得た千種忠顕《ちくさただあき》についてはこう書く。

〈朝恩身に余り、その奢《おご》り耳目を驚かせり〉

連日、数百人を招いた酒宴を張り、数百騎で野宴に出かけて犬追物や鷹狩りを行い、その衣装は豹《ひょう》や虎の皮、金糸などを使ったぜいたく極まりないものだった。

忠顕は後醍醐天皇の寵臣《ちょうしん》で、天皇が流された隠岐にも同道した公家である。

「天皇は幕府を倒したことで気の緩みが出たのだと思います。それが後の尊氏の裏切りにつながるが、正成は意見はしても最後まで裏切らない。公の一員になった意識があくまでも強かったからでしょう」

童門氏はそう話す。

令制国《りょうせい》　大国は十三国

律令制に基づいて置かれた日本国内の国。その数は六十八だが、六十六と数えられることも多い。平安時代の延喜式で国力によって大国、上国、中国、下国に分類された。大国は大和、河内、伊勢、近江、播磨など十三国。上国は山城、摂津、尾張、美濃、三河など三十五国。中国は若狭、丹後など十一国。下国は和泉、淡路など九国。

こうした国には国衙《こくが》（府）が置かれて国司が支配し、武士が実権を握った鎌倉時代にも国衙は存在した。しかし、室町時代には守護大名の力が増大して完全に形骸化した。

敵味方問わず手厚く慰霊

「寄手塚《よせて》」
「身方塚《みかた》」

大阪府千早赤阪村の森屋地区に、そう呼ばれる小さな五輪塔がある。元弘元～三（一三三一～三三）年の赤坂・千早城の戦いで戦死した人々を弔うため、楠木正成が建てたとされる石造りの塔である。「寄手」は鎌倉幕府方、「身方（味方）」は楠木方を指す。寄手塚は高さ一八二センチ。一三七・三センチの身方塚より一回り大きい。

〈敵と呼ばずに寄手とし、その五輪塔を味方の塔より大きく建てたという、何とも奥ゆかしい、楠公さんの人情味が感じられる伝承から、その名で呼ばれるようになったようだ〉

村内の文化財についてまとめた村教委の『千早赤阪の文化遺産』は、そう紹介している。

〈手負ひ、死を致す者、一日が中に五、六千人に及べり。（略）手負、死人の実検をしけるに、執筆《しゅひつ》（書記役）十二人、夜昼三日が間は筆をも置かず注《しる》せり〉

『太平記』は、元弘三年の千早城の戦いでの幕府方の損害について、こう書いている。『太平記』特有の誇張はあるが、正成の巧みな籠城戦で多大な被害を受けたことがうかがえる。

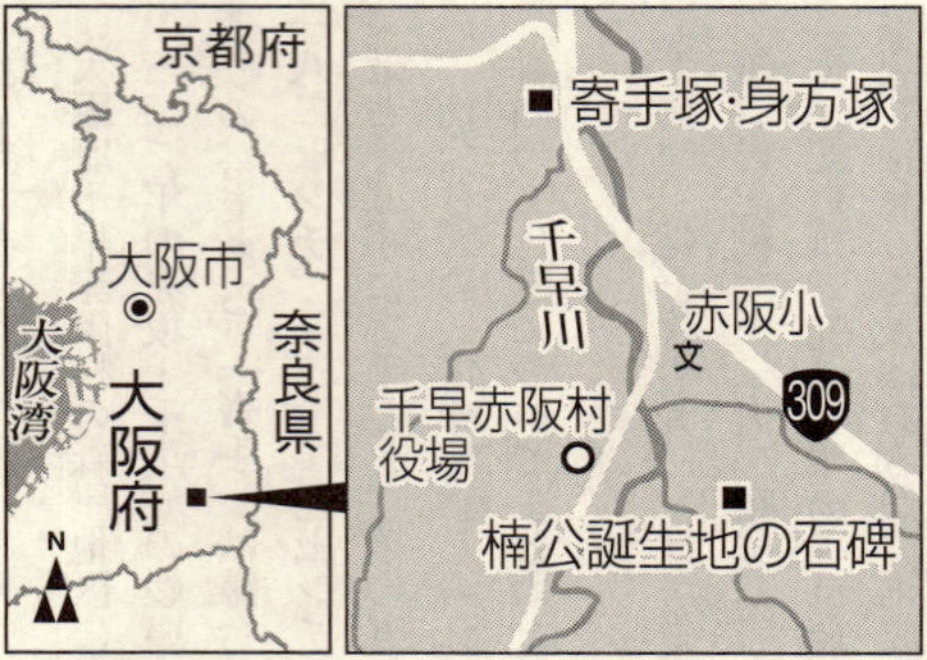

「正成は幼少期から仏教を学んだ人ですから、人はみな、死ねば一緒と考えていたはずです。塔を建てるという行為は仏教では供養そのもの。自分の中のけじめもつけようとしたのではないか」

正成が幼少期に学んだ観心寺（大阪府河内長野市）の永島龍弘長老はそう話す。湊川神社が発行する『大楠公』は、二つの塔が建てられたとされる建武元年の正成の行動を書き連ねている。

〈建水分《たけみくまり》神社・観心寺本堂等を修築して神恩に報じる〉

〈領民に対し賦税を免じ、山林を植樹し、荒地を開拓し、美俗を奨励する〉

「日本人は古代から慰霊を大切にする民族。法要を行って団結を生んできた。乱世が終わってほしいという正成の願望が見えるような気がします」

永島長老はそう話す。

〈寄手塚　身方塚　森屋村三昧所にあり〉

二つの塔は、江戸時代に記された『河内名所図会《ずえ》』にも、「楠木正成誕生所」や楠木氏の氏神「建水分神社」とともに紹介されている。「正成が戦死者をあわれんで建てた」という説明も添えられている。

こうした逸話を後世の創作とする指摘もある。寄手塚の造立時期は鎌倉時代後期、身方塚は南北朝時代前半とされ、微妙に時期が異なっているからだ。

しかし、寄手塚に使われているのは石英閃緑岩、身方塚は黒雲母花崗《かこう》岩で、どちらも金剛葛城山麓で産出する。地元ゆかりの人が建てたことは間違いない。

「たとえ後世の創作であったとしても、それは楠木正成の人となりが伝わっていたからこそ、生まれたものでしょう」

建水分神社の岡山博美禰宜《ねぎ》はそう語る。

怨霊となった正成

幕府方の死者も手厚く弔った楠木正成に関して『太平記』は、湊川の戦で戦死した後、怨霊と化して現れたと書いている。

〈忠臣義士尸《かばね》を戦場にさらす輩《ともがら》、悉《ことごと》く修羅の眷属《けんぞく》となりて瞋恚《しんい》を含む心止む時なし。正成、かれと共に天下を覆さんと謀るに……〉

暦応五（一三四二）年、正成を敗死させたともいわれる大森盛長（彦七）のもとに、鬼女に姿を変えた正成の怨霊が現れ、恨み言を述べるくだりである。古くからある、敗者が怨霊となって禍をなす「御霊信仰」の表れと考えられる。

武士の誇り込めたクスノキ

〈御神木「楠」　楠木正成公が建武元年（一三三四）に奉納した楠と伝えられています〉

案内板にそう書かれたクスノキは、石清水《いわしみず》八幡宮（京都府八幡《やわた》市）の本殿に向かって左側にある。樹齢七百年。京都府天然記念物に指定され、幹が太く、四方に大きく枝を伸ばしている。

〈九月二一日、天皇、石清水に行幸、足利尊氏・大楠公警護につく〉

湊川神社が発行する『大楠公』がそう記している日、楠木正成が植えたと伝わるのがこの木である。建武と改元された八カ月後のことだ。『太平記』は、この行幸の様子をこう書いている。

〈すべて公武の経営なれば諸臣花を折りて美を尽くす〉

〈上古にも末代にも、かかる行粧はありがたしとなり〉

「植樹には信仰とともに、正成公の武士としての思いが込められているように思います」

田中恆清《つねきよ》宮司はそう話す。石清水八幡宮は清和源氏の氏神。源義家がここで元服し、八幡太郎を通称としたことで知られる。

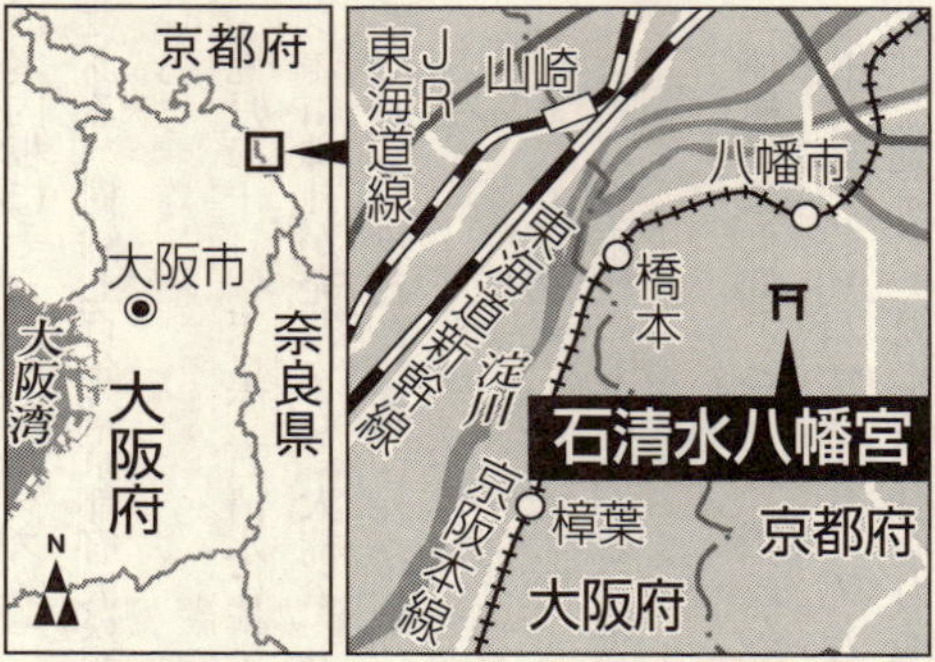

「正成公は源氏でも平家でもなかったとされるが、武士として何か、確かな証しが欲しかったのではないでしょうか」

正成の特別な思いは、同宮に残る古文書『石清水文書』でもうかがえる。内容は次のようなものである。

行幸の翌年の建武二年八月、八幡にある弥勒寺という寺が、河内の法明寺の乱暴略奪をやめさせてほしいと、裁判機関である雑訴決断所に訴え、認められた。正成は河内守護代に対して、この決定に従って法明寺の乱暴略奪を停止させるように、とわざわざ一筆を添えて指示した——。

「地元の河内より八幡の主張を優先するよう指示している。日本人のDNAの中に歴然として存在する天皇をお守りするのが武士。その役割を純粋に全うしようとした正成公にとって、石清水八幡宮は特別な場所だったと思います」

〈大楠公、記録所寄人《よりうど》に任ぜらる〉

『大楠公』は建武元年五月のこととして、そう書く。記録所とは後醍醐天皇が設けた、朝廷の重要事項を扱う訴訟機関。寄人はそこの役職者である。正成は官位官職だけでなく、新政権の実務機関、雑訴決断所や恩賞方などの一員にもなっていた。

「多くの役職に任じられているところをみると、文武両道の人として評価されていたのでしょう。正成は戦上手というイメージが強いが、行政手腕も期待されていたのではないか」

帝塚山大の花田卓司講師はそう話す。石清水八幡宮への行幸の警護を担ったことでも、後醍醐天皇の信頼の厚さを感じるという。

「後醍醐天皇は、無名だった正成を側近中の側近として重用し、中央政権で活躍する場も与えた。その恩も感じていたからこそ、正成は最後まで裏切ることがなかったのではないでしょうか」

石清水八幡宮

貞観二（八六〇）年の創建。京都府八幡市の男山山頂にあり、応神天皇、神功《じんぐう》皇后、比咩《ひめ》大神を祭神とする。

男山は都からみて裏鬼門（南西の方角）にあり、鬼門（北東の方角）にある比叡山延暦寺とともに都の守護、国家鎮護の社として崇敬された。源頼義が鎌倉由比郡に分霊を勧進し、鎌倉幕府を開いた源頼朝はそこから遷座して鶴岡八幡宮とした。

現在の社殿は寛永十一（一六三四）年、江戸幕府によって建てられた。平成二十八年二月、本社・本殿など十棟が国宝に指定された。

第六章

後醍醐天皇の「心の内」

作楽神社に立つ児島高徳の像。尊王の武士として名高い（岡山県津山市）

カリスマ君主の魅力はどこに

〈後醍醐天皇の御宇《ぎょう》に、武臣相模守平高時《さがみのかみたひらのたかとき》と云ふ者ありて、上には君の徳に違ひ、下には臣の礼を失ふ〉

『太平記』は、後醍醐天皇と鎌倉幕府の執権である平（北条）高時の記述で始まる。タイトルは「後醍醐天皇武臣《ぶしん》を滅ぼすべき御企《おんくわだて》の事」。続けて二人の関係が記される。

〈後醍醐天皇と申ししは、後宇多院《ごうだいん》の第二の皇子（中略）、相模守が計《はから》ひとして、御年三十一の時、初めて御位に即《つ》け奉る〉。当時はいわゆる「両統迭立《りょうとうてつりつ》」の時代。幕府の介入のもと、大覚寺統（亀山天皇の血統）と持明院統（後深草天皇の血統）が交代で皇位に就いていた。

「後醍醐はあくまで、ピンチヒッターにすぎなかった」

『後醍醐天皇』（中公新書）の著者、福岡大の森茂暁教授はそう話す。異例の壮年で即位した後醍醐は、父・後宇多の遺志で、若くして没した兄・後二条の皇子（後宇多にとって嫡孫）に皇位を戻す予定だった。それを認める幕府への不満、天皇親政の理想……。倒幕への意識を高めたとされる要因である。

〈一代の主〉。後醍醐をそう表現した鎌倉時代末期の文書がある。持明院統から幕府に出された文書で、後醍醐の退位を求めるものである。

「倒幕志向の起点を考えると、やはりこの『一代の主』という制約の克服にある。積極果敢な後醍醐が黙って引き下がるとは到底考えられないのです」。森教授はそう分析する。倒幕の意志を固めた後醍醐はまず、公家、武士にこだわらず、同志を募った。

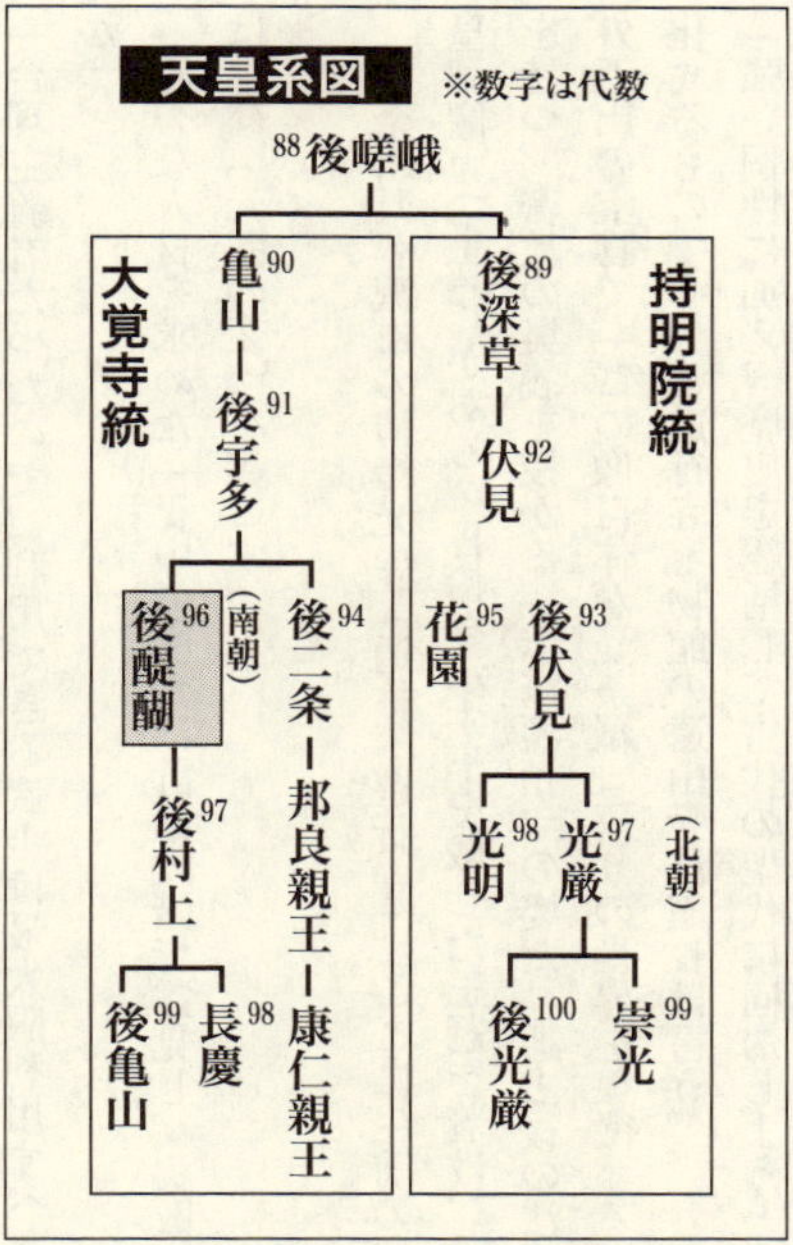

〈なほもよくよくその心を伺《うかが》ひ見んために、無礼《ぶれい》講《こう》と云ふ事を始められける〉

貴賤《きせん》上下の別なく催す酒宴で、後醍醐が味方を見極めようとした『太平記』のくだりは有名だ。この企ての中で後醍醐が持っていた武家観について、森教授はこう推測する。

「合理主義者だったので、利用できる武士は最大限利用すべきだと考えていたのではないか」

優秀な人材を求めた「正中の変《しょうちゅう》」は計画段階で露見し、失敗に終わるが、七年後、後醍醐は再び「元弘《げんこう》の変」を起こす。

神奈川県藤沢市の清浄光寺《しょうじょうこうじ》（通称・遊行寺《ゆぎょうじ》）。ここに生前の姿を写したという「後醍醐天皇御像」（重文）がある。日輪を示す玉を載せた王冠を着け、手には法具の五鈷杵《ごこしょ》と五鈷鈴《ごこれい》を持つ。密教の奥義を授かる「伝法灌頂《でんぽうかんじょう》」の姿だ。逝去後の法要で開眼された記録が残る門外不出の宝物で「この像自体が曼荼羅《まんだら》（悟りの世界を象徴する図）と考えられ、自らを神格化するものです」と遊行寺宝物館の遠山元浩館長は言う。

「強い個性に加え、歴史を総括して古代の聖代《せいだい》に回帰しようとする強い歴史観と意志力、宗教や文芸などあらゆるものを統合しようとする総合力。カリスマ型君主だったと思います」

森教授がそう分析する帝王に見いだされたのが河内の武将・楠木正成《まさしげ》であり、御家人の足利尊氏だった。

楠木正成と一族の義と忠は、一途に後醍醐天皇に向けられていた。何が正成らを惹《ひ》き付けたのか。天皇の人柄と、目指した世を追うことで、正成という武将が誕生した理由や時代を考えたい。

「正中の変」と「元弘の変」

鎌倉末期の二度にわたる政変。「正中の変」は元亨《げんこう》四（正中元、一三二四）年、後醍醐天皇が北条高時を討つべく計画を進めたが、側近の日野資朝《すけとも》らが捕らえられて失敗。天皇は釈明して罪を問われなかった。年末に改元したため「正中の変」と呼ばれる。「元弘の変」は天皇が再び倒幕を目指して元弘元（一三三一）年に起こした政変。幕府に察知されて天皇は笠置山に逃れ、河内の武将・楠木正成らも味方になって善戦するが、天皇は捕らえられて隠岐に流される。同三年まで天皇は隠岐で暮らした。

桜に詩　流罪の帝励ます武士

岡山県津山市の作楽《さくら》神社。石碑や案内板など至る所で次の漢詩を目にする。

〈天莫空勾践《こうせん》時非無范蠡《はんれい》（天は勾践を空《いたず》らにすること莫《な》かれ。時に范蠡無きに非《あら》ず）〉

倒幕に失敗し、隠岐に流される後醍醐天皇を慰めようとした備前の武士、児島高徳《こじまたかのり》（今木三郎高徳）の詩だ。中国春秋時代、呉に捕らわれた越王勾践を救出した忠臣、范蠡に自らをなぞらえた詩を高徳は、行在所《あんざいしょ》だった美作国院庄《いんのしょう》館の桜の幹に刻んだ。

〈警固の武士ども、朝これを見つけ、何事をいかなる者が書きたるやらんとて、読みかねて持ちあつかひける間、上聞に達してけり〉

『太平記』は、護送の武士が漢詩を解せず、ただ騒ぐうちに天皇の耳に入ったと書く。幕府方の武士の無学と、天皇を支持する武士の教養を示唆している。


館跡に建つ同神社のご祭神は後醍醐天皇と高徳。明治二年に創建され、高徳を顕彰する碑は貞享《じょうきょう》五（一六八八）年、津山藩家老、長尾勝明が建てた。楠木正成をたたえた「嗚呼忠臣楠子之墓」の建碑（神戸・湊川神社）より四年早い。福田景門宮司は言う。

「まだ南朝方を顕彰することがはばかられた時代。楠公と同様、高徳の至誠も人々を動かす大きな力を持っていた」

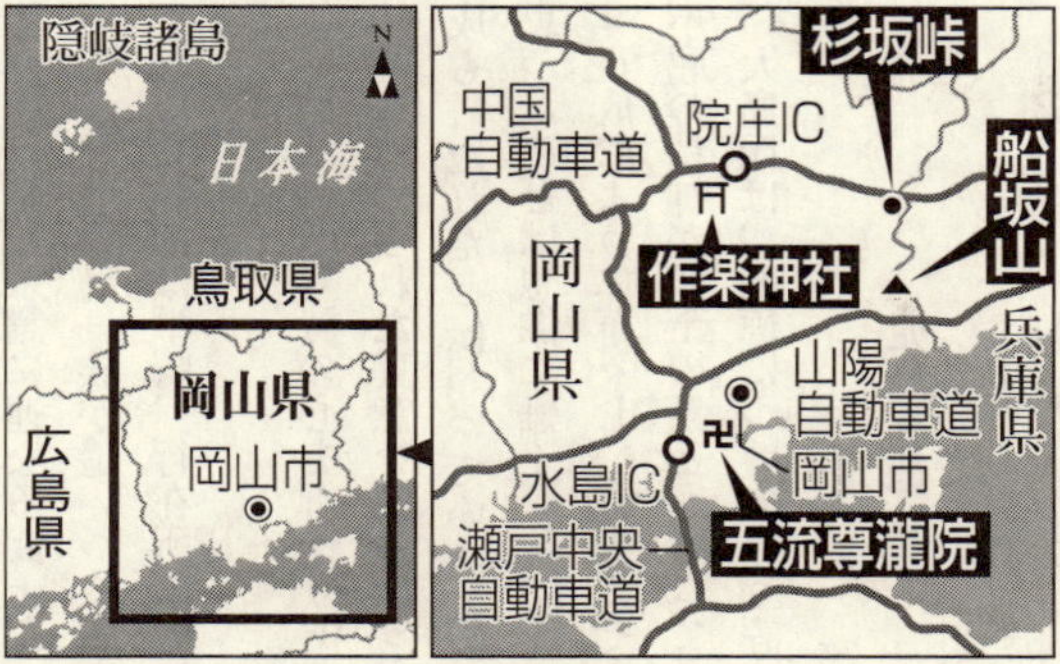

〈「君を奪ひ取り奉《たてまつ》つて、則《すなわ》ち大軍を起こし、尸《かばね》を戦場に曝《さら》すとも、名を子孫に伝へん」〉

高徳は一族でそう語らって、天皇が護送される播磨と備前の国境、船坂山に陣を敷いた、と『太平記』は記す。しかし、一行が山陰道を取ったため、あわてて後を追う。

〈三石《みついし》の山より筋違《すじか》ひに、路なき山の雲を凌《しの》ぎ、杉坂へ越えたり〉

『太平記』は、美作と播磨の境にある杉坂峠へ移動する高徳をそう記す。倉敷市歴史資料整備室の大島千鶴氏は、獣道のようなルートを駆使する高徳の機動力に着目する。

「伯耆船上山《ほうきせんじょうさん》や備中《びっちゅう》福山城など、後に南朝方の拠点となった場所は、修験者の修行の場と重なる。高徳生誕の地とされる倉敷市の五流尊瀧院《ごりゅうそんりゅういん》も修験の拠点。天皇は修験者のネットワークを頼みとしており、高徳もそうした系譜に連なる武士だったのではないか」

しかし、児島一族が追いつく間を与えず、一行は美作に入った。一族は散り散りになり、やむなく高徳は単騎、行在所の庭に忍び込むのである。

〈主上は、即ち詩の心を御悟りありて、龍顔《りょうがん》殊に御快げに打ち笑《え》ませ給へど〉

詩に込められた真意を読み取った後醍醐天皇の姿を『太平記』はそう描く。その時は、正成も討たれたと伝わっていたころだ。全国に点在する尊王の武士の存在に、天皇が心強く思ったことは想像に難くない。

「正成のように華々しい戦勲こそないものの、何度失敗しても再起し、天皇に忠誠を尽くす不屈の精神が武士の鑑《かがみ》ともされてきた」

大島氏は、高徳についてそう評する。

児島高徳

備前国出身の武士。元弘二（一三三二）年、鎌倉幕府によって隠岐へ流される後醍醐天皇の奪還を図って以降、一貫して天皇と南朝方に忠誠を尽くした。『太平記』の作者とされる「小嶋法師」と同一人物とする説もある。

『太平記』以外に動静を伝える史料がないため、明治時代には重野安繹《やすつぐ》ら実証主義史学の立場を取る研究者らが、実在を否定する論考を発表し、論争を巻き起こした。生没年は不明。五流尊瀧院（岡山県倉敷市）が生誕地の一つとされ、岡山、兵庫、群馬などに高徳のものとされる墓が残る。

島人に背負われて隠岐を脱出

本土から日本海を最短距離で四四キロ。フェリーで約三時間北上すると、隠岐諸島の西ノ島に着く。鎌倉幕府によって後醍醐天皇が配流されたといわれる島だ。

島での行在所跡は、黒木御所跡として残っている。今は「天皇山」と呼ばれる小高い山にあり、草木さえ除けば尾根伝いに三位《さんみ》の局館《つぼね》跡（側室であった三位の局＝阿野廉子《あのれんし》の住居跡）まで行ける。近くにはさらに、幕府方の監視役、佐々木清高の居宅跡である判官屋敷跡も残っている。

「湾を挟んで約八〇〇メートル離れた見付島《みつけじま》は、武士たちが天皇を監視したと伝わる島。海を隔てた中ノ島は、承久《じょうきゅう》の乱で配流された後鳥羽上皇が亡くなるまで十八年間過ごした島です」

西ノ島町観光協会の江崎逸郎氏はそう話す。隠岐は、離島ながらも律令制度下の一国である。しかも朝廷に海産物を納めた御食国《みけつくに》だったという。

「その豊かさがあるので幕府は、貴人を配流することに遠慮を感じなかったのでしょう」

〈自ら玉趾《ぎょくし》を草鞋《そうあい》の塵《ちり》に汚して、自ら泥土の地を踏ませ給ひける〉

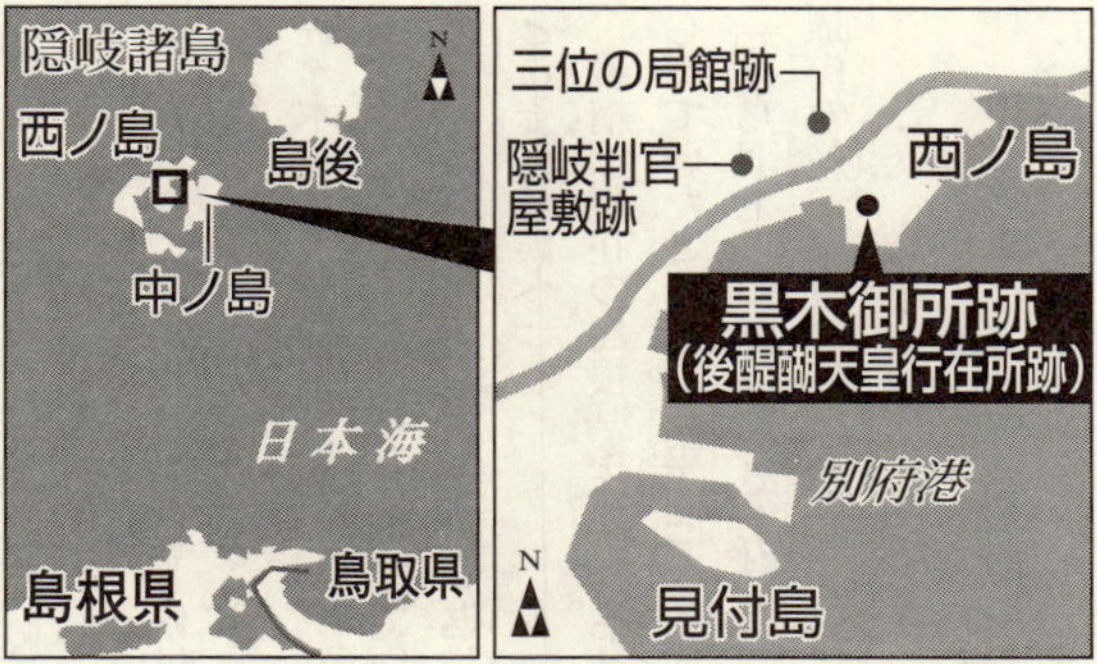

配流から約一年後、天皇が黒木御所を抜け出た様子を『太平記』はそう書く。三位の局のお産を理由に輿《こし》で外出した後、自ら草鞋をはいて五〇町（約五・五キロ）離れた「千波《せんば》の湊」を目指したのである。

「途中、抜井《ぬくい》という地名の場所があります。島人に背負われた天皇が、島人の背が温《ぬく》くて具合が良いと言われた伝承が由来です」

天皇の足跡を伝える記念館「碧風《へきふう》館」の管理人、道野晋一氏はそう話す。『太平記』が「あやしげなる男」と書く田夫野人《でんぷやじん》（農夫）が、この伝承に一致する。道を尋ねられた男は、天皇を軽々と背負って千波の湊まで行き、伯耆に帰る商人船と交渉して天皇を乗せた、と『太平記』は記す。

「別府近藤家という家には、先祖が天皇を背負って美《み》田《た》の浦までご案内したことが伝承されています。美田木村家には天皇が休息された御腰掛の石と、褒美としてたまわった仏龕《ぶつがん》が家宝として残っています」

島は、天皇が島人に慕われ、脱出を支援された伝承にあふれている。

〈「上様には、未だ知ろし召し候はずや」〉

『太平記』は、官女を介して天皇に畿内や西国の様子を伝え、脱出を勧めたのは警固番士の佐々木義綱だったと書いている。義綱は、楠木正成が金剛山の城に籠もり、東国勢百万余騎を寄せ付けていないことを告げた。

〈「城は剛《つよ》く、寄手すでに引っ返し色に見え候ふなる。（略）御聖運開くべき時すでに至りぬとこそ存じ候へ」〉

義綱は現在の島根県松江市付近を所領にした武士だ。西国一円ですでに、鎌倉幕府が見限られていたことを『太平記』は示している。

「後鳥羽上皇の時は鎌倉幕府は盤石の体制。それが後醍醐天皇の時は崩壊寸前だった。その時代の差が天皇の脱出を可能にした」。道野氏はそう話す。

用心深い離島生活

佐々木義綱は中門の警備中、天皇が下賜《かし》した杯を持参した官女を通じて、脱出を天皇に勧めた。しかし、天皇は容易に信じず、官女を与えて義綱の心を確かめた、と『太平記』は書く。義綱は名誉に感じて官女を非常に慈しんだので、天皇はようやく、脱出を決意した。天皇の用心深い性格を示す逸話である。

天皇の行在所は、島後《どうご》の国分寺とする説もあり、国の史跡になっている。しかし、説を裏付ける伝承がほとんどなく、県史跡の黒木御所跡を行在所とする説は対照的に、伝承が数多い。

建武の新政「室町」への助走

〈東寺に一日御逗留《ごとうりゅう》あって、六月六日、二条内裏《にじょうのだいり》へ還幸《かんこう》なる〉

『太平記』は、隠岐から帰って倒幕を果たした後醍醐天皇が、楠木正成の先導で京都に帰還したと記す。都の入り口に建つ東寺に入り、弘法大師・空海の像を安置する「御影堂」で、その加護に感謝した後、当時の御所だった二条富小路の「二条内裏」に入った。

徹底した天皇親政をめざす天皇は、摂政や関白、太政大臣も置かなかった。当時の天皇の意欲を示す文章が『梅松論《ばいしょうろん》』にある。

〈古《いにしえ》の興廃を改めて、今の例は昔の新儀なり。朕が新儀は未来の先例たるべし〉

並々ならぬ決意は、東寺に残された「後醍醐天皇東寺塔供養願文」にも見ることができる。建武元（一三三四）年九月に営まれた東寺塔供養の際、納められたものだ。

「戦火の絶えることを祈り、建武政権の安泰を願う内容です。能筆家が清書したものに、天皇が『尊治』と署名しています」

東寺宝物館の新見康子・文化財保護課長はそう話す。

〈此比《このころ》都ニハヤル物　夜討強盗謀綸旨《にせりんじ》……〉

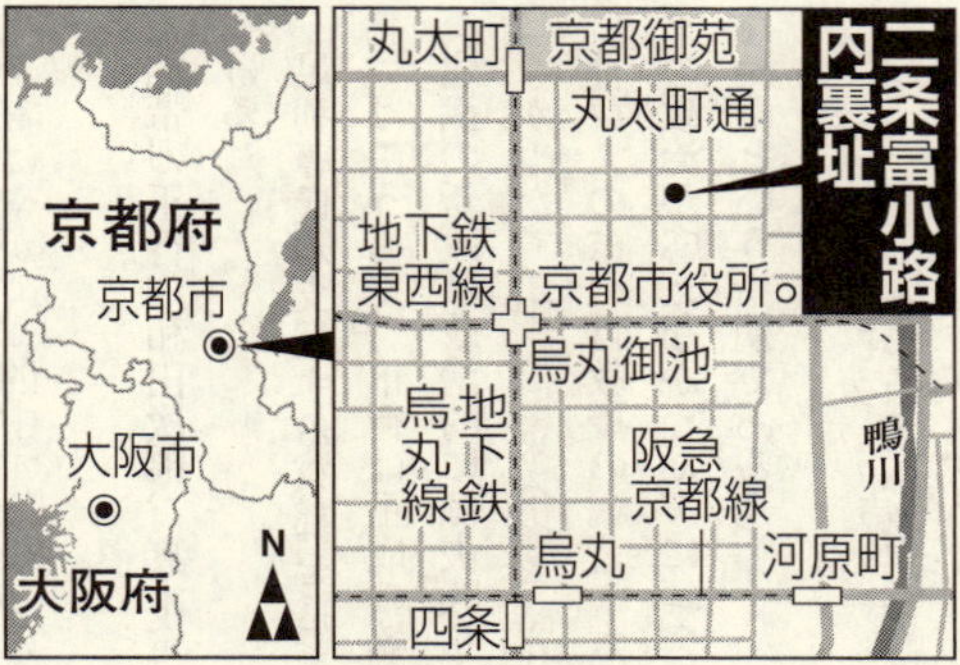

〈本領ハナル訴訟人　文書入タル細葛《ほそつづら》〉

天皇の意気込みとは裏腹に、新政権が機能しなかったことを示すのが「二条河原落書《にじょうがわらのらくしょ》」である。落書とは、時の権力者に対する風刺などを含む匿名の文書のことで、鴨川の二条河原に掲げられた。都は治安が乱れていたうえ、領地争いの訴訟のために上京した人々であふれたことを示している。にもかかわらず新政権は、大内裏の造営を決め、諸国に税を課すなど失政を重ねた。

〈「今、もし武家の棟梁《とうりょう》となりぬべき器用の仁出来《しゅったい》して、朝家を編《さみ》し申す事あらば、恨みを含み政道を猜《そね》む天下の士、糧を荷《にな》うて、招かざるに集らん事、疑ひあるべからず」〉

そう言って天皇に諫言《かんげん》した万里小路《までのこうじ》中納言藤房の記事を『太平記』は載せている。諫言は容れられず、藤房は出家した。武家の棟梁たるべき器量人が現れれば、天下の士は自弁でも、その旗の下に集まるだろうという予言はやがて、的中することになる。

〈楠帯刀正行《たてわきまさつら》、和田次郎、真木定観《じょうかん》、三輪西阿《せいあ》（略）五百騎、三百騎、引きも切らず馳せ参りける〉

足利尊氏が支配する京都を捨て、吉野に向かう天皇の元に駆け付けた武士たちを『太平記』はこう書く。正行は正成の嫡子。天皇を支持する武士も少なくなかったことがわかる。

〈建武の新政は政治的には失敗し、短命ではあったが、歴史に何ももたらさなかったわけではなかった。（中略）来るべき時代を後押しする役割を果たした〉

神戸大の市沢哲教授の編著『太平記を読む』はそう書く。雑訴決断所を置くなどして、従来の政治が応えなかった声に耳を傾けた点などを評価し、建武の新政が室町時代への助走になったという指摘である。

二条富小路内裏址《にじょうとみのこうじだいりあと》

平安京遷都以降、天皇の住居である内裏は幾度も焼失し、摂政や関白ら主に外戚に当たる公家の住居を臨時の皇居として「里内裏《さとだいり》」と呼んだ。後醍醐天皇が入った二条内裏は現在、「富小路内裏趾」ともいわれ、元は鎌倉時代の太政大臣・西園寺《さいおんじ》実氏《さねうじ》の邸宅の一つがあった。

その後、後深草天皇の皇居となり、さらに鎌倉幕府が里内裏を建設して花園、後醍醐、光厳と三代にわたって天皇の内裏となった。建武三（一三三六）年、建武政権崩壊による戦乱で焼失。現在はその跡地を示す石碑が立っている。

正成ら惹きつけた「民のため」

湊川の戦いで楠木正成を失い、天皇親政に失敗した後醍醐天皇は延元元（一三三六）年十二月、吉野山（奈良県吉野町）で南朝を開いた。しかし、延元三年には北畠顕家《あきいえ》、新田義貞が敗死。天皇の病も重くなり翌年、最期を迎えた。五十二歳だった。

〈妄執ともなるべきは、朝敵を亡ぼして、四海をして太平ならしめんと思ふ事のみ〉

臨終の際の言葉を『太平記』はそう伝える。遺言は念入りなものだった。第八宮《だいはちのみや》（義良《のりよし》親王＝後村上天皇）を後継者に指名し、新田義貞・脇屋義助兄弟の子孫を股肱《ここう》の臣と頼むとした後、こう締めくくった。

〈もし命を背き、義を軽んぜば、君も継体の君にあらず、臣も忠烈の臣にあらず〉

遺訓に背けば、自ら指名した親王も後継者ではないとくぎを刺し、左手に法華経、右手に剣を持って、天皇は崩御した。『太平記』によると、尊氏は崩御に衝撃を受け、霊を鎮めるために天龍寺を創建した。

吉野町の勅願寺《ちょくがんじ》である如意輪寺《にょいりんじ》。後醍醐天皇が眠る塔尾陵《とうのおのみささぎ》は、同寺の本堂背後にある。

〈魂魄《こんぱく》は常に北闕《ほっけつ》の天を臨まんと思ふ〉

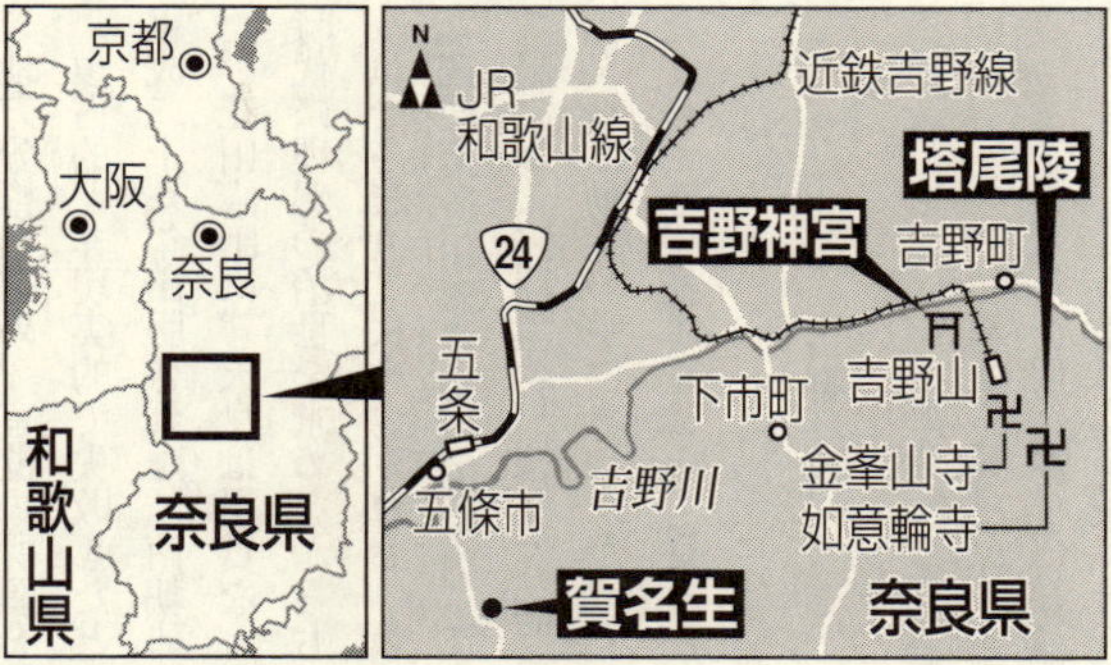

天皇の遺言通り、陵は京都が位置する北方を望む。
「歴代住職が墓をお守りし、寺は後醍醐天皇とともに盛衰を繰り返してきた」
そう話す加島公信住職は平成二十八年九月二十七日、戦後途絶えていた天皇忌の法要を約七十年ぶりに復活させた。「必ず京都に戻って、建武新政の志を貫こうと思っておられたと思います」。天皇のそのような思いは後村上天皇に継承される。
正平《しょうへい》三（一三四八）年、楠木正成の長男、正行が四條畷《しじょうなわて》の戦いで敗死し、足利軍に吉野山・金峯山《きんぷせん》寺が焼かれると、後村上天皇は賀名生《あのう》（奈良県五條市）に行宮《あんぐう》を置いて対抗。一時、京都・八幡にまで進出した。しかし、再び賀名生への退却を余儀なくされ、大阪・住吉で崩御。南朝は長慶《ちょうけい》天皇、後亀山天皇とつないだが、北朝との合一に至り、約六十年間の幕を閉じた。

〈地方分権を進め、官位・所領を積極的に与え、武士に公平な恩賞を約束していた〉

復古的、非現実的で失敗したとされる後醍醐天皇の治世を、そんな表現で評価するのは、平成二十八年出版された『南朝研究の最前線』に掲載された帝塚山大の花田卓司講師の論考だ。花田講師は、天皇は恩賞などを中心に時代に即した現実的な政策を行ったと指摘。平安時代に理想の治世を求めながらも、乱世の実態を直視していたという。

〈世をさまり　民やすかれと　祈るこそ　我身に尽きぬ　思ひなりけれ〉

『続後拾遺和歌集《しょくごしゅういわかしゅう》』に天皇のこんな歌が残っている。後醍醐天皇をご祭神にする吉野神宮（吉野町）の河崎宏宮司はこう語る。

「天皇は動乱の中にあったが、心の内は世や民のための祈り一つだった。そんな信念を貫いたからこそ、楠木正成らも従ったのでしょう」

吉野神宮

吉野山の北端の台地「丈六平《じょうろくだいら》」に広がり、南朝を開き、この山で崩御した後醍醐天皇をご祭神とする。

明治天皇が、後醍醐天皇の偉業をしのんで創建。南朝第二代後村上天皇が吉水院（現在の吉水神社）に安置した父・後醍醐天皇の像が移された。社殿は代表的な近代神社建築で、本殿、拝殿などは国の登録有形文化財。塔尾陵と同様に京都のある北方を望んでいる。日野資朝《すけとも》、児島高徳《たかのり》ら南朝の忠臣らを祭る摂社が三社ある。四月二十九日に春の大祭、九月二十七日には秋の大祭が行われる。桜の名所でもある。

第七章

知謀を尽くし官軍奮戦

打出合戦を今に伝える大楠公戦跡の石碑
（兵庫県芦屋市）

迫る足利軍 宇治で京を防衛

〈建武二（一三三五）年一〇月一五日、足利尊氏、鎌倉にて叛《はん》す〉

湊川神社（神戸市中央区）が発行する『大楠公』がそう記す日から、楠木正成《まさしげ》の敵は鎌倉幕府を共に倒した同僚、尊氏になる。幕府の残党掃討に出陣した尊氏が、新政権への武士の不満を背景に後醍醐天皇に背いたからだ。その日以降の動きは目まぐるしい。

〈一一月一九日、新田義貞、尊氏追討に向ふ〉

〈一二月一一日、義貞、箱根・竹下にて大敗し引返す〉

〈延元元（一三三六）年一月七日、大楠公、尊氏の入京を防ぎ宇治に配陣〉

京を守るための陣立てを考えたのは、源氏の名流で尊氏の好敵手でもある義貞だった。その下知を受けた正成について、『太平記』はこう書く。

〈大和、河内、和泉、紀伊国の勢五千余騎を添へて向けらる〉

新政権での正成の立場、勢力がうかがえる記述である。

「京を防衛するのは至難の業。立てこもっては勝ち目はない」

同志社女子大の山田邦和教授はそう話す。盆地ながら「京の七口」と言われるほど出入り

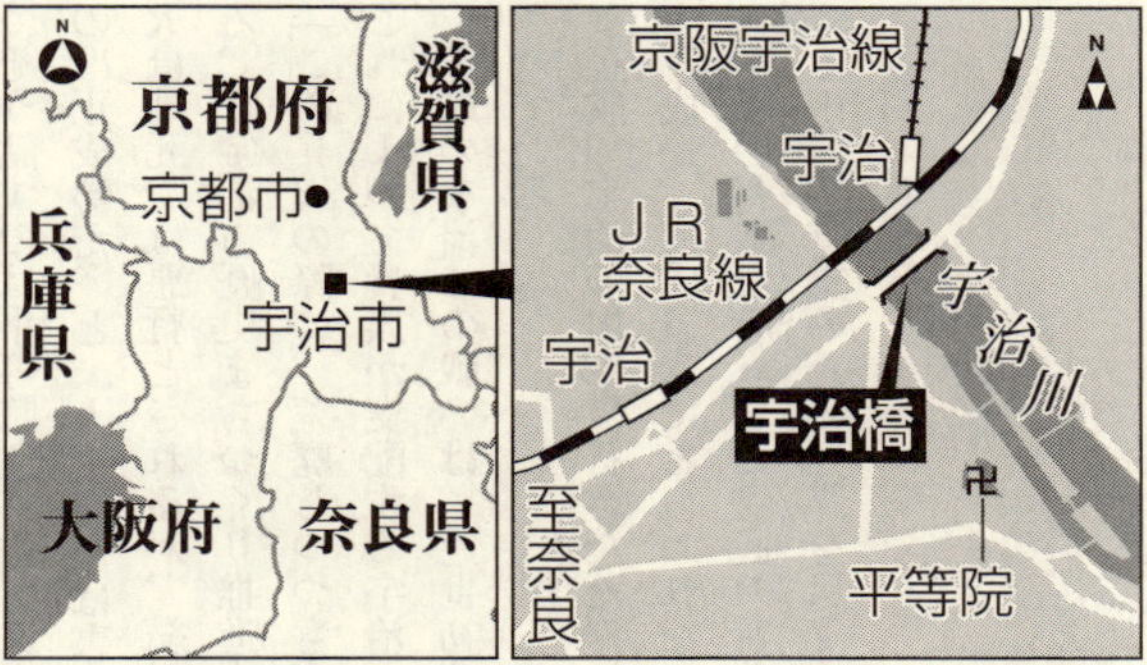

口が多く、防衛線が広大になるからだ。この時も義貞は勢多（現在の大津市）、山崎（現在の京都府大山崎町）、大渡（桂川と宇治川の合流点あたり）にも兵を出し、そのために全域で手薄だった。

〈橋板四、五間はねはづし、河中に、大石を畳み上げ、逆木《さかもぎ》を繁く立てて、東の岸を屏風の如くに切ったれば、河水二つに流れ分かって、白浪漲《みなぎ》り落つる事、恰《あた》かも龍門三級の如し〉

橋を落とし、川を天然の防壁とした正成の策を『太平記』はそう記す。足利軍は、八十万騎と号する大軍である。新政権軍、つまり官軍となっても、正成の軍事的立場は、千早城の戦いのころとあまり変わらなかった。

「この時の兵火で残ったのは鳳凰堂と北大門、鐘楼のみ。様々な仏像や宝物がなくなったのは、平等院にとって辛いことでした」

そう話すのは平等院ミュージアム鳳翔館の田中正流学芸員である。宇治の町に火を放ったのは正成勢だ、と『太平記』は書く。〈敵に心安く陣を取らせじ〉ためだった。この宇治放火は地元では悪行とされるが、結果として「茶業の町」としての宇治を成立させた一面がある、と宇治市歴史まちづくり推進課の杉本宏主幹は指摘する。

「この兵火の際に、荒廃しつつも存続していた藤原摂関家の邸宅が焼かれたと思われます。これによって貴族が支配する宇治が、民衆の町に変わる転機になったのです」

正成の宇治での戦いは、近世初期の成立といわれる『太平記評判秘伝理尽鈔』ではこう評されている。

〈正成、宇治の川中に石をたたみ挙げたる事。能謀《よきはかりごと》なり。古へ無き事也〉

正成が、既成概念にとらわれない武将だったことは間違いない。

正成の奮戦で成立した建武の新政は、わずか二年余で危地に陥る。多くの武士が尊氏方に奔《はし》る中で、官軍のため知謀を尽くす正成。この章では、武将・正成の思想と魅力に迫る。

宇治橋

山崎橋（京都府八幡市――大山崎町）、瀬田の唐橋（大津市）とともに、「日本三古橋」に数えられる。架橋の由来を記した宇治橋断碑《だんぴ》（重要文化財）によると、大化二（六四六）年、僧・道登が初めて架けたと伝えられるが、歴史書『続日本紀』には僧・道昭が架けたと記されている。

『古今和歌集』や『源氏物語』にも登場するが、京と南都（奈良）を結ぶ幹線道に架かっているため、軍事上重要な位置を占める。『平家物語』に描かれる「橋合戦」に代表されるように度々、激しい合戦の舞台となった。

京合戦　比叡山拠点に攻める

〈延元元（一三三六）年一月一〇日、官軍山崎口より崩れ、天皇叡山に難を逃れ給ふ〉

〈一月一一日　高氏（尊氏）入京す〉

湊川神社が発行する『大楠公』は、楠木正成らが敷いた京の防衛線はわずか三日で破れ、四日目には足利尊氏が都に入ったことを記す。官軍は、主力を比叡山に置いて都の周囲に布陣。『太平記』が「京合戦」として描く壮絶な戦いが始まった。

〈一月一六日、官軍揃って京都を攻む。大楠公、西坂本に出撃〉

坂本とは現在の滋賀県大津市坂本一帯のことで、古くから比叡山延暦寺や日吉大社の門前町として栄えた地域である。正成は、後醍醐天皇の警護に当たりつつ、戦況に応じて足利軍と戦うため、比叡山西麓から現在の京都市左京区一乗寺や修学院あたりへ下りていったのである。


「大楠公戦陣蹟《あと》」

そう刻まれた大きな石碑が、一乗寺の下り松と呼ばれる場所に立っている。昭和二十年五月二十五日に地元の有志によって建立されたもので、この日は正成の命日にあたる。傍らの

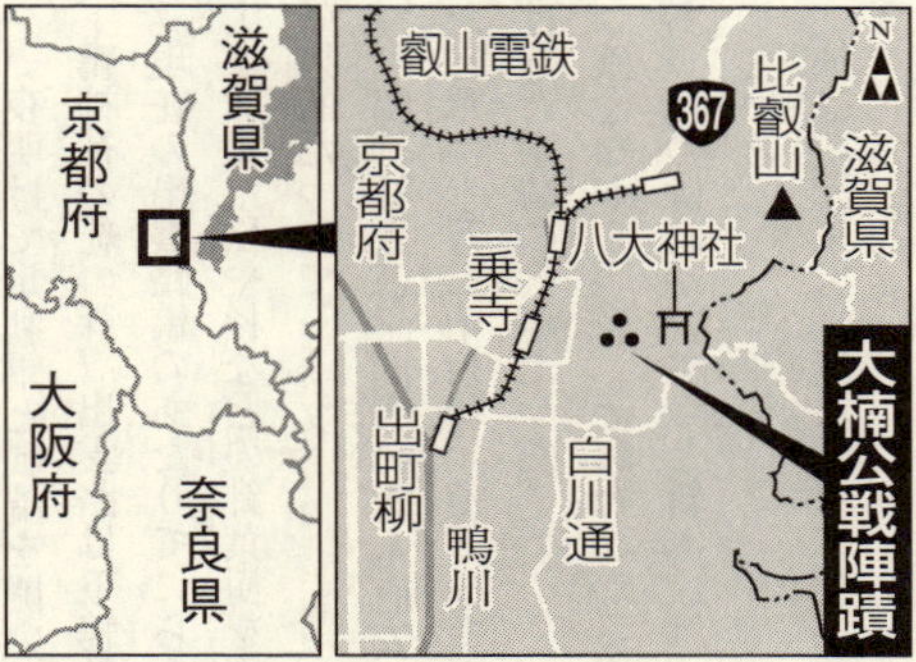

副碑には、正成の奮戦ぶりをしのばせる記述が刻まれている。

〈楠木ら諸将の三千余騎が比叡山を西に下りて下松に陣し進み撃ち……〉

建立場所は、約二〇〇メートル東にある八大神社《はちだい》の飛び地境内で、地元の歴史を調べた冊子『修学院風土記』には「雲母坂《きららざか》のたたかい」の記念碑と記されている。

「このあたりは比叡山と都を結ぶ古くからの交通の要衝でした。比叡山に通じる道が何本もあって、雲母坂もその一つです」

竹内紀雄《ふみを》宮司はそう話す。正成はこの要衝で、篝火《かがりび》も焚かずに一夜、潜むように陣を張った。ちなみにこの場所は江戸時代初期、剣豪・宮本武蔵が夜明け前から潜んで吉岡一門を倒し、有名になる地でもある。

〈多々須《ただす》の前より押し寄せて、出雲路辺に火を懸けたり〉

一夜明けて足利軍と戦端を開いた正成について、『太平記』はそう記す。多々須は現在の下鴨神社の糺《ただす》の森、出雲路は下鴨神社付近の賀茂川沿いの地だ。

「現在の出雲路橋のあたりでにらみ合ったのではないかと思います。当時の糺の森はもっと広く、また松や杉などの針葉樹を中心にうっそうとした森でした。楠木氏得意のゲリラ戦は効果的だったでしょう」

下鴨神社京都学問所の新木直安研究員はそう話す。『太平記』によれば、京合戦に参加した官軍は十万三千余騎。その中で三千余騎の正成勢はあくまでも小勢で、しかも目の前の敵は五万余騎の大軍だった。

「残念ながら現在、それとわかる史跡はほとんどないのですが、このあたりで激しい戦いがあったのは確かです」と新木氏は言う。その戦いぶりは『太平記』がこう前置きして、詳述している。

〈楠は、元来勇気無双の上、智謀第一の者なりければ〉

比叡山

京都市の北東、京都府と滋賀県の境にある。京都御所の鬼門にあり古来、王城鎮護の霊山として敬われてきた。中腹には天台宗の総本山・延暦寺があり、延暦七（七八八）年に最澄が創建して以降、平安仏教の中心地となる。天台座主《ざす》には皇族や摂関家の子弟が就くことも多く、足利将軍家からも座主が出た。

作家・司馬遼太郎は『街道をゆく16　叡山の諸道』で「宗教、思想から建築にいたるまで日本文化の一大醸造所の役割を果たした」と書いている。平成六年、ユネスコ世界文化遺産に登録された。

発想豊かな大阪らしい武人

楠木正成を「智謀第一の者」と評した『太平記』は、京合戦で見せた正成の智謀をこう書き継ぐ。

〈一枚楯の軽々としたるを、五、六百畳はがせて、板の端に壼と掛金とを打って、敵の懸けんとする時は、楯の掛金を懸けて一、二町が程に突き並べて〉

移動可能な楯を五百～六百枚つないで並べ、一一〇～二二〇メートルの長さにしたというのだ。楠木勢は、その楯に身を隠し、隙間から散々に矢を浴びせた。たまらず敵が引けば、えりすぐりの騎馬武者五百人余りを突撃させた。

〈上杉、畠山が五万余騎、楠が八百余騎に揉み立てられて、五条河原へ引き退く〉

智謀の戦果を『太平記』はこう記す。味方の数十倍もいた足利軍の主力を見事に敗走させたのである。

「日本では持ち楯は広がらなかったが、大型の置き楯は陣地をつくるために重要だった。正成の楯は、その陣地を随所に出現させるもので、常に大軍を相手に戦った正成なら、考えつく可能性はあります」

中世武具史を専門にする国学院大大学院の近藤好和・非常勤講師はそう語る。

〈大黒頭巾形兜《だいこくずきんがたかぶと》〉
〈段威腹巻《だんおどし》〉

正成を祭る湊川神社の宝物殿には、正成ゆかりと伝わる武具が二点、収蔵陳列されている。後醍醐天皇と南朝のために一族の末まで戦った正成には、その武者ぶりを今に伝えるものが少なく、貴重な二点である。

「兜は鉄砲の時代の様式で、明らかに南北朝時代のものではないが、中に楠公さんの名が書いてある。後世の武士が、楠公さんの武勇にあやかりたいと作ったものでしょう」

宝物殿の山岡大祐専門員はそう話す。腹巻は、龍野藩主の脇坂家から同神社に奉納されたもので、明治まで脇坂家の家宝とされていたという。

「楠公さんは智仁勇に優れた人。武士の時代はずっと、憧れを持たれていたことがわかります」

〈五、六百畳はがせて〉

『太平記』の記述の中でこの部分に注目するのは、しろあと歴史館（大阪府高槻市）の中西裕樹事務長だ。「はがせて」とは「作らせて」という意味で、正成が職人らに注文した可能性があるというのである。

「当時の武具、兵糧は武士の自弁。略奪でまかなうことも多かったが、正成は流通、商業で成り立った武士らしく、金で調達していたのでは。武士というより有徳人のイメージですね」

正成の楯にも、先進性が感じられるという。戦国時代になると、長篠合戦で織田信長が設けた馬防柵や、小田原の陣で豊臣秀吉が築いた一夜城など、戦場にパッケージとして材料を持参して陣地を築くことが普通になったが、その先例をつくったのは正成ではないか、という指摘である。

「畿内、特に大阪らしい武士という気がします。坂東武士のような大所領主では、正成のような発想は無理でしょう」

持ち楯は日本で普及せず

武具としての楯は、持ち楯（手楯）と置き楯の二種類があるが、日本では持ち楯は普及しなかった。武士の表芸が長く騎射だったため、両手が自由にならない持ち楯は使えなかったのだ。代わりに発達したのは両肩の大袖が発達した大鎧である。騎馬武者は大袖で身を隠し、兜のひさしで顔を守って突撃した。

置き楯が広がったのは主に、歩兵が矢を射る歩射《ぶしゃ》が戦の主力になった南北朝時代から。騎馬武者はそのころ、刀剣などの打ち物で敵陣に打撃を与える役割が主となり、鞘《さや》に入りきらないほどの長刀《ちょうとう》もはやった。

尊氏との妥協を模索した「真意」

〈両家の軍勢、端《はし》なく（思いがけなく）二月六日の巳刻《みのこく》（午前十時ごろ）に、手（豊）島河原にてぞ行き合ひける〉

京合戦での敗勢を立て直し、再び上京しようとする足利尊氏軍と、追撃する官軍との最大の戦い「豊《て》島《しま》河《が》原《わら》合戦」の始まりを『太平記』はそう記す。足利軍は十六万騎、官軍は十万余騎だったという。

〈互ひに死を軽くせしかども、つひに雌雄を決せずして、その日は闘ひ暮らしてけり〉

大規模な遭遇戦の結末を『太平記』はそう書く。膠着《こうちゃく》状態を破ったのは楠木正成だった。遅れて戦場に駆けつけたが、手勢七百余騎に山中を迂回《うかい》させて夜討ちをかけた。

〈敵に後ろをつつまれじと思ひければ、一戦も闘はず、兵庫を差して引き退く〉

足利軍の行動を『太平記』はそう書き継ぐ。

「今井橋」

大阪府箕面市瀬川で箕面川にかかる橋である。幅約六メートル、長さ約三〇メートル。箕面市史などによると、戦場はこの今井橋付近から池田市の南東部、石橋を含む箕面川沿いの

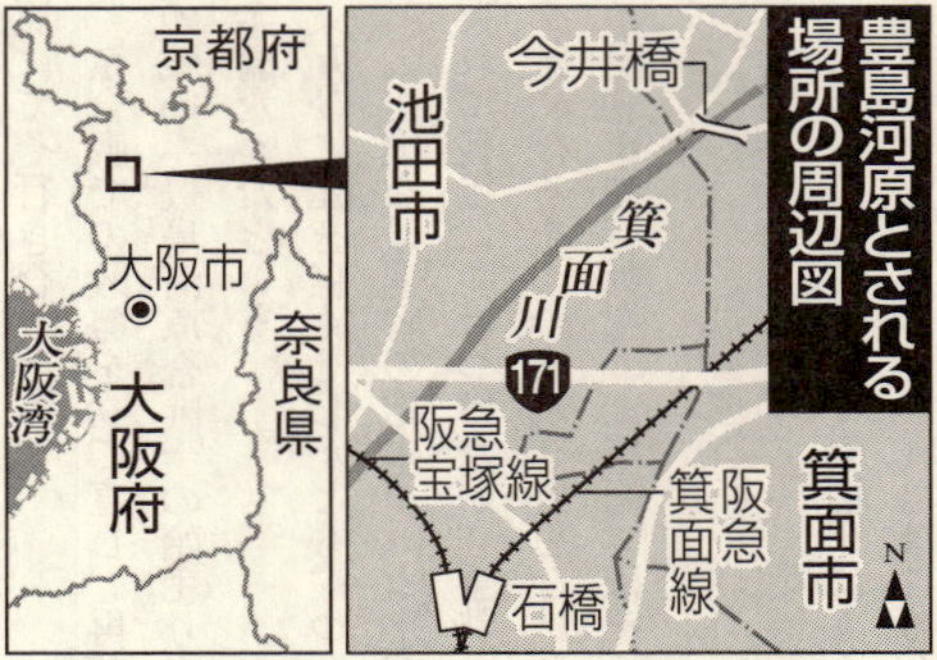

豊島河原とされる場所の周辺図

一帯とみられる。

「当時の武士が記した『眞乗院《しんじょういん》文書』から、この地で戦いがあったことは確実です」

帝塚山大の花田卓司講師はそう話す。同文書は、武士が恩賞をもらう際に必要な報告書にあたるもので、記したのは和田助康《みきた》という武士。豊島河原の記載があり、指揮官である楠木正成の花押なども残されているという。

「足利軍は、天皇に歯向かう『朝敵』になったことから、士気が上がらなかったのではないか」

花田講師は、数に勝る足利軍のもろさの理由をそうみる。尊氏に関する著作もある栃木県立博物館の江田郁夫・学芸部長はさらに、この合戦が尊氏を変えたと考える。

「尊氏は、後醍醐天皇をバックにした敵を相手にすることの不利を思い知った。この戦いは、後の南北朝時代へ続くターニングポイントの一つになったと思います」

豊島河原合戦の後の正成について、『太平記』と並ぶ軍記物語『梅松論《ばいしょうろん》』に興味深い記述がある。摂津西宮まで足利軍を追った正成が二月十日夜、突然撤退したというのである。

その理由を歴史学者の故林屋辰三郎氏は、著書の『南北朝』でこう書いている。

〈正成のこころのなかに、尊氏と朝廷が妥協できるかもしれぬという風に考え（中略）決戦をさけたのではなかろうか〉

尊氏との妥協が、後醍醐天皇にとって最善の道と考え、合戦で決着をつけることを避けたのではないかという見方である。

しかし、尊氏はいったん九州に落ちた後、光厳《こうごん》上皇の院宣《いんぜん》を獲得して朝敵になることを免れ、再上洛を図る。

朝威だけを必要と考えた尊氏と、公武が手を携える国を夢見た正成。二人の思想の違いを豊島河原の合戦は浮き彫りにした。

豊島河原合戦

建武三（一三三六）年二月に行われた、新田義貞らを総大将とする官軍と、足利尊氏を総大将とする軍勢の戦い。『太平記』では、足利軍は最初、義貞らと豊島河原で合戦。その後、西宮方面へ逃れ、そのまま九州へ落ちたとされる。『梅松論』では、足利軍はまず、西宮で正成と合戦し、その後、豊島河原で義貞らと激突したとする。

戦場について、箕面市文化国際室の一階《いっかい》世志明室長は「箕面川沿いで戦いに適した平らな土地となると、箕面市南西から池田市南東の東西約一キロの範囲ではないか」と分析する。

足利軍敗走させた「情報力」

「大楠公戦跡」

そう刻まれた石碑は兵庫県芦屋市楠町、昼夜を問わず数多くの車が行き交う国道二号沿いの公園に立っている。すっかり市街化した一帯で、六百八十年前、楠木正成軍と足利尊氏軍が激突した「打出《うちで》合戦」があったことを伝えている。

「昭和十年に発行された冊子『大楠公戦跡』には、その年行われた大楠公六百年祭に合わせて、石碑の建立が企画されたことが記されています」

同市教委の竹村忠洋学芸員はそう話す。冊子は、石碑建立の経緯とともに、県内に正成ゆかりの「三大遺跡」があることが県民最大の誇りだとして、次のように紹介している。

〈一は公の四十歳の時兵庫福厳寺に、後醍醐天皇を奉迎し史上希有の君臣の感会《かんかい》となりし事と、一は逆賊高氏を打出合戦に於て妙味なる戦法にて賊を撃破せしと、一は公の最後の湊川合戦である〉

「打出は、京都から下関へと至る西国街道のルート上で初めて海にぶつかる地点。楠木、足利どちらにとっても譲ることのできない要地だったのではないでしょうか」

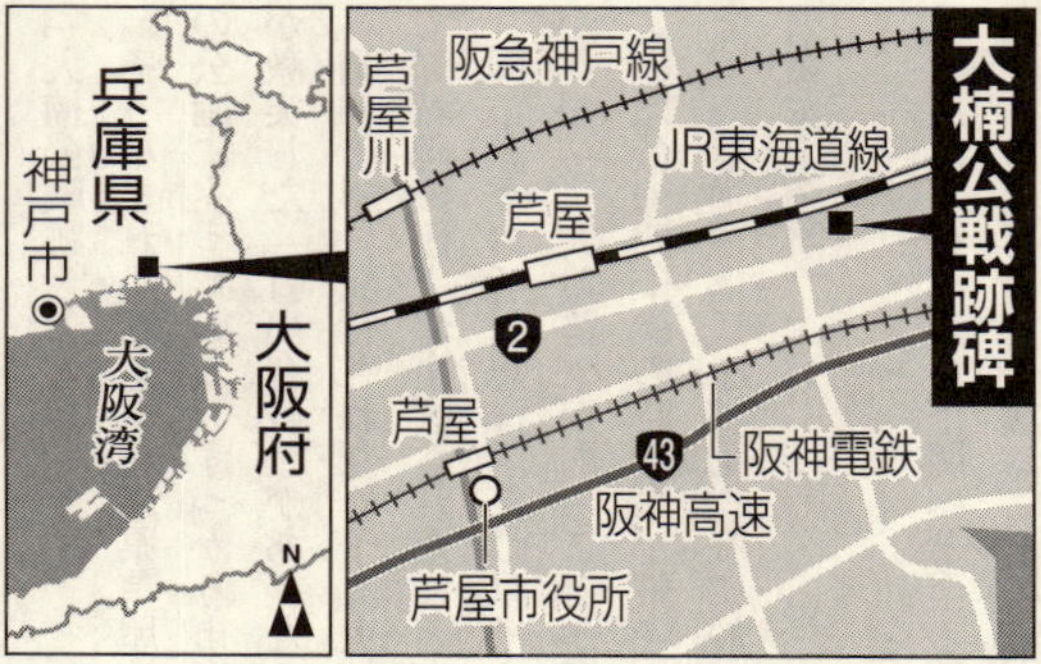

園田学園女子大の田辺眞人名誉教授はそう話す。要衝をめぐる戦いにもかかわらず、足利軍の戦意がここでも奮わなかったことを想像させる記述が『太平記』にある。小清水（現在の西宮市越水町）での両軍の様子をして、こう書く。

〈将軍方（足利軍）は（略）さしも勇める気色もなし〉

〈官軍方は（略）わが身の上の安否なりと思ひ（略）機を利《と》ぎ心を励ませり〉

こうした状況に、交易などで培ってきた情報ネットワークを使っての正成の奇襲が加わって、一連の合戦での官軍の勝利があったのではないか、と田辺名誉教授は考える。

「街道筋を軸に戦いを組み立てる武将が多い中で、楠木勢は道とも認識されていないルートを駆使するすべを知っていたと推測できます。その情報の引き出しの多さが一番の勝因ではないでしょうか」

〈千度百度闘へども、御方の軍勢の軍《いくさ》したる有様を見るに、叶《かな》ふべしとも覚えざりければ〉

敗戦続きの尊氏の心境について、『太平記』はそう書く。味方のふがいなさに失望し、九州へ落ちていくのも仕方ないことだった。尊氏の乗船を見て、足利軍の軍勢は、船に乗り遅れまいとしてあわて騒いだ。

〈船はわづかに三百余艘なり。乗らんとする人は、二十万騎に余れり。一艘に千人ばかり込み乗りける間、大船一艘乗り沈めて、一人も残らず失せにけり〉

『太平記』はそう記す。

尊氏を撃退した後醍醐天皇は、延元と改元し、正成を正五位下に任叙《にんじょ》した。新政権の樹立時、従五位下を頂いて以来、二度目の昇任だが、その上がり方は大功にもかかわらず、一段階ずつだった。正成の心境を伝える史料は、何も残っていない。

大楠公戦跡碑

昭和九（一九三四）年、精道村（現在の芦屋市）教化団体連合会が、楠公六百年祭記念事業の一環として石碑の建立を企画。地元からの寄付を得て、翌十年二月に設置した。

石碑に記された「大楠公戦跡」の文字は、当時陸軍大将だった本庄繁の筆によるもの。十九年に行われた町名改正で、この石碑の場所は「打出楠町」となり、四十三年に現在の「楠町」に改められた。周囲は公園になっており、平成二十八年三月には公園改修に伴って、それまで中心部にあった石碑が国道側に移設された。

第八章

死を決意した湊川の戦い

桜井駅跡に立つ正成・正行像。阪急水無瀬駅はここを訪れる人のためにできた（大阪府島本町）

嫡男を河内に帰した「桜井の別れ」

〈主上大きに御騒ぎあつて、楠正成を召されて、「急ぎ兵庫へ罷《まか》り下り、義貞に力を合はすべし」と仰せ下されしかば〉

官軍に敗れて九州に落ちた足利尊氏が勢力を盛り返し、討伐に向かった新田義貞の旗色が悪いことを知った後醍醐天皇の様子を『太平記』はそう書く。湊川神社（神戸市中央区）が発行する『大楠公』によれば、延元元（一三三六）年五月十六日のことである。

楠木正成《まさしげ》は、天皇が比叡山に避難した後の京に尊氏の大軍を入れ、兵糧攻めにする策を献じた。しかし、天皇の側近たちは、尊氏に上洛を許しては、官軍が面目を失うとして、聞き入れなかった。

〈「ただ聖運の天に叶《かな》へる事の致す処なれば、何の子細かあるべき」〉

天皇の威光さえあれば勝利は疑いなし、という側近たちに正成は言った。

〈「この上は、さのみ異議を申すに及ばず」〉

正成の心境について、正成が少年期に学んだ観心寺（大阪府河内長野市）の永島龍弘長老はこう話す。「もはやこれまで、という気持ちだったが、自身は天皇に命を預けている身。だからこそ、その意に従ったのではないか」。

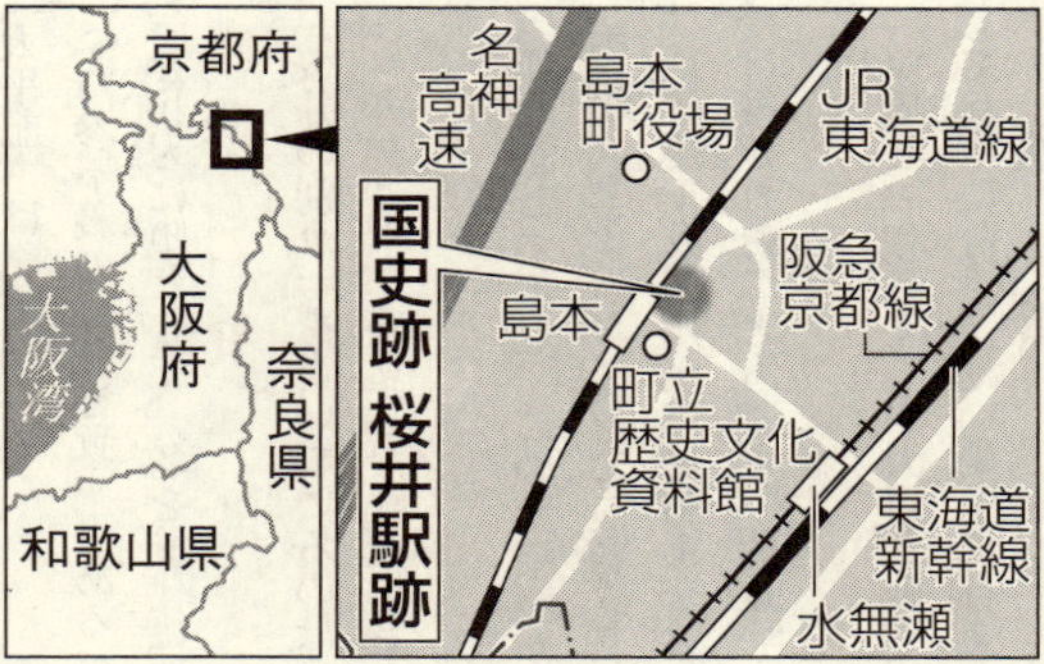

京でまとめた正成の手勢は五百余騎だった。正成は、これを最期と思い定めて嫡子の正行《まさつら》を河内に帰した、と『太平記』は書く。その地は「桜井の宿」、正行は十一歳だった。

ＪＲ東海道線島本駅前に国史跡の「桜井駅跡」がある。その一角に、向かい合って座る正成と嫡子・正行の大理石像が立っている。「滅私奉公」。台座には近衛文麿元首相の筆跡でそう刻まれている。

「今の像は平成十六年にできた三代目。昭和十五年作の初代は銅像で、地元の学校の教諭と子供がモデルになったそうです」。同町立歴史文化資料館の吉村光子館長はそう説明する。建武政権の崩壊後、父子が長く賊扱いされ、正しい姿を伝える史料が乏しい事情をうかがわせる。

「汝《なんじ》はすでに十歳に余れり」と自覚を説いた後、正成は泣く泣く、自分が戦死した後の庭訓を遺した、と

〈「降参不義の行迹《ふるまい》を致す事あるべからず。一族若党一人も死に残つてあらん程は（中略）命を兵刃《へいじん》に堕《お》として、名を後代に遺すべし。これを汝が孝行と思ふべし」〉
『太平記』は記す。

「桜井の別れ」を書いているのは『太平記』だけ。それでも桜井駅跡が史跡指定されたのは、日本古文書学を確立した歴史学者の黒板勝美氏が大正四年、こんな論文を発表するなどしたからだ。

〈作り話とするも、この太平記が多くの人に讀《よ》まれ、傳説《でんせつ》的に後世の信ずるところとなり（中略）幕末に於て國民《こくみん》を感奮せしめた一の史蹟として、また之を保存する必要がある〉

正行が正成の死後、足利軍を苦しめ続けたのは史実である。正成の遺志が、嫡子や子孫に受け継がれたこともまた、間違いない。

尊氏との和睦案も、大軍と戦う軍略も後醍醐天皇に受け入れられなかった正成は、従容《しょうよう》として兵庫に赴く。幼い嫡子に与えた言葉は「義」に貫かれている。その姿が現代人に訴えるものを考えたい。

かつては教科書で 唱歌で

戦前は教科書に載っていたほか、歌人・落合直文が作詩した唱歌「楠公の歌」の中の「桜井の決別」で広く知られていた。

〈青葉茂れる桜井の　里のわたりの夕まぐれ　木の下蔭に駒とめて　世の行く末をつくづくと　忍ぶ鎧の袖の上に　散るは涙かはた露か〉

「桜井の決別」は六番まであり、七番からは「敵軍襲来」、九番からは「湊川の奮戦」と内容が変わり、唱歌は十五番まである。京を出陣してから湊川で弟と刺し違えて自刃するまでの正成の姿を叙情豊かに伝えている。

足利五十万騎、楠木軍は七百余騎

〈大旗、小旗打つ立てたる数万の兵船（略）十四、五里が程波間も見えず漕ぎ並べて、舷《ふなばた》を轅《きし》り、舳艫《へとも》を並べたれば、海上頓《にわ》かに陸地になつて、帆影に見ゆる山もなし〉

嫡子・正行と別れて兵庫に着陣した楠木正成の前に現れた足利軍について、『太平記』はそう書く。陸路から迫る足利軍も五十万騎を数えたが、対する官軍は五万余騎。総大将の新田義貞は和田御崎（現在の神戸市兵庫区の和田岬）を中心に布陣した。

〈楠判官正成、わざと他の勢を交へず七百余騎、湊川の西の宿に陣を張つて、陸地の敵に相向かふ〉

『太平記』がそう書く陣地は、現在の会下山《えげ》（同区）一帯の丘陵地とされ、会下山公園には「大楠公湊川陣之遺蹟」と刻まれた石碑が立っている。

「会下山からは、海路と陸路から進攻してくる足利軍の動向が容易に把握できたはずです」

そう語るのは郷土史家で姫路独協大副学長の道谷卓氏である。現在の公園からは西に須磨方面、南に和田岬周辺の展望が開け、西進してくる足利軍も味方の新田軍も視界に収める場所だったことがわかる。

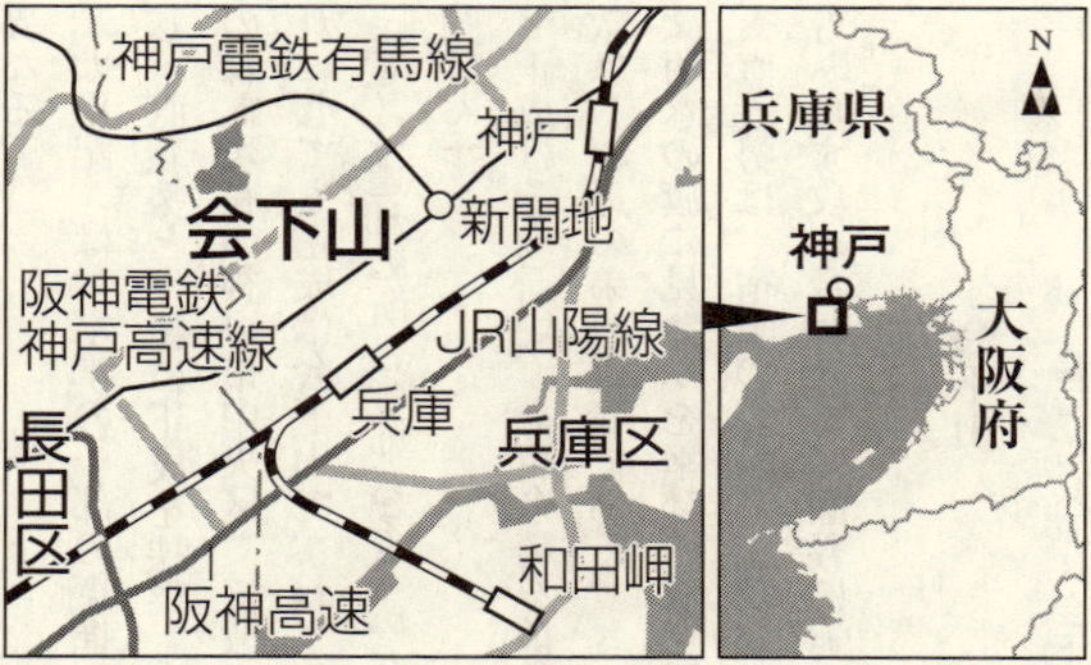

「海路を来る足利尊氏の軍勢を義貞が、陸路の足利直《ただ》義《よし》の軍勢を正成がそれぞれ迎撃し、和田岬と会下山のラインで足利軍を食い止めるのが基本戦略。正成から見れば、新田軍の動向をにらみつつ、自軍の取るべき行動を判断できると計算していたのではないでしょうか」

一方で会下山一帯は、六甲山系と平野部とを結ぶ道に近接する交通の要地だった。そこを押さえた有利さを指摘する神戸大の市澤哲教授は、官軍の弱点にも着目する。

「不利だったのは、水軍を持っていなかったことです。水軍の上陸地を自由に選択できた足利軍に対し、新田・楠木軍は敵の動向にあわせて軍を動かさざるを得なかった。合戦の主導権は終始、足利軍に握られていたといえるでしょう」

ここからの戦いの推移は『太平記』と『梅松論《ばいしょうろん》』で

異なる。

『太平記』は、水軍の一部の東進に合わせて新田軍が移動したため、和田御崎に尊氏が上陸し、直義勢と一緒に正成を挟撃したとする。『梅松論』は、和田御崎で新田軍が崩れ、生田の森（現在の神戸市中央区）で敗走したため、正成が挟撃されることになったと書く。いずれにしても正成は会下山で、わずか七百余騎の手勢で孤立したのである。

〈今は遁《のが》れぬ所と覚ゆるぞ。いざや、先づ前なる敵を一《ひとち》散らし追ひ捲《まく》つて、後ろなる敵に闘はん〉

正成はそう言い、七百余騎を前後に立てて敵陣に突入した、と『太平記』は記す。前なる敵は、尊氏の弟、直義である。

〈菊水の旗に見会ふを幸ひの敵と思ひければ〉

直義勢は、宿敵の登場に喜び、数を頼りに包囲して激しく攻めた。正成の手勢は、わき目もふらず攻め合わせて、直義に迫った。

会下山

神戸市兵庫区会下山町に位置する標高八五メートルの山。湊川の戦いの際、楠木正成が本陣を置き、足利軍と戦ったとされることから、昭和五年、地元の在郷軍人会によって「大楠公湊川陣之遺蹟」が建てられた。石碑の文字は、日露戦争の日本海海戦を大勝に導いた東郷平八郎元帥の自筆。

石碑は平成七年の阪神・淡路大震災で、台座ごと倒れて折損したが、十二年に修復工事が行われた。現在、山上周辺は会下山公園として整備され、桜の季節には大勢の市民でにぎわう。最寄り駅は神戸市営地下鉄上沢駅。

「敵地」で退却選ばず奮戦

〈大軍を率ゐる名将なれども、楠が勇猛に勝れねば、左馬頭《さまのかみ》五十万騎、正成が七百余騎に懸け散らされて、須磨の上野に引き退く〉

会下山を下った楠木正成と足利直義の戦いを『太平記』はそう書く。直義は馬が傷つき、今にも討たれそうになったが、薬師寺十郎次郎という武者が奮闘して楠木勢を打ち払い、直義は替え馬に乗ってあやうく危地を逃れた。

〈「荒手《あらて》を入れ替へて攻め返せかし。直義討たすな」〉

弟の苦戦を見て、楠木勢の背後から迫っていた足利尊氏はそう下知し、旗下の武将が争って楠木勢に攻めかかった。

〈楠兄弟、また色も替へず取つて返し、大勢の荒手に打つて懸かる〉

わずか七百余騎の楠木勢が、一糸乱れず進退したことを『太平記』は書き残している。

「史蹟　蓮の池址」

昭和八年四月建立と刻まれた石碑が残る西代《にしだい》蓮池公園（神戸市長田区）を中心とした地が、両軍が激戦を繰り広げた場所である。奈良時代に行基《ぎょうき》が造ったため池があり、すぐ南を山陽道が通っていた。『平家物語』が、ここを通って都落ちする平清盛の五男、重衡《しげひら》の様子を書くなど東西交通の要道だ。

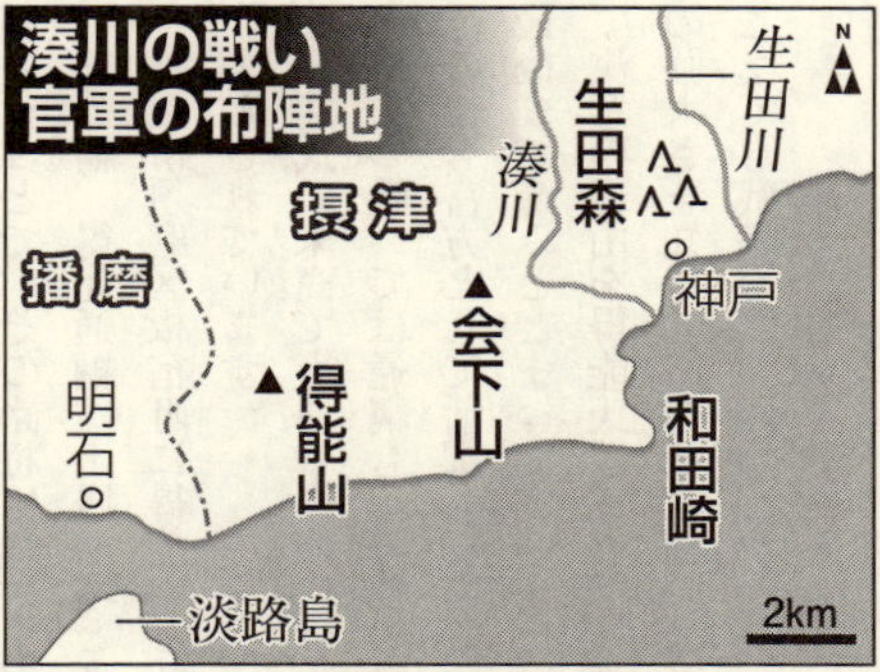

「足利の大軍を食い止めるには、地形的にはここしかなかったでしょう。ただし、このあたりは北朝方についた長田神社の地元で、楠公さんにとっては決して有利な場所ではなかったはずです」

正成を祭る湊川神社の垣田宗彦宮司はそう話す。いわば「敵地」での奮戦は「三時《みとき》ばかり（約六時間）」続いた。

〈その勢次第に減じて、わづかに七十余騎にぞなりにける〉

『太平記』はそう記す。

〈播磨海道の須磨口も大勢むかひてさゝえたり〉

官軍の布陣について『梅松論』に気になる記述がある、と指摘するのは兵庫教育大の得能《とくのう》弘一・非常勤講師である。正成より西の最前線に布陣した官軍がいたということで、その諸将は『太平記』に布陣場所が記されていない中院《なかのいん》定平、菊池武重、宇都宮公綱《きんつな》、得能通綱、土居通増と考えられるという。

「神戸市須磨区板宿町に得能山と呼ばれる小山があります。四国の得能氏が布陣したことが由来とされています」

得能氏の末裔《まつえい》でもある得能氏はそう話したうえで、ある史実を指摘する。

「湊川の戦いでは通綱もその他の諸将もみな、総大将の新田義貞とともに無事、京に退却し、その後も宮方として活躍している。通綱より東にいた正成にも退却の機会があったはずで、最後まで踏みとどまって戦い、自害したのは死の決意があったからでしょう」

決意の理由を得能氏は二点、推測する。後事を託した嫡子・正行ら一族の結束と、足利軍の強大さを知らせて建武政権の公家らを覚醒させ、尊氏との妥協に動かすことだ。正成はどこまでも戦略家だった。

蓮の池

昭和六年まであった約四ヘクタールのため池。完成の際、行基は「蓮の花が美しく咲いている極楽浄土の池のように蓮の花が咲き乱れ、この水で人々が豊かになるように」と願って一株の蓮の花を投げ入れた。やがて蓮の花が数多く咲いたという。

池の南の堤に沿って山陽道（西国街道）が通っていたため、旅の目印になり、『平家物語』では平重衡の都落ちを〈湊河・かるも河をもうちわたり、蓮の池をば馬手《めて》にみて、駒の林を弓手《ゆんて》になし、板屋ど・須磨をもうちすぎて、西へさいてぞ落ちたまふ〉と書いている。

勅命に従った武人の最期

〈機すでに疲れければ、湊川の北に当たつて、在家の一村《ひとむら》ありける中へ走り入り〉

足利軍との激闘で七十人余りに減った楠木正成と手勢の行動を『太平記』はそう書く。精も根も尽き果て、腹を切る場所を探し当てたというのである。

正成が鎧甲を脱いで体を改めたところ、矢傷と刀傷が十一カ所にあった。他の武者たちも五カ所、十カ所と手傷を負い、無傷の者は一人もいなかった。

〈楠の一族宗徒《むねと》の者ども十六人、手の者五十余人、思ひ思ひに並び居て、押膚《おしはだ》脱いで念仏申し、一度に腹をぞ切りにける〉

『太平記』が書く正成らの最期である。

〈殉節地（史蹟・楠木正成戦没地）〉

そう呼ばれる地は、湊川神社の境内の西北隅にある。正成が弟の正季《まさすえ》（『太平記』では正氏）らと共に自決した在家の一村の跡で、現在は国の史跡になっている。

兄弟が来世を言い交わす最期は、『太平記』屈指の名場面だ。

〈「そもそも最後の一念によつて、善悪の生を得と云へり。九界の中には、いづこをば御辺

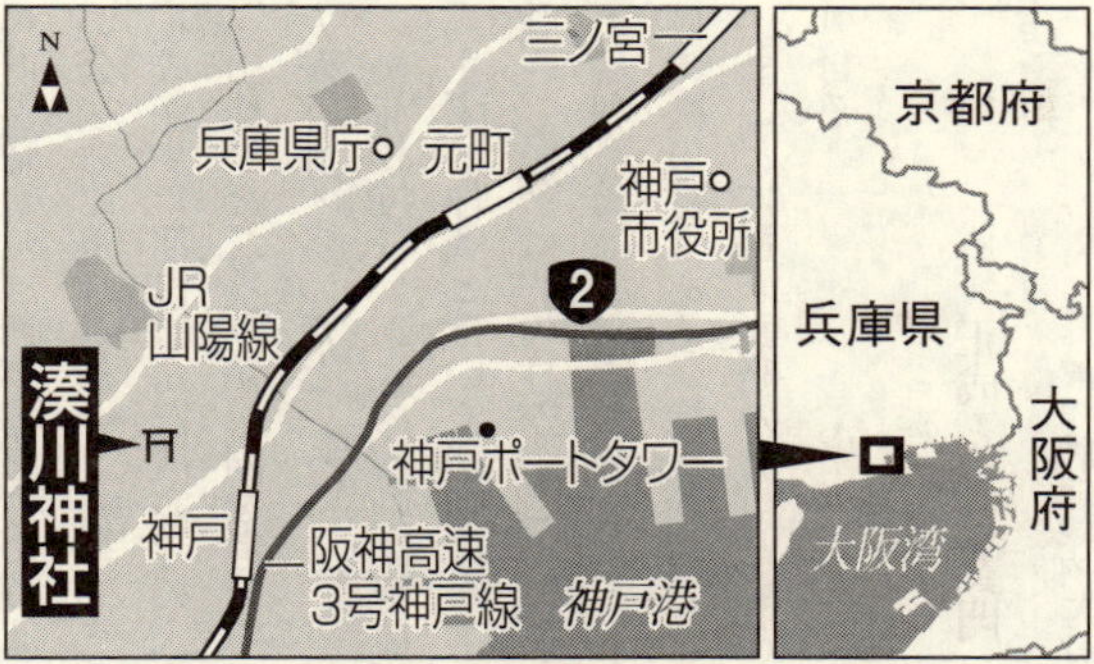

の願ひなる」〉

死後はどんな世界に生きたいかと問う正成に、正季は笑って答えた。

〈「七生までも、ただ同じ人界《にんかい》同所に託生して、つひに朝敵をわが手に懸けて亡ぼさばやとこそ存じ候へ」〉

後世、「七生滅賊《しちしょうめつぞく》」という語は、この正季の言葉から生まれたとされる。正成は、実に愉快そうな顔色で応じた。

〈「尤《もっと》も欣《よろこ》ぶ処なり。いざさらば、（中略）忽《たちま》ちに同じき生に帰つて、この本分を達せん」〉

二人は、手に手を取り組み、刺し違えて果てた。二人の会話について、皇学館大の松浦光修《みつのぶ》教授はこう話す。

「今回の人生ではよくやった。次の人生でもしっかり戦おうな、という武人としての心境だったのではないでしょうか」

正成兄弟の言動が心を打つのは、足利軍を京に引き入れて持久戦に持ち込む策が軍略に暗い公家らに退けられ、「討死《うちじに》せよとの勅定《ちょくじょう》ござんなれ」と覚悟を決めての出陣だったためだ。正成が少年期に学んだ観心寺の永島龍弘長老はこう話す。

「諦観しただろうが、国を考えての行動を全力でやった。その生きざまを全うした点を日本人が評価するのだと思う」

松浦教授は、二人の言動は戦前まで、日本人には当然のものだったと見る。

「まずい作戦とはいえ、勅命が下った以上はそれに従う。戦前までの日本的感性、日本人の強さ、いわば心の柱が、ここにある」

足利尊氏は、正成の首を京・六条河原でさらした後、河内に住む正成の妻に返した。尊氏側の歴史書である『梅松論』でさえ、こう記している。

〈まことに賢才武略の勇士とも、かやうな者を申すべきとて、敵も味方も惜しまぬ人ぞなかりける〉

正成と水戸黄門

湊川神社境内には、楠木正成の墓所もある。現在の形に整備したのは、諸国漫遊で知られる「黄門さま」こと水戸光圀。実際の建立を指揮したのは「助さん」のモデル、佐々介三郎宗淳《むねきよ》だ。

『大日本史』の編纂《へんさん》にあたり、元禄五（一六九二）年、佐々が摂津・湊川を調査し、光圀が墓の建立を決断した。自ら筆を執った「嗚呼《ああ》忠臣楠子之墓」の墓碑を建立し、裏面には「忠勇節烈国士無双」などと記した、明の儒学者・朱舜水《しゅしゅんすい》の賛文が刻まれている。昭和三十年には、光圀の銅像がこの地に建てられた。

官軍敗退 移り変わる時代

〈楠正成すでに討たれしかば、官軍力を失ふ由、やがて新田、早馬を立てて注進しければ、京都の仰天斜めならず〉

楠木正成の死後のことを『太平記』はこう書く。建武政権にこの後は唯一の頼みと伝えられ、総大将の新田義貞は決戦せざるを得なかった。

「湊川より懸かる勢こそ、足利兄弟と覚ゆれ。これこそ願う所の敵なれ」

義貞はそう言い、生田の森の前に四万余騎の軍勢を展開した。先陣は三千騎。対する足利軍は六万余騎だった。第二陣は五千余騎に対して八万余騎。第三陣で一万余騎を繰り出したが、足利軍は十万余騎で対抗した。

〈「荒手《あらて》の兵すでに尽きて、闘ひ未だ決せず。これ義貞が自ら当たる処なり」〉

義貞はそう言うと、二万余騎の兵と共に、足利尊氏が率いる二十万余騎の中に突入した。

この合戦で、足利軍の水軍が上陸したのは「紺部《こんべ》の浜」である。紺部とは神戸のことで、生田神社（神戸市中央区）近くの浜を指す。

「古くはかんべと読み、神様を祭っていた人々の住んでいた土地という意味です。神戸の地

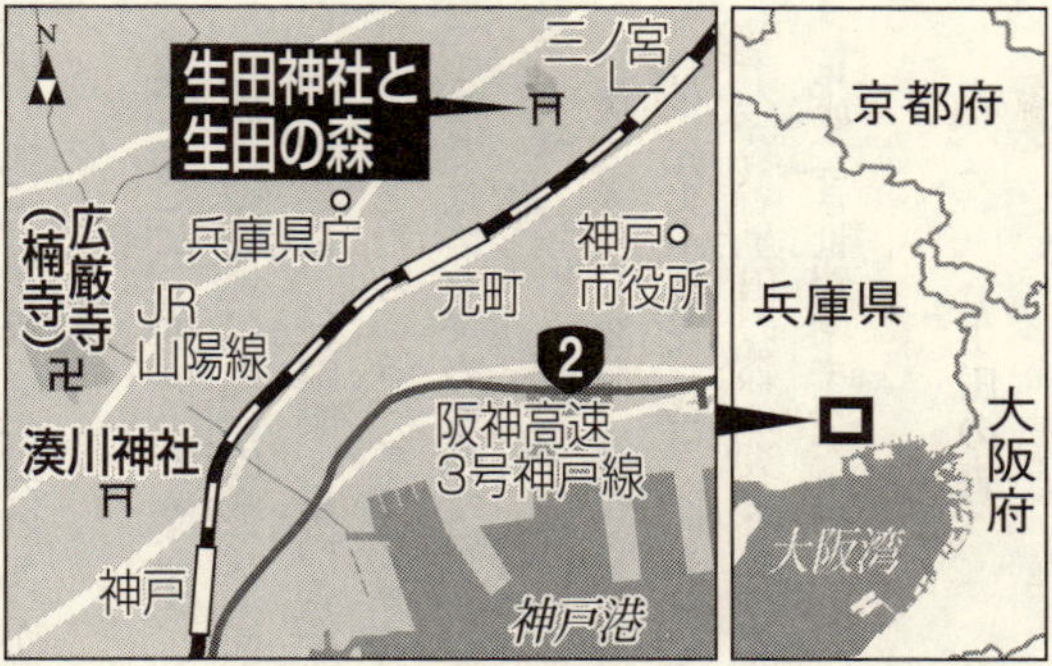

名はここから来ました。生田神社との関わりはかくも深い」

　同神社の加藤隆久名誉宮司はそう話す。生田の森は同神社の鎮守の森で、平安時代には清少納言が『枕草子』で「森は大あらきの森……信太の森、生田の森」とつづった。

「源平の合戦、湊川の戦いと、生田の森は幾度となく戦場になってきました。かつては、今のフラワーロードあたりまで広がる広大な聖域でしたが、軍事的にも重要な場所だったといえるでしょう」

　同神社から北東に二キロほど離れた脇浜南宮宇佐八幡神社（同市中央区脇浜）は、兵庫に赴いた正成が兵を集め、八幡神に戦勝を祈願した伝承を持つ。その後、村民らが八幡神社を勧請した。

「楠宮の木ヘンを後世に取って、南宮としたといいます」

　ここの宮司を務めたこともある加藤氏はそう語る。

生田の地にも正成の記憶はしっかり刻まれている。

〈なでしこに　かかるなみだや　楠の露〉

正成の戦没地に近い広厳寺《こうごんじ》（同市中央区）には、訪れた松尾芭蕉が詠んだ句の碑が立っている。同寺は、後醍醐天皇の勅願寺で別名、楠寺。寺伝では、湊川の戦いの前に正成が訪れ、禅問答をしたという。千葉悠晃住職は、正成の心境をこう推測する。

「ここで覚悟を決められたのでしょうか。自らの戦いを終わらせるための出陣だった。そんな気がします」

正成の死に発奮した義貞と官軍の勝敗を『太平記』はこう記す。

〈官軍元来小勢なれば、命を捨てて戦ふと云へども、つひに懸け負けて、残る勢わづかに三千余騎、生田の森の東より丹波路を差して、京都へこそ引かれけれ〉

正成亡き世が始まった。

生田の森

生田神社の本殿奥にある鎮守の森。十世紀ごろにはすでにあり、伝承では平安時代の大洪水の際、植えられた松が防災の役目を果たさなかったため、以後は松は植えられなかった。能や浄瑠璃の題材となった梶原景季《かげすえ》の「箙《えびら》の梅」や「敦盛の萩」「梶原の井」などの遺跡が残り、源平合戦などの戦場に度々なった歴史をしのばせる。

昭和二十年の神戸空襲で灰燼《かいじん》に帰したが再生。平成七年の阪神大震災でも被災したが、復興し、神社は「蘇りの社」として信仰を集めている。桜や梅が有名で、楠の大木も多い。

第九章

正成なき官軍

観心寺に伝わる楠木正成の首塚（大阪府河内長野市）

不評の義貞を気遣う正成の言葉

〈「武家中ただ一人、殿上人《てんじょうびと》として主上《しゅじょう》の側近に仕えておられる大将軍は、日頃如何《いか》に忍び難きを忍び、耐えておられたのだと、この度の参殿でつくづく感じたのでございます」〉

〈「ああ義貞、楠木殿ともっと話し合いとうなった」〉

福井県在住の作家・佐藤芳雲氏の著書『帰らぬ雁』が描く、湊川の戦い前日の楠木正成《まさしげ》と新田義貞の会話である。「正成公は京で、知略を尽くした献策を公家たちに退けられ、義貞公の陣に着いたところですから、官軍の総大将だった義貞公の苦労がひときわ、よくわかったのだと思います」。義貞を祭る藤島神社（福井市毛矢）の新田義和宮司はそう話す。

義貞は正成の自刃後も、北陸を中心に足利尊氏と戦ったが、延元三（一三三八）年、灯明《とうみょ》寺畷《うじなわて》の戦いで自刃する。その場所に建てられた祠《ほこら》（現在は新田塚）に明治九年に創建され、三十四年に現在の場所に遷座されたのが同神社だ。

〈「『衆愚の諤々《がくがく》たるは、一賢の喉《のんど》には如《し》かず』と申す事の候へば、道を知らざる人の譏《そし》りをば、必ずしも御意に懸けらるまじきにて候ふ」〉。二人の対面で正成はこう話しかけた、と『太平記』は記す。敗戦続きと不評に自信を失っている義貞を励ましたのである。さらにこ

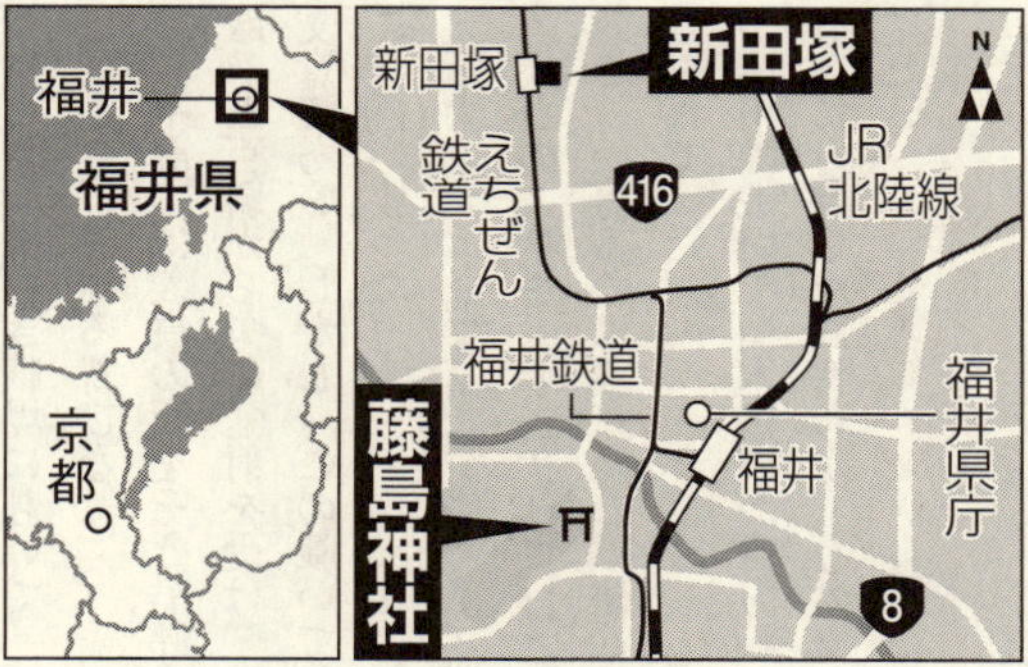

うも言った。

〈『暴虎憑河《ひょうか》して、死すとも悔いなからん者には与《くみ》せじ』と、孔子も子路を誡《いまし》められし事なれ〉

　虎に素手で向かったり、大河を徒歩で渡ったりして死んでも後悔しない無謀な者と行動を共にすべきではない、と『論語』を引用して諭したのだ。『衆愚……』は、大勢の愚者の意見は一人の賢者の言葉に劣るという意味で、『史記』からの引用だ。『太平記』は、正成の教養人ぶりを示しながら、誠意あふれる姿を描いている。

「正成公は常に、義貞公のことを心配していたのだと思います。武将としては強いが、強引さの足りないやさしい人というのが義貞公ですから。全国の武士が敵の足利尊氏になびくなかで、義貞公にとって正成公は、なくてはならない存在だったと思います」

　新田宮司はそう話す。

〈自らさしもなき戦場に赴いて、匹夫の矢先に命を留めし事、運の窮《きわ》みとは云ひながら、うたてかりける振る舞ひなり〉

『太平記』は義貞の死をそう酷評する。盾や射手を伴わずにわずか五十騎で加勢に向かい、敵勢三百騎から矢の猛射を受け、致命傷を負ったからだ。正成がそばにいれば、と思わせる文意である。しかし、この戦いで矢面に立って義貞を逃がそうとした家来に、義貞は敢然とこう言い放った。

〈「士《ひと》を失して独り免《まぬか》れんこと、何の面目あってか人の見《まみ》えん」〉

義貞の人柄を愛する佐藤氏はこう書き残している。〈将軍となって真に天下を統一し、善政を行い得るのは義貞だと、建武の王政が失敗したことを反省された後醍醐天皇は、深く信じられていた〉。

湊川の戦いで楠木正成が自刃した後も、後醍醐天皇方は戦った。圧倒的な武力を誇る足利尊氏に対抗した武将らが、心の支えにしたものは何か。正成が遺した「義」と「公」の心を見たい。

新田義貞

源義家の血統の河内源氏の一門で、上野国（現在の群馬県）に土着した新田氏宗家の棟梁《とうりょう》。同じ一門の足利家は早くから、北条得宗《とくそう》家に接近し、幕府要職を得ていたが、新田家は距離を置いていたために冷遇され、義貞は倒幕前は無位無冠だった。後醍醐天皇の檄《げき》に応じて挙兵し、鎌倉に進攻して幕府を倒した。

建武政権では武者所頭人《むしゃどころとうにん》などに重用され、足利尊氏の反乱後は官軍の事実上の総大将を務めた。最後の官位職は正四位左近衛中将。征夷大将軍の前に就く官職とされ、尊氏とは源氏の棟梁を争う関係だった。

名和長年に影響 天皇への忠誠心

〈三百余騎にて（中略）六条大宮にて返し合はせ、われと木戸を差して、一人も残らず、切り死にに皆死にけり〉

楠木正成なき後、京で戦った官軍のなかで、『太平記』が最期をこう記す武将が名和《なわ》長年《ながとし》である。

自ら退路を断っての壮絶な討ち死には、正成の自刃から約一月半後のことだった。

〈「今日の合戦に、御方《みかた》もし打ち負けば、一人なりとも引き留まつて、討死せんずるものを」〉

合戦前、長年はこう独り言した、と『太平記』は書く。出陣途中、見物人の声を遠くに聞いたときだった。

〈「三木一草《さんぼくいっそう》と云はれて、あくまで朝恩に誇りたる人々なりしが、三人は討死して、伯耆守《ほうきのかみ》一人残りたる事よ」〉

建武政権下で重用された楠木正成、結城（木）親光、千種《ちくさ》（草）忠顕《ただあき》が戦死しているのに、伯耆（木）守長年だけが存命していることを揶揄《やゆ》していた。

「長年は、ともに土豪という境遇から栄進した正成をライバルと思い、競争心を抱いていた。その正成の死は、天皇への忠誠心という意味で、長年に影響したのではないか」

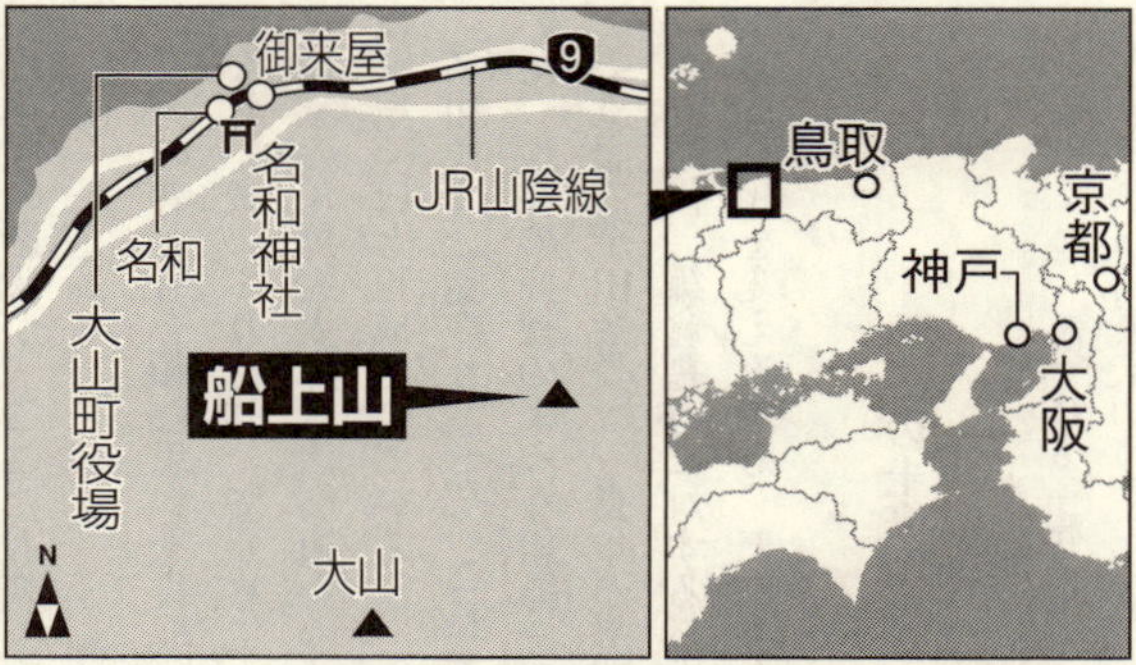

島根県立大短期大学部の藤岡大拙名誉教授は、長年の心をそう推測する。

鳥取県琴浦町の船上山《せんじょうさん》。「屏風岩」といわれる切り立った崖を持つ標高六八七メートルのこの山に、隠岐を脱出した後醍醐天皇を迎え、鎌倉幕府方の佐々木清高ら三千騎を退けたのが長年である。

〈「その身さして名ある武士にては候はねども、家富《ふっ》貴《き》し、一族広くして、心がさある者にて候へ」〉

『太平記』は近隣の民の声として、長年をそう紹介している。勅使を受けた名和家では、長年の甥《おい》の長重が「名を後代に残さん事、生前《しょうぜん》の思ひ出、死後の名誉たるべし」と進言し、長年はすぐに決断したという。

「長年は、一朝事あらば船上山を拠点とすると、普段から決めていたのではないか」

大山町（島根県）文化財保護審議会の金田千義会長はそう話す。金剛山麓の天険で、幕府の大軍と戦っていた正成の影響が、ここにも読み取れる。

〈新興の者どもを頼む思いを後醍醐がもったのは、笠置で勅諚《ちょくじょう》をあたえて以来の正成のはなばなしい戦いぶりを知ってからであろう〉

作家の司馬遼太郎は『街道をゆく27 因幡・伯耆のみち』でそう書く。長年の出自と履歴は、驚くほど正成と似ている。

「名和氏は『鰯《いわし》売り』『かいこ長者』と呼ばれ、海産物を扱い、養蚕から製鉄まで手がけていた。現在の商社のような組織を運営し、商売を通じて諸国の情勢を知っていた」

そう語る金田会長は、長年が後醍醐天皇側についた理由をこう推論する。

「あの時代、鎌倉幕府に対する不満が世に満ちていた。武士としての名誉だけでなく、閉塞感漂う時代を変えるため、天皇を奉じたのではないか」

伯耆の土豪

六十二代村上天皇の皇子、具平《ともひら》親王をルーツとする村上源氏の血脈で、『神皇正統記』にも「源長年」と記される。雄峰・大山のふもとにある伯耆国名和（現在の鳥取県大山町）の土豪で、建武政権では因幡守・伯耆守を与えられ、京の公設市場長官に当たる東市正《ひがしいちのかみ》にも任じられた。

船上山の戦いでは、周辺の住民五千～六千人に兵糧を山頂まで運ばせ、一荷当たり五百文を払ったという。家紋の「帆掛け船」は、後醍醐天皇が与えたとされる。子孫は明治後、南朝の忠臣として男爵を授けられた。

正成と心通じた若き公家武将

〈龍駕《りょうが》を九重の月に廻らされ、鳳暦《ほうれき》を万歳《ばんぜい》の春に復《かへ》され候へ（御輿を皇居へお返しくださり、御治世を永久に栄える春にお戻しください）〉

比叡山に逃れた後醍醐天皇の元に来た足利尊氏の使者の言葉を、『太平記』はそう記す。楠木正成の自刃から二カ月後の延元元（一三三六）年七月のことだ。政務を天皇に返上する起請文《きしょうもん》も添えられていたため、天皇は京へ還幸《かんこう》したが、花山院御所に幽閉された。十月、天皇は京を脱して吉野に遷御《せんぎょ》する。南北朝時代の始まりである。

〈顕家《あきいえ》卿、時を得たりと悦びて、廻文を以て便宜の輩を催さるるに（中略）六千余騎にて馳せ参る〉

正成や名和長年らが亡くなった後、天皇が頼りにできる一人が北畠顕家だったことを、『太平記』は示唆している。

「顕家は正成のことを、政道を正すために一身を挺《てい》する同志と認識していたと思います。湊川での正成の死には『ここまでやってくれたか』と、より強く心を通わせたのではないか」

顕家が陸奥国府を置いた地で、父の親房《ちかふさ》とともに顕家を祭る霊山《りょうぜん》神社（福島県伊達市）の

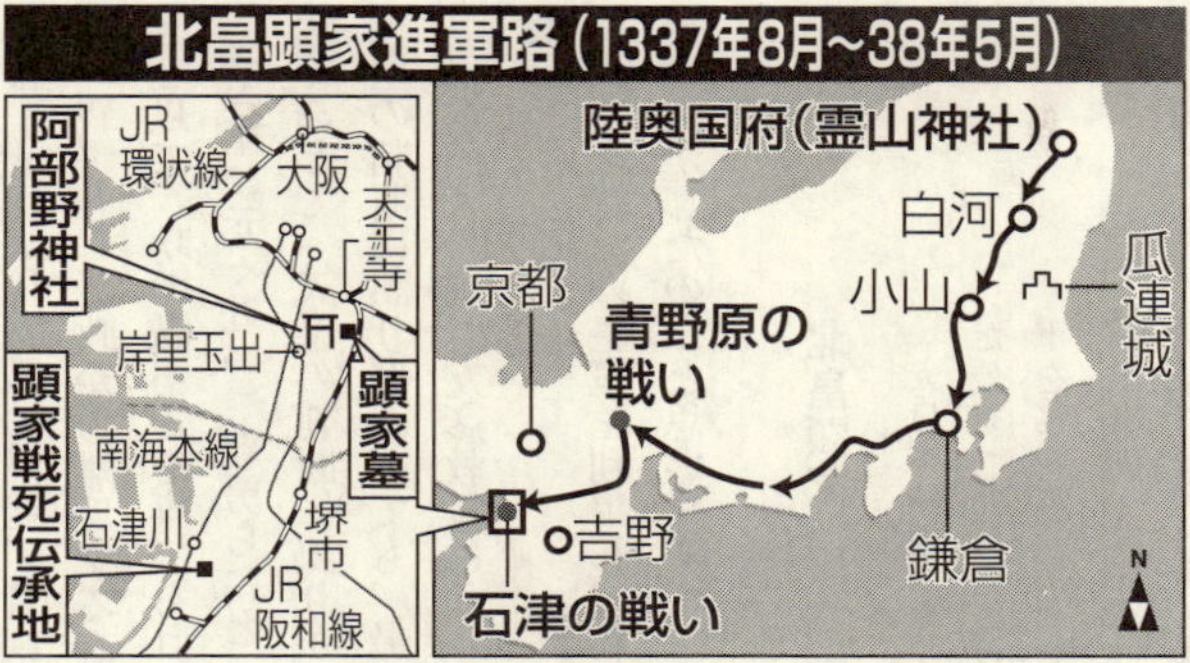

足立正之宮司はそう話す。顕家は、官軍が尊氏を京から追い落とした建武三年（二月に延元と改元）一月の合戦で、奥州から上洛し、正成と共に戦った。その時、顕家は数え十八歳。感受性豊かな年齢で、正成の人となりをよく知ったことだろうという指摘である。

顕家勢は延元二年十二月に鎌倉を占拠、翌年一月には青野原（岐阜県大垣市）の合戦で北朝方に勝つ。が、激戦で余力を失い、五月、和泉国の石津（堺市）で尊氏の側近、高師直《こうのもろなお》と戦って敗死した。

〈股肱《ここう》の重臣《てうしん》あへなく戦場の草の露と消え玉ひしかば、南都の侍臣《じしん》・官軍も聞きて力ぞ失ひける〉

『太平記』は、顕家の死が南朝方に及ぼした衝撃を強調する。

戦死の七日前、顕家は後醍醐天皇に七カ条の上奏文を提出した。その草案の写本が醍醐寺三宝院（京都市伏見区）に残っているが、京都で全てを決断する中央集権主義、高位官職の乱発、貴族・女官・僧侶らの私利私欲による政務をいさめる内容である。親房も、新政から離反する直前の尊氏に追伐の宣旨を出そうとした天皇に、「罪の疑しきを以て、功の誠あるを棄てられん事は仁政に非ず」と諫言《かんげん》したことがある

「(天皇に元々近い)親房らにとっての勤王は、神武天皇以来の『あるべき天皇』のために働くことで、天皇の判断に誤りがあれば糾弾してはばからなかった。対して、正成の勤王は、天皇の判断に誤りがあっても、最後まで従うことでした」

皇学館大の岡野友彦教授はそう話す。しかし、それでも両者は通底していた、と足立宮司は言う。

「武力を持たぬ皇室を利用し、覇権争いをしてきた武家政治への怒りが、北畠父子と正成を突き動かしたのだと思います」

北畠顕家

「大日本は神国なり」の書き出しで南朝の正統性を説く歴史書『神皇正統記《じんのうしょうとうき》』を書いた公家、北畠親房の長男。建武政権で義良《よしなが》親王を奉じて陸奥国へ下向し、鎮守府大将軍を務めた。足利尊氏が反旗を翻した際に上洛し、楠木正成や新田義貞と協力して九州に追い落とした。正成の死後の再遠征では、鎌倉は陥落させたものの、伊勢、大和などで一進一退を繰り返した後、和泉国で討ち死にした。

北畠家は六十二代村上天皇を祖とする村上源氏の流れ。親房は、後醍醐天皇の親政を補佐するが、尊氏の重用には批判的だったとされる。

南朝はなぜ「吉野山」だったか

〈「そもそも朕《ちん》が不徳何事《ふとくなにごと》なれば、これ程まで仏神にも放たれ奉《たてまつ》つて、逆臣のために犯さるらん」〉

『太平記』は延元元（一三三六）年、入京した足利尊氏に幽閉された後醍醐天皇の言葉をそう記す。神仏にも見放されたと嘆く天皇の心中を、帝塚山大の花田卓司講師はこう推測する。

「湊川の戦いで敗れて楠木正成も失い、大きな衝撃だったと思う」

それでもすぐに立て直しを図った点は、さすがに後醍醐天皇である。尊氏の使者に欺かれてから三月もしないうちに京を脱出して奈良・吉野へ逃れ、恒良《つねよし》、尊良《たかよし》両親王とともに北国に派遣していた新田義貞らの奮闘に期待をかけた。吉野山では最初、吉水院（現在の吉水神社）に滞在し、南朝（吉野朝）を樹立した。

「皇子・廷臣らを地方に向かわせ、建武政権以来奥州を支配した北畠顕家らの力によっても北朝に対抗した。京都奪還計画は基本的に、地方拠点を基盤にしていた」

花田講師はそう話す。

吉野山に檜皮《ひわだ》葺《ぶ》きの豪壮な姿を見せる金峯《きんぷ》山寺《せんじ》蔵《ざ》王堂《おうどう》（国宝）。西側は南朝の皇居跡とさ

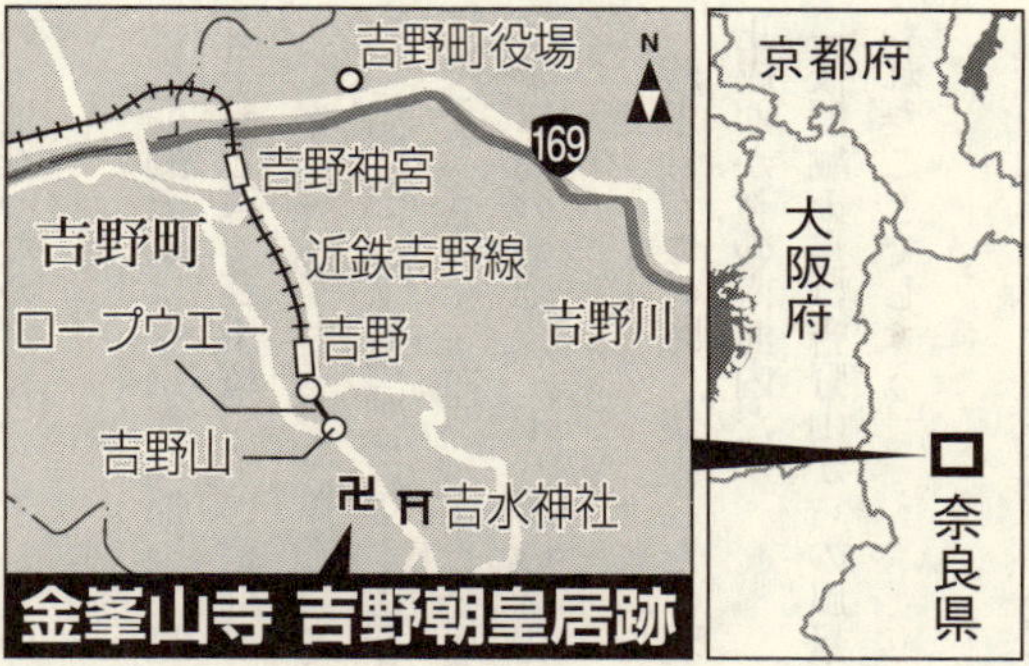

れる地だ。ここにあった実城寺を金輪王寺《きんりんのうじ》に改め、皇居にしたと伝わる。

〈「この所に、古へ清見原《きよみはらの》天皇、大友皇子に襲はれて幸《みゆき》なりしも、程なく天下の泰平を致されき。その先蹤《せんしょう》に付いて……」〉

『太平記』は、後醍醐天皇が吉野に逃れた理由を、吉野の大衆の言葉として、そう説明する。壬申の乱で勝利した四十代天武天皇にあやかったというのである。吉野山は天然の城塞で、諜報能力のある修験者や僧兵も多かった。後醍醐天皇の皇子、護良《もりよし》親王が入って河内の正成と連携したのもこの地だった。

「正成と護良親王は、のろしや修験者らを通じて連絡を取り合いながら、長期戦にもっていこうとしたのではないか」

吉野山の歴史に詳しい田中敏雄・吉野町参事はそう推測する。こうした下地のあった吉野山は、南朝を支える条件が整い、京都奪還を狙う拠点としてふさわしい土地だったのだ。

「後醍醐天皇は、京都へ帰って皇室を中心に国を治めようと望んでおられた。根底には天下泰平へと導く蔵王権現への信仰があっただろう」

金峯山寺の五條良知管領《かんれい》はそう語る。当時の吉野山の威容を『太平記』は、正平三（一三四八）年の幕府軍による焼き討ちで詳述している。

〈二丈一基の笠鳥居、二丈五尺の金鳥居、金剛力士の二階の門、北野天神の示現の宮、七十二間の廻廊、三十八所の行化《ぎょうげ》の神楽屋、宝蔵、竃殿《へついどの》（中略）まで一時に灰燼となりはてて〉

蔵王堂もこの時、焼失した。現在は二階回廊から北西に金剛・葛城山が見える。その先は正成ゆかりの南河内だ。

「後醍醐天皇は吉野山からの風景を眺めながら、正成や京都について、いろいろなことを思われたことでしょう」

修験道の聖地「金峯山寺」

吉野山（奈良県吉野町）にある修験道の聖地で、現在は金峯山修験本宗総本山。古くは山上《さんじょう》（大峯山山上ケ岳）から山下《さんげ》（吉野山）をまとめて金峯山寺と呼んだが、今は山上は大峯山寺《おおみねさんじ》、山下は金峯山寺となっている。

寺伝では、飛鳥時代に役行者《えんのぎょうじゃ》が大峯山で蔵王権現を感得、その姿を桜に刻んで祭ったのが開創とされる。このことから吉野山では桜が神聖視されて献木され、花の名所となった。

「足利」からの敬意　世代超え

〈「正成が跡《あと》の妻子ども、今一度、（空《むな》しき）容貌《かたち》をも、さこそ見たく思ふらめ」とて、子息の正行がもとへ送り遣《つか》はされける〉

『太平記』は、湊川の戦いで自刃した楠木正成の首を京の六条河原にさらした後、足利尊氏が取った意外な行動を記している。正成の妻子の心情を考え、首を送り届けたのである。新田義貞の首を三条河原でさらし、そのまま京で葬った時には見せなかった好意が垣間見える。

「二人はいわば、盟友だったのだと思います」

楠木家の菩提《ぼだい》寺の中院が境内にある観心寺（大阪府河内長野市）の永島龍弘長老は、尊氏の心中をそう推測する。

「楠公さん（正成）は湊川の戦いの前、尊氏と和睦するよう後醍醐天皇に進言しています。源氏の直系として、武士の中心にいるべき人物として、尊氏を尊敬していたと思います」

尊氏の好意は、そうした正成の心に応えるものだった、と永島長老は考える。

「尊氏や弟の直義の文書を見ると、新田義貞や北畠顕家には『凶徒』と指弾しているのに、同じく敵対する関係ながら、正成に関してはそう記されていない」

そう指摘するのは福岡大の森茂暁教授である。凶徒とは、凶行を働く悪者といった意味だ。

「尊氏や直義にとって、正成ら楠木氏の扱いは、明らかに義貞らとは違っていたのでしょう」

尊氏が、敵対しながらも礼を尽くしたもう一人は、後醍醐天皇である。延元四（一三三九）年、天皇が南朝で崩御すると、菩提を弔うために京・嵐山に天龍寺を建立するなどした。

尊氏の正成への好意は、嫡子で室町幕府二代将軍になった義詮《よしあきら》にも引き継がれた。足利家の菩提寺は京の等持院（京都市北区）で、尊氏も義詮も木像があるが、義詮にはもう一つ、墓所がある。正行の墓がある右京区の現在の宝筐院《ほうきょういん》である。

「かねて敬慕していた正成の嫡男・正行の墓の隣に眠らせてほしい」

義詮は臨終の際、そう遺言したと伝わる。南北朝期の足利家にとって楠木家は、特別の存在だったことをうかがわせる。

桜井の決別で父と別れ、河内に戻っていた十一歳の正行は、正成の首を見て自害しようとした。それを母が言葉を尽くして諭した、と『太平記』は書く。

〈「当座の歎《なげ》きに引かされ、行く末も顧みず、父の恥を雪《すす》がず、われになほ愁き目を見せんとする、うたてのあどなさよ」〉と責め、死ぬならまず母を刺せと迫られて、正行は思いとどまった。

〈その後は、一筋に身を全くして、あだなる戯れにも（あどけない子供の遊びにも）、ただこの事をのみ思ひつつ、武芸智謀の稽古の外《ほか》、また為《す》る態《わざ》もなかりけり〉

尊氏の心をも打った正成の志は正行に継承され、足利家は苦しみ続けることになる。

足利尊氏

室町幕府の初代将軍。父は足利貞氏、母は上杉清子で、母の実家の本拠地・丹波国（現在の京都府綾部市）で生まれたとされる。初めは高氏、後に後醍醐天皇の諱《いみな》、尊治の一字を賜り尊氏と改めた。

元弘三（一三三三）年、後醍醐天皇の挙兵を鎮圧するため、幕府勢として京に向かう途中で翻意。六波羅探題を攻め滅ぼして、建武新政の立役者の一人になる。やがて新政に不満を持つ武士に推されて、天皇方の楠木正成、新田義貞らと戦い、最終的に勝利した。光明天皇を擁立して征夷大将軍となり、室町幕府を開いた。

第十章

嫡男・正行の情と覚悟

御妣神社前に立つ母子像（大阪府四條畷市）

正成の遺志をつないだ夫人

神戸・湊川での楠木正成《まさしげ》の敗死に最も衝撃と影響を受けたのは、間違いなく嫡子・正行《まさつら》である。正成から訓戒を受け、河内に帰った「桜井の別れ」から十日ほどで正行は、敗報と父の首級を受け取った。数え十一歳の少年は、落ちる涙を抑えながら持仏堂《じぶつどう》に消えた、と『太平記』は書く。正行は、父の形見の菊水作《きくすいつくり》の刀で自害しようとしたのだ。

〈母走り寄つて、刀と手とに取り付いて、涙を押さへ（て）申しけるは、「栴檀《せんだん》は二葉《ふたば》より香ばしきと云へり。汝少《なんじおさな》くとも、父が子ならば、これ程の理《ことわ》りにや迷ふべき」〉

母は、正成の子なら幼くとも道理がわかるはずだと説き、正成が正行に託した使命に言葉を尽くした。

〈「今一度義兵を挙げ、朝敵を亡《ほろ》ぼして、君をも安泰になし奉り、父が遺恨をも散じ、孝行の道にも備へよとてこそ残し置きし身なるを」〉

声も惜しまず泣き口説き、自害するならまず自分を殺せ、とまで言う母に正行は幼心にも道理を感じ、思いとどまった。

『太平記』が正行の母として書く正成夫人は一般に「久子」。河内国・甘南備《かんなび》（現在の大阪

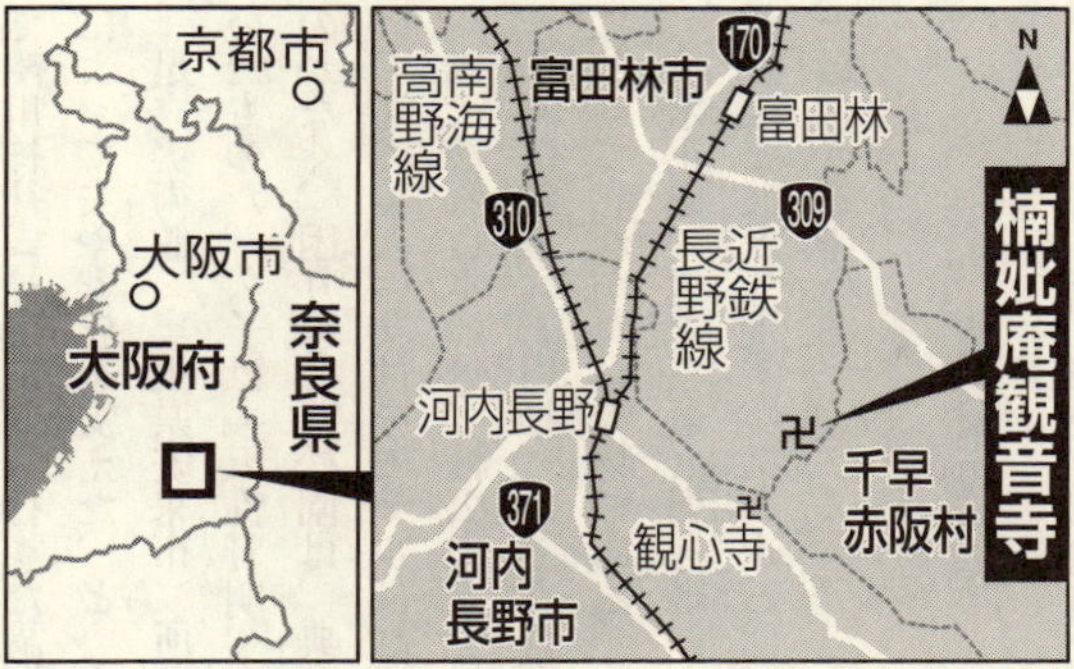

府富田林市甘南備）の豪族、南江《みなみえ》正忠の妹とされる。同所にある楠妣《なんぴ》庵観音寺《あんかんのんじ》に、夫人終焉《しゅうえん》の地という草庵・楠妣庵と正成・正行の菩提を弔った観音寺がある。

「明治の廃仏毀釈などで荒廃していたようですが、明治末から大正時代に復興されました。久子夫人は、生まれ育ったのもこのあたりだと伝承されています」

加藤宗純住職はそう話す。境内の久子の墓所には小さな五輪塔があり、久子の念持仏《ねんじぶつ》（身辺に置いた仏）、十一面観音を祭った観音堂も建立されている。

正行を諭す久子の姿を刻んだ「楠母子像」は昭和十年、正成の没後六百年を前に営まれた「大楠公六百年祭」で造られたものだ。久子が長く、尊敬を集めていたことがうかがえる。

「楠公をして楠公たらしめた、その内助の功が実に立派だった」

加藤住職の祖父で先々代住職の加藤宗仙師は、かつ

て湊川神社（神戸市）で行った講演で、久子をそう評している。妻としての気配りや包容力によって夫や家族を支えた、という指摘である。

足立美術館（島根県安来市）所蔵の日本画「楠公夫人」は、上村松園が久子をテーマに描いたものだ。久子は「天性賢明《てんせいけんめい》、容姿《ようし》閑雅《かんが》」という評判は定着しているが、面影を伝えるものがなく、困り果てた松園は、典型的な河内女性の顔立ちだったとの伝承を頼りに三年をかけ、河内美人の女性をモデルにして描き上げたという。

〈偉大なる日本の母、楠公夫人を描くのは私にとってはなかなかの重荷である〉

松園は随筆『青眉抄《せいびしょう》』にそう書き残している。正成の遺志をつないだ久子もまた、日本人にとって忘れがたい人物である。

楠木正成の遺志を最も引き継いだのは「桜井の別れ」を経験した嫡子・正行である。数え十一歳で父と死別し、父の十三回忌の年に義兵を挙げた正行を通して、継承された楠公精神とは何かを考える。

楠妣庵観音寺

臨済宗妙心寺派の禅寺。寺伝によれば、楠木正行が後醍醐天皇崩御後に天皇の念持仏をまつって観音殿と称したのが前身。正行らが敗死した後、母の久子が生まれ故郷のこの地に戻り、草庵・楠妣庵を構えて隠棲《いんせい》した。

久子は敗鏡尼《はいきょうに》と称し、夫や子の菩提を弔って余生を過ごしたという。その後、観音寺と改められたが、明治の頃には荒廃し、大正時代に草庵と本堂が再興された。境内には、昭和十年の大楠公六百年祭の節目に完工した「楠母子像」や夫人の墓所がある。

父譲り　戦の腕と情けの心

〈年積もり、正行、今年は殊更《ことさら》、父が十三年の遠忌《おんき》に当たりしかば、供仏施僧の作善《さぜん》、所存の如くに致して、今は命惜しとも思はざりければ〉

楠木正成の遺志を引き継いだ嫡子・正行の挙兵の事情を、『太平記』はそう書き始める。数え十一歳で「桜井の別れ」と父の敗死を経験した正行はその後、自らの成長を待ち、父とともに戦って討ち死にした郎従《ろうじゅう》の子孫を扶持《ふち》し、父の敵を滅ぼすことに心を砕き続けたという。

「正成公は相手方からも尊敬される人物。その父親は正行にとって、目指すべき方向だったと思う。父の遺訓を自身の心や体として『機が熟す』形で戦場に臨んだのだろう」

楠木氏ゆかりの観心寺（大阪府河内長野市）の永島龍弘長老はそう話す。

河内から摂津・住吉、天王寺あたりにたびたび進出する正行に、将軍・足利尊氏は「天下の嘲弄《ちょうろう》、武将の恥辱なり」と激怒し、細川顕氏《あきうじ》を大将にした三千余騎を河内に送った。

正行はこの藤井寺合戦で、父譲りの戦上手ぶりをみせる。拠点の金剛山から約三〇キロ離れた矢尾城を襲うと見せかけ、誉田《こんだ》八幡宮（大阪府羽曳野市）周辺に兵を潜ませ、合戦は明日か明後日と油断した細川勢を一気に襲ったのだ。

〈山陰に沿うて、菊水の旗一流れほの見えて、ひた甲《かぶと》の兵七百余騎、閑々《しずしず》と馬を歩ませて押

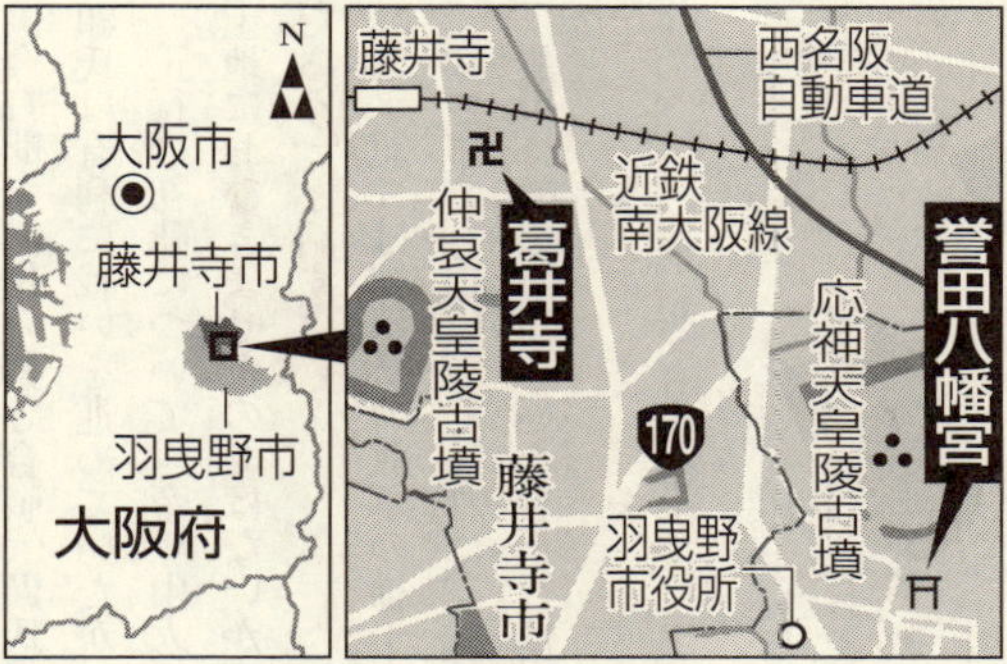

し寄せたり〉

『太平記』は、正行勢の統制のとれた戦いぶりをそう書く。「ひた甲」とは全身を鎧《よろい》甲で固めたという意味で、正行が軍備を入念に整えていたことを示唆している。

誉田八幡宮から北西約一・五キロにある古刹《こさつ》・葛井寺（大阪府藤井寺市）には、正成・正行親子が書いたとされる大般若経の写経が伝わる。境内には正成が戦勝祈願した際、菊水の旗を掛けたとされる松も残り、楠木氏との深いつながりをうかがわせる。

「当時は誉田八幡宮近くまで寺の敷地が広がっていて、八幡宮とは隣同士だったと言ってもいい。合戦でも寺が何らかの形で、正行に協力していたのかもしれない」

森快隆《かいりゅう》住職はそう話す。推測を補強するのが、当時の北朝の公家・洞院公賢《とういんきんかた》が書いた日記「園太暦《えんたいりゃく》」である。

〈今日聞、河州教興寺合戦、顕氏得理之処、凶徒入夜俄襲来、官軍敗績〉（今日聞いた話では、顕氏は有利に戦いを進めていたが、敵の夜襲を受けて敗れた）

正行の初陣について、帝塚山大の花田卓司講師は「正行は負けたふりをして自分の得意な土地におびきよせたのではないか。父同様、地の利を生かした戦い方ができる人物だったのだろう」と話す。

『太平記』は細川勢の敗軍の様子をこう書く。

〈敵さまでも追はざりければ、大将も士卒も危ふき命を助かりて、皆京都へぞ帰りにける〉

無用に敵を討たない心も正行は引き継いでいた。

誉田八幡宮

社伝では、十五代応神天皇を祭って千四百年以上の歴史を持つ日本最古の八幡宮とされる。八幡神は源氏の氏神で、鎌倉時代以降、将軍の手厚い保護を受けてきた。

一方で周辺は、戦略上の要地で、南北朝時代から江戸時代初期まで、何度も戦場になった。室町時代中期には応仁の乱を引き起こした畠山政長と義就との間で再三にわたって合戦が繰り広げられた。

大坂夏の陣では豊臣方の武将・薄田隼人正《すすきだはやとのしょう》が八幡宮境内に陣を構えて出撃したが、道明寺（大阪府藤井寺市）付近で戦死した。

情厚い人柄は敵兵も味方に

京阪電車天満橋駅（大阪市中央区）北の大川沿い。ビジネス街の一角にひっそりと、その石碑は立っている。

「小楠公義戦之跡」

楠木正成の嫡男・正行が河内から現在の大阪市内まで軍勢を進め、将軍・足利尊氏が派遣した北朝軍を苦しめた史実を今に伝える、数少ない史跡である。

建立は昭和十五年。当時の東区教育会が、紀元二六〇〇年と教育勅語五十周年の記念事業として建てた。除幕式が行われた十一月二十六日は「小楠公義戦記念日」と定められた、と『東区史第四巻文化篇』は伝える。平成十五年三月には、八軒家浜整備事業で別の場所に保管されたが、二十一年六月にほぼ同じ場所に戻された。

「石碑は残るべくして残った、ということだと思います。『情厚く』という正行公の人柄は本来、日本人が持っているもの。今も日本人のお手本だから、多くの人を引きつけるのでしょう」

正行を祭る四條畷《しじょうなわて》神社（大阪府四條畷市）の南井広也権禰宜《ごんねぎ》はそう話す。

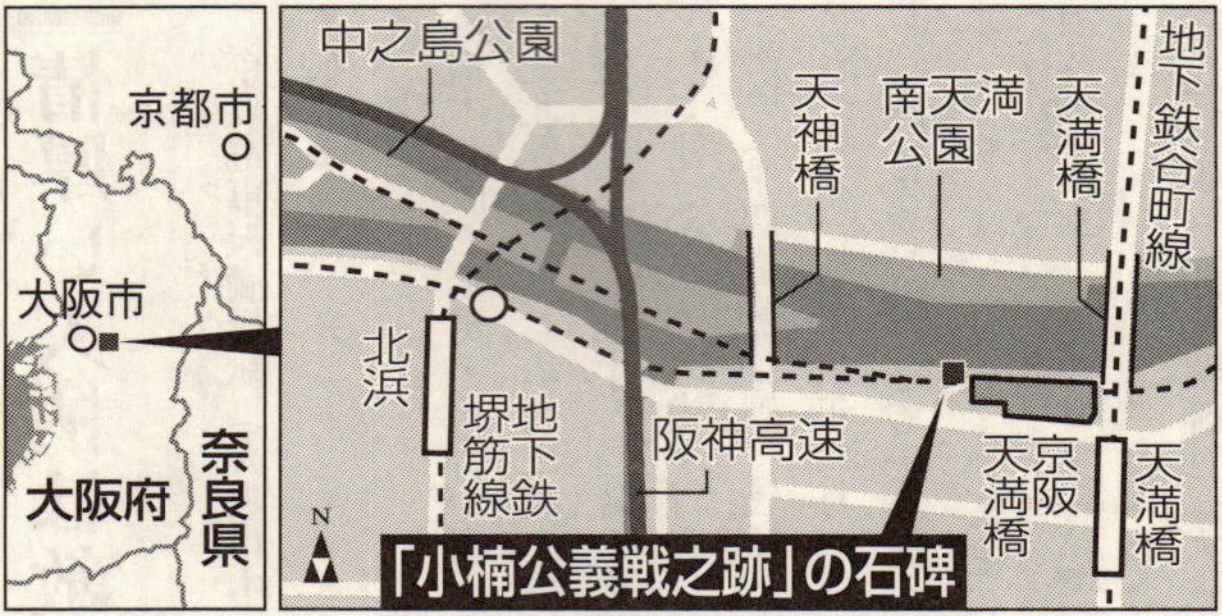

義戦とされるのは『太平記』が「住吉合戦」と書く戦いのことだ。藤井寺合戦で細川顕氏勢を破られた尊氏は再び、山名時氏と顕氏を大将にした六千余騎を京都から派遣した。時氏は、正行が数カ所から攻め寄せると読んで、手勢を四カ所に布陣させた。正行はその馬煙を見て、こう言ったと『太平記』は記す。

〈「多からぬわが勢をあまたに分けば、なかなか悪しかるべし」〉

正行は、二千余騎を一手に集めて瓜生野《うりゅうの》（天王寺の南）の敵に襲いかかった。〈この陣、東西南北野遠くして〉と『太平記』は書く。離れていた四つの陣の連携が取れず、北朝軍は苦戦し、時氏が深手を負う敗勢になった。

住吉や天王寺に陣を敷いていた軍勢も敗走を始め、渡辺の橋をめざした。義戦之跡碑がある場所付近にあったとされる橋である。しかし、六千を数える大軍である。橋から五百人以上が落ちて流される惨事になった。正行は、彼らを川から引き上げてやったが、時は旧暦十一月の厳冬。ずぶ濡れの兵には、凍死の危険があった。

〈楠、情けある者なりければ、小袖を脱ぎ替へさせて身を暖め、薬を与へて疵《きず》を療治せしむ〉

正行の処置を『太平記』はそう書く。そればかりか四、五日養生させ、馬や具足を与え、丁重なあいさつもして故郷へ送り返したというのだ。南井氏が「情厚く」と評する部分である。

〈その恩を報ぜんとする人は、やがてかの手に属して後、四条縄手の合戦に討死しけるとぞ聞こえし〉

正行の処置の結果を『太平記』はそう書く。温情に感じ入った敵兵が味方になり、命を惜しまず働いたというのである。

「責任も義務も果たさず自己主張ばかりの今の社会に、正行の志を知らしめることは必要でしょう」

歴史作家の加来耕三さんはそう話す。

石碑「小楠公義戦之跡」

渡辺の橋は、楠木正成が千早城に籠城する前に六波羅《ろくはら》勢を天王寺で破った際、敗走する敵兵を数多く討った場所でもある。小楠公義戦之跡の碑文は漢学者、藤沢章が書いたもので、敵を救出した正行の行動が「欧米の人をも感じさせて、ために我国が赤十字社に加盟することを容易ならしめた」と説明している。

日本赤十字社制作の『日本皇室の社会事業～日本人の博愛』(東京帝国大教授・辻善之助著)にも「この情深い行為には、何《いず》れも皆感銘して、今日より心を通ぜんことを思ひ」と記されている。

決死の出陣　歌に込めた覚悟

〈末々の源氏、国々の催し勢なんどを向けては、叶《かな》ふべしとも覚えず〉

藤井寺、住吉の合戦で派遣した山名、細川勢が楠木正行に惨敗した後の足利尊氏の心境を『太平記』はそう書く。源氏の嫡流が精鋭を率いなければ勝てない、と考えたのである。

尊氏は執事の高師直《こうのもろなお》、師泰《もろやす》兄弟に二十カ国余りから集めた大軍勢を預け、河内に向かわせた。

〈「かれらが頸《くび》を、正行が手にかけて取り候《そうろ》ふか、正行、正時が首を、かれらに取られ候ふか」〉

弟・正時とともに迎え撃つ正行は、奈良・吉野皇居に参内して後村上天皇にそう言上した。

「状況判断に優れた楠木一族としては、最終的な勝利は難しいと思っていただろう。討ち死に覚悟ではなかったか」

帝塚山大の花田卓司講師はそう推測する。正行の覚悟を察した天皇は、異例なことに御簾《みす》を上げさせて顔を見せ、直接声をかけた。

〈「累代の武功、返す返すも神妙なり。（中略）朕《ちん》、汝《なんじ》を以て股肱《ここう》（重要な臣下）とす。慎みて命を全うすべし」〉

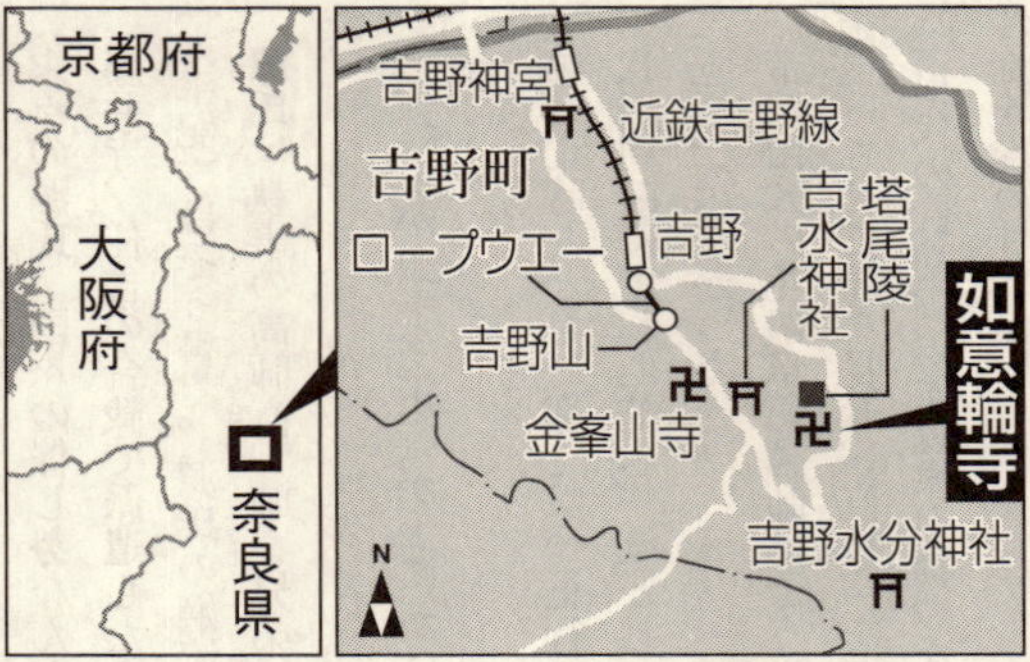

後醍醐天皇の後を継いだ天皇と南朝にとって、正行がいかに大切な家臣だったかがうかがえる。

『太平記』は、吉野皇居を後にした正行と一族・郎党が、谷を隔てた山にある後醍醐天皇の勅願寺、如意輪寺にある天皇の塔尾陵《とうのおのみささぎ》に参拝したと記す。

後醍醐天皇は正成を失った後の延元元（一三三六）年十二月、吉野山に逃れて南朝を樹立し、京都奪還をめざした。しかし、有力武将を相次いで失い、自身の病も重くなって延元四年、崩御した。吉野山に逃れて約三年、五十二歳だった。

〈「玉骨はたとひ南山の苔に埋まるといえども、魂魄《こんぱく》は常に北闕《ほっけつ》の天を臨まんと思ふ」〉

死してもなお、霊魂は京都のある北の空をめざすという最後の言葉は、鬼気迫るものだ。その天皇の御陵を参拝した正行について、如意輪寺の加島公信住職はこう推測する。

「後醍醐天皇に最後まで仕えた父と、意思が同じであることを伝えたことでしょう」

〈返らじと　かねて思へば　梓弓《あずさゆみ》なき数に入る　名をぞ留むる〉

『太平記』は、正行が参拝後、この歌を如意輪寺の本堂に書き留めたと書く。生きては帰れまいと覚悟する出陣なので、死にゆく者の名を書き留める——といった意味で、正行の厳しい気持ちが伝わってくる。寺伝によると、一族郎党ら百四十三人が参拝して過去帳に名を記したといい、寺には正行が歌を刻んだ本堂の扉の一部も残る。

「正行公は討ち死にする覚悟はしながらも、一方で『うまく行けば』という気持ちもあったのではないか。少なくとも自分が戻れなかったら、南朝はだめになると考えていたでしょう」

加島住職はそう話す。押し寄せる北朝軍は八万騎とも六万騎とも伝わる。正行の手勢は三千余騎だった。

如意輪寺

奈良・吉野山にある浄土宗寺院。後醍醐天皇の勅願寺で、本堂の背後に後醍醐天皇の塔尾陵があることで知られる。寺伝によると、平安時代の延喜年間に開かれ、本尊は如意輪観音像。現在は江戸時代に再建された本堂のほかに不動堂や多宝塔、宝物殿が並び、鎌倉時代の蔵王権現像《ざおうごんげん》（重要文化財）などが残る。

塔尾陵は「北面の御陵」として知られ、直径約二二メートルの円墳とされる。墳丘を造らなかった当時としては異例の陵という。如意輪寺が守ってきて、現在は宮内庁が管理している。

母子の足跡は四條畷の誇り

「四條畷で合戦があった当時、大阪湾が生駒山の近くまで迫り、山までに深野池《ふこのいけ》など大きな池が二つあった。南北の交通路はここしかなく、両軍が激突したのは必然だったと思います」

楠木正行が高師直率いる北朝軍を迎撃した四條畷の合戦について、「四條畷楠正行の会」の扇谷《おうぎたに》昭代表はそう話す。直属軍だけで六万騎を擁する師直に対して正行の手勢は三千余騎。正行は大将の師直めざして、ひたすらに軍を進めた。

〈わづかに半町を隔てたるを、すはや、楠が多年の本望ここにて遂げぬと見えける処に、上山左衛門、師直の前に馳《は》せ塞《ふさ》がり〉

『太平記』は、正行に肉薄された師直を、家臣が身代わりを名乗って逃がしたと書く。

〈多年の本意今日すでに達しぬと悦《よろこ》びて、よくよく見れば、師直にてはなかりければ、大きに怒つて打ち捨てける〉

正行は、引く態を見せて師直を誘い出そうとするなど知謀を尽くしたが、膝に三カ所と、頬と目尻に矢傷を負い、手勢も百十三人にまで討ち減らされた。

〈今はこれまでやと思ひけん〉

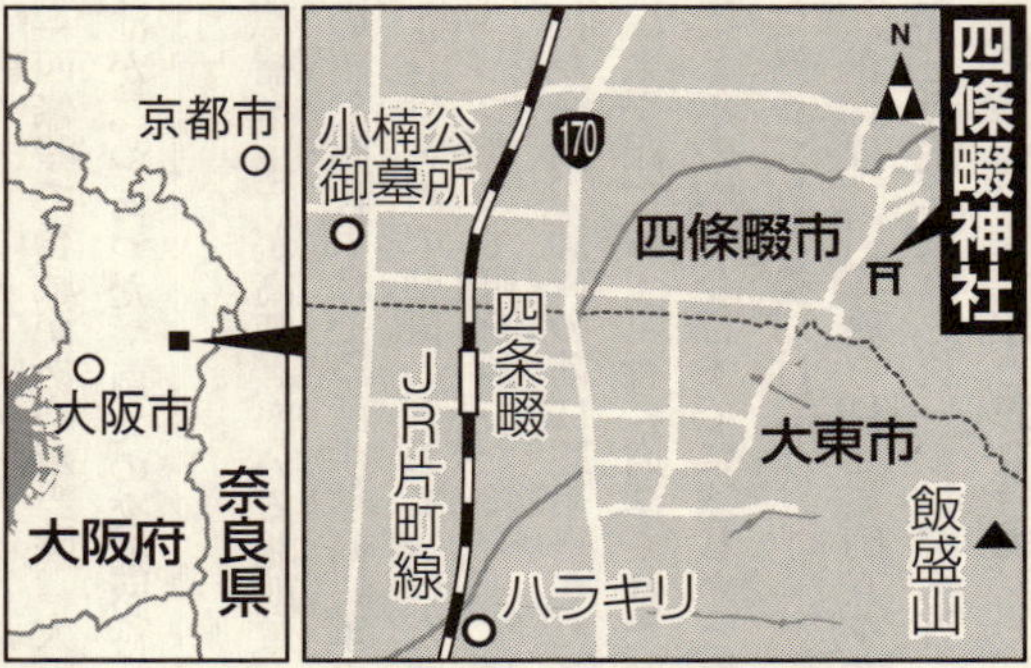

『太平記』は、正行が弟の正時、従弟の和田源秀《げんしゅう》と刺し違えたと記す。

〈ハラキリ〉

JR四条畷駅の南に、そんな地名が残る。正行が自害したと伝わる場所だ。北に約四〇〇メートル離れた場所には小楠公御墓所がある。正行の遺体を葬ったとされる所だ。元は約一二メートル四方の小さな墓だったが、明治十年に約六〇メートル四方に拡張され、大久保利通の筆跡を刻んだ大碑石も建立された。

「ここが墓所ですが、他にも六カ所、正行の墓といわれる所があります」

扇谷氏はそう話す。六カ所とは宝筐院《ほうきょう》（京都市右京区）、往生院（大阪府東大阪市）、正行寺《しょうぎょう》（京都府宇治市）、本泉寺（兵庫県伊丹市）、甑島《こしき》（鹿児島県薩摩川内市）、それに東大阪市山手町だ。

「正成、正行が顕彰されたのは南朝が復権した明治になってからだが、それまでの武家社会でも、遠慮しながらも崇拝されていたことがうかがえます」

そう話す扇谷氏は、崇拝の理由をこう推測する。

「親子が家門のためではなく、天下国家のために戦ったからでしょう。それをたたえる気持ちが広くあったのだと思います」

小楠公御墓所から東に約一キロ。正行を祭る四條畷神社には「日本初」と誇れるものが二つある。JR片町線と、境内にある摂社・御妣《みおや》神社である。片町線は、地元の出資で敷設された全国初の参詣鉄道。御妣神社は正行の母を祭るため、地元の女性の力だけで創建された神社なのだ。

「創建は大正十四年。神道の世界はまだ女人禁制の時代ですが、女性の鑑《かがみ》としてどうしても祭りたいと考えたようです。正行公を誇りたい気持ちがそれだけ強かったのでしょう」

四條畷神社の南井広也権禰宜はそう話す。

楠木氏の軍勢

楠木正成が湊川の戦いに赴いた際、率いた手勢は七百余騎と伝わる。「桜井の別れ」で正行に後事を託し、河内に帰した際、手勢の多くを付けたためだ。

正行が四條畷の合戦に臨んだ際、正行が率いたのは「究竟《くっきょう》（武勇に秀でた）の兵三千余騎」と『太平記』は書く。しかし、扇谷氏は千騎程度に絞っていたと推測する。正行の死後も楠木氏が頑強に、北朝方に抵抗を続けたからだ。「正成は、天下国家に何が必要かを考え続けた人。正行もその思想を引き継いでいるので、決して玉砕の戦はしなかったはずです」と語る。

第十一章

継承された「忠孝両全」

山村の山尾根に建つ四位殿神社。正行を祭る神社として村人が守り続けている（奈良県上北山村）

父の遺志　託された十一歳

〈汝《なんじ》はすでに十歳に余れり。一言《いちごん》耳の底に留まらば、わが教誡《きょうかい》に違《たが》ふ事なかれ〉

『太平記』は、楠木正成《まさしげ》と嫡男・正行《まさつら》の今生《こんじょう》の別れ「桜井の別れ」の場面をそう記す。数え十一歳の正行に後事を託して、正成は湊川の戦いで敗死した。

正行が十代をどう過ごしたか。正成が少年期に学んだ観心寺（大阪府河内長野市）の『観心寺文書』は、正行についてこう記録している。

〈河内國小高瀬領家職《りょうけしき》、御祈祷料所として、觀心寺（観心寺）知行《ちぎょう》せしむ可《べ》き由《よし》の事、去る二月廿三日の綸旨《りんじ》此《こ》の如《ごと》し。早く當庄《とうしょう》を沙汰《さた》居《い》らる可く候也。依《よっ》て執達件《しったつくだん》の如し〉

最後に「左衛門尉《さえもんのじょう》」、つまり正行の名がある。吉野朝（南朝）が、綸旨で河内・小高瀬庄の領家職を観心寺に寄せ、御祈祷料所としたことを正行が通達する内容だ。日付は延元五（一三四〇）年四月二十六日。湊川の戦いから約四年後で、正行は数え十五歳。そのときには父ゆかりの「左衛門尉」を名乗り、武将として活躍していたことをうかがわせる。

「十代の正行の人格形成で大きな役割を果たしたのは正成の師でもあった僧、龍覚《りゅうかく》でしょう」

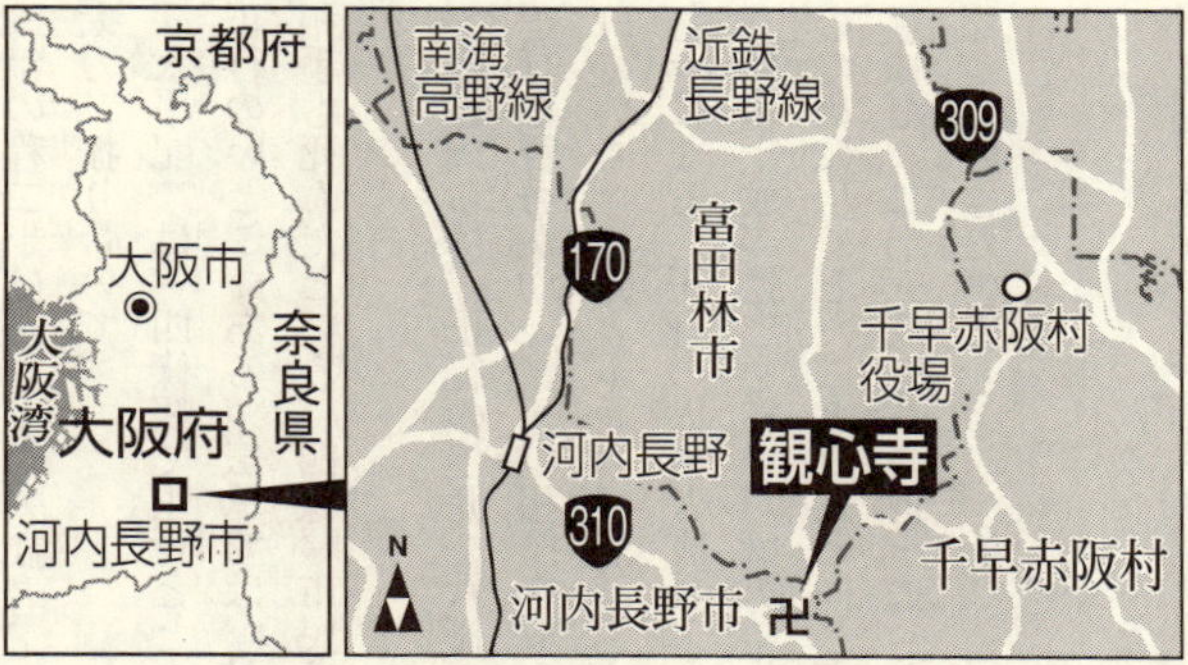

そう話すのは「四條畷《しじょうなわて》楠正行の会」の扇谷《おうぎたに》昭代表である。龍覚は、観心寺の支院の一つで、楠木一族の菩提寺《ぼだいじ》にあたる「中院」の住職になった人だ。

〈師の龍覚より四恩（国・親・衆生・三宝の恩）の教えの大切さを学んだ〉

観心寺発行の『高野山真言宗遺跡本山 観心寺』は少年期の正成についてそう書く。正成は龍覚から国を治める王と、育ててくれた父母、生きとし生けるものすべてから受けている恩を学び、仏教徒として完成するための三つの宝――仏・法・僧への思索を深めたというのである。

「正行はいろいろなところが父の正成に似ている。戦のやり方、天下に対する考え方など『生き写し』のようです。だから正行も龍覚に学んだことに間違いないでしょう」

観心寺の永島龍弘長老もそう話す。

〈年の程二十ばかりなる若武者、「和田新発意《しんぼ》源秀《ちげんしゅう》」と名乗つて、洗革《あらいがわ》の鎧に、大太刀、小太刀二振り帯《は》いて〉

『太平記』は、四條畷で正行とともに戦って散った若者の姿をそう記す。賢秀《けんしゅう》とも呼ばれる正行のいとこである。伝承では、討ち死にした際、敵の首にかみついて放さなかったため、相手も死んだという。四條畷市民は「歯神《はがみ》（歯噛）さん」と呼び、その霊を丁重に祭っている。

扇谷氏らは、正行の生涯を六冊の絵本にまとめ、その一冊『まさつらとけんしゅう』で、正行と賢秀が幼いとき、相撲を取った際に興奮した賢秀が正行の腕にかみつく逸話を取り上げている。けんかをした二人はやがて和解し、成長しても協力し合う「いちばんのともだち」になる。正行の人柄と成長ぶりは、こんな形で現在に継承されている。

楠木正成の遺志を継いだ嫡男・正行の生涯は「忠孝両全」という言葉で象徴される。「公」のために尽くしたことは父と同じだが、その遺志を確実に継いだ孝行の人でもあったという意味だ。二十三歳でこの世を去った青年武将の人生から現代の日本人が学ぶことはないか、探っていきたい。

正行の生涯を伝える六冊の絵本

楠木正行の生涯を広く伝えることを目指す「四條畷楠正行の会」は平成三十年三月、正行の足跡をたどった六冊の絵本を完成させた。「学び」「友」「大志」「恋」「情け」「最期」という六冊で、大阪電気通信大の学生らと協力して作成した。

「学び」では、寺で修行する正行が針仕事を習得するなど学問や武芸以外に「身の回りのこと」を学んで成長していく姿を描く。「友」では、いとこの和田賢秀との幼い頃のけんかと仲直りなどをテーマにしている。

美しい女官との結ばれぬ恋

〈弁内侍《べんのないし》、御かたちいとめでたくさぶらひしを、むさしの守高階師直《たかはしのもろなお》いかなりけん折にか見そめけん〉

室町時代の説話集『吉野拾遺《しゅうい》』は、楠木正行の悲恋の始まりをこう書き出す。吉野で後醍醐天皇の跡を継いだ後村上天皇に仕えていた女官が、大層美しかったので足利幕府の実力者、高師直《こうのもろなお》が奪い取ろうとしたというのである。

師直は、弁内侍の伯母を脅して偽手紙を書かせ、弁内侍は迎えの輿《こし》に乗った。途中でだまされたことに気付いたが、屈強の男たちに囲まれてどうにもできなかった。その一行と出会ったのが吉野朝へ参内する正行である。正行は、輿の内から聞こえる泣き声で異変を悟り、男たちを召し取った。手向かった三、四人は討ち取った。

〈「正行なかりせば、いと口をしからましを、よくこそはからひつれ。内侍を正行に賜はせん」〉

正行の機転と豪勇を喜んだ天皇は、弁内侍を正行に与えようとしたと『吉野拾遺』は書く。

〈とても世に　ながらふべくも　あらぬ身の　仮の契りを　いかで結ばむ〉

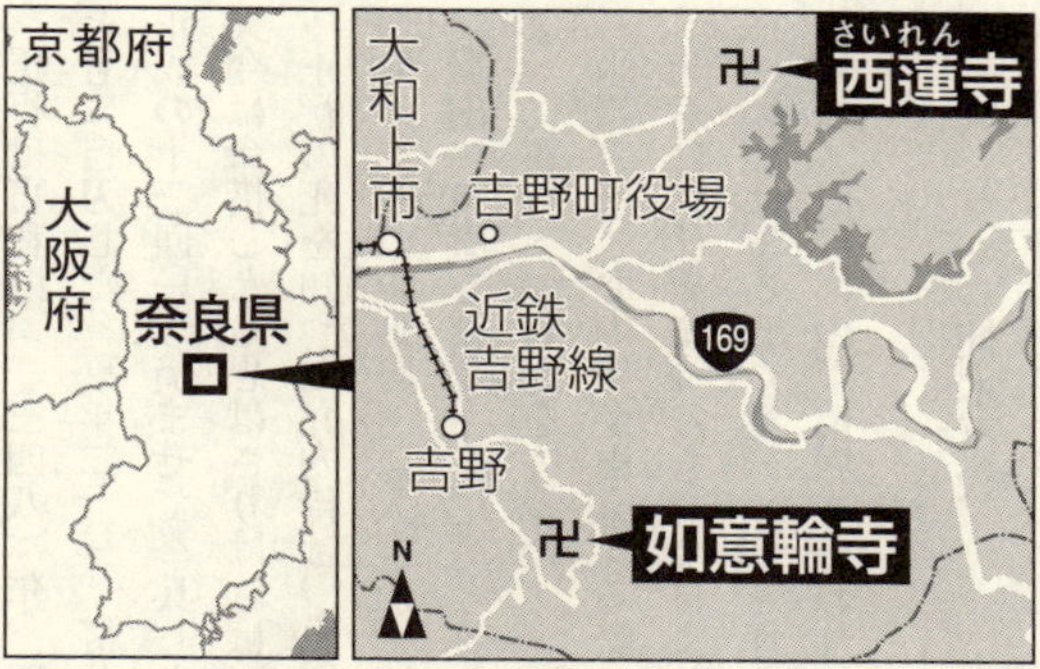

天皇のお気持ちを知った正行は、この歌を奏して辞退した。「四條畷楠正行の会」の扇谷代表は、その心情をこう推測する。

「南朝方の有力武将として、足利幕府の大軍と戦うことが容易に予想できる身だったことが理由の一つ。それに身分があまりに違うことも考えたと思います」

弁内侍は、日野俊基の娘である。俊基は後醍醐天皇の側近として活躍した公家で、別の系統の日野家は後世、歴代足利将軍の御台所を輩出した家として知られる。

「そんな女官を嫁にやろうとしたのですから、後村上天皇の正行への信頼感がうかがえます。天皇は、四條畷の戦いに出陣する正行に対して『朕《ちん》、汝を以て股肱《ここう》とす。慎みて命を全うすべし』という言葉も与えている。誰よりも頼りにされていた臣下が正行だったことがわかります」

正行は貞和《じょうわ》四（一三四八）年、四條畷の戦いで高師直の大軍と戦って敗れ、弟の正時らとともに自刃した。享年二十三。桜井の別れで父・正成に後事を託されたのが数え十一歳の時。正成の十三回忌を済ませて挙兵した心境を『太平記』はこう書く。

〈今は命惜しとも思はざりければ〉

正行の死を知った弁内侍は、黒髪を切って吉野山を下り、竜門村の西蓮寺《さいれん》（当時は西蓮華台院、奈良県吉野町）に入った。同寺の由緒書はこう記す。

〈境内に草庵を結び、聖尼庵と称し、寂滅する日まで正行の菩提をとむらい、念仏の生活によって正行への貞節を守った〉

由緒書は、弁内侍が出家する際に詠んだ歌も記録している。

〈大君に　仕えまつるも　今日よりは　心にそむる　墨染の袖〉

その際に下ろした髪の一部を埋めたのが、正行が決死の覚悟を詠んだ歌を門扉に刻んだ如意輪寺（同町）の至情塚といわれる。

楠木三代

楠木正成と嫡子の正行、四條畷の戦いに参加せず生き残った三男の正儀《まさのり》の三人をそう呼ぶ。四條畷の戦いでは正行は、長弟の正時とともに自刃した。

近年の研究では、弁内侍との悲恋が伝わる正行には妻がいて、二人の男子がいたことがわかっている。妻は摂津・能勢の武士、内藤満幸の娘で、二人の間にできた長男は三歳で早世。妻は、次男を懐妊中に正行が亡くなったため、家督を継いだ正儀の計らいで実家に帰され、摂津・池田の池田教依《のりより》に再嫁した。生まれた次男は池田教正と名乗り、後の備前池田氏に通じる血統となった。

「民を守る」継承された精神

楠木三代が拠点とした河内の千早赤坂（現在の大阪府千早赤阪村）。村内の建水分《たけみくまり》神社には、楠木（橘）正行の名前が裏書きされた扁額《へんがく》が残っている。扁額は、同社が延元二（一三三七）年に「正一位《しょういちい》」を受けたことを示すものだ。奉納されたのは父・正成没後の延元五（一三四〇）年で、正行の官職は左衛門少尉であることがわかる。

「正行公の直筆と伝わり、現存史料としては最古のものです」と、禰宜《ねぎ》の岡山博美氏は話す。

「楠木氏の氏神に扁額を掲げることができたのは、その立場にある人、つまり領主です。この時点で正行公は、このあたり一帯の支配者だったことがわかります」

領主としての父・正成については、江戸時代の『太平記』注釈書『太平記評判秘伝理尽鈔《ひでんりじんしょう》』に、こんな逸話が載っている。

〈古《いにしえ》より和朝に正成程の智仁勇を備へたる男なし。先づ数箇所の新恩を給ひしに侈《おご》る事なく「諸人の貧苦をすくいてこそ」とて、前々の公納（官府への上納）十にして二つをゆるす〉

正成は、功によって数カ所の領地を得たが、それにおごらず、「民の貧しさや苦しみを救ってこそ」として、減税を行ったというのである。さらに、こんな記述もある。

〈摂津・河内の両国にて所々に池をほらせて新田を余多《あまた》仕《し》てげり〉

正成は、新田を開発し、峰や谷には木々を植えさせた。こうした領民への手厚い配慮や領地施策は、当然ながら、嫡子・正行にも引き継がれたと推測できる。

「武勇だけでなく、民を思いやる領主としての正成の姿が描かれています。湊川での最期を知った領民たちは、まるで家族が亡くなったように嘆き悲しんだとつづられています。正行にもその精神は受け継がれたと思います」

「四條畷楠正行の会」の扇谷代表はそう話す。

〈渡辺の橋より関《せ》き落とされて、流るる兵五百余人、甲斐なき命を楠に助けられて、川より引き上げられたり〉

『太平記』は、挙兵した正行が住吉合戦で足利幕府軍を破り、逃げ場を失って渡辺橋（現在の天満橋付近）から落ちた敵兵を助けた逸話を記す。季節は〈霜月二十六日〉。現在の暦では真冬である。凍死の危険もあった敵兵に正行は、小袖を与えて暖を取らせ、薬も与え、養生させたうえで、馬や具足も与えて故郷へ送り返したという。

「最も感じ入った逸話の一つ。正行には人として筋の通ったところがあった」

同会の世話人で絵本プロジェクトに携わった国府良三さんはそう話す。現在、その地とされる場所には石碑「小楠公義戦之跡」が立っている。

「正行の貫いた正義とは何だったか、学生に考えてもらったところ、出てきたのが『たみもりの人』というキーワードでした」

扇谷氏はそう話す。「たみもり」とは「民を守る」という意味の造語。若き楠木氏の頭領、正行には格好の言葉のように響く。

建水分神社の扁額

神社の通称は水分《すいぶん》神社。延喜式神名帳に載る式内社で、天御中主神《あめのみなかぬしのかみ》らを祭る。楠木氏の氏神でもあり、楠木氏が一帯の配水権を握っていたことを推測させる。

扁額には楠木正行の裏書きがあり、寄せ木造りで、縦約一〇一センチ、横約七二センチ。表面の文字は肉眼で判読できないが、社記には「正一位《しょういちい》水分大明神之額」という記述があり、題字を推定できる。裏面には〈延元貳年丁丑四月廿七日被奉授御　位記同五年庚辰卯月八日題額　草創之　左衛門少尉橘正行〉と記され、肉眼でもはっきりと読める。通常は非公開。

三千対六万　父と重なる最期

〈楠《くすのき》、すでに逆寄《さかよ》せ（逆襲）にせんために、吉野へ参って暇《いとま》を申し、河内国往生院《おうじょういん》に着きぬ〉

四條畷の戦いを控えた楠木正行の動向を『太平記』はそう記す。往生院六萬寺《ろくまんじ》（大阪府東大阪市）は、生駒山の麓にある寺院で、正行はここに本陣を構えた。

「正行は幼いころ、この辺りで過ごし、往生院で学問を学びました。弓場、馬場など周辺に残る字名《あざ》は、弓や乗馬の鍛錬に励んだ場所と伝わっています」。往生院六萬寺の川口泰弘氏はそう話す。

畿内各地で足利幕府軍を破った正行に、幕府は将軍家執事の高師直を総大将とする軍を派遣。両者が激突したのが四條畷の戦いだ。

「正行は河内国一宮《いちのみや》の枚岡《ひらおか》神社に参拝しています。祭神は神武天皇の東征を助けた神。自らも後村上天皇のために尽くす覚悟だったのでしょう」

川口氏はそう推測する。

正平《しょうへい》三（一三四八）年（貞和《じょうわ》四）一月五日払暁《ふつぎょう》、正行は三千の兵を率い出陣。対する師直軍は六万を擁していた。

四條畷の戦い当時の大阪東部

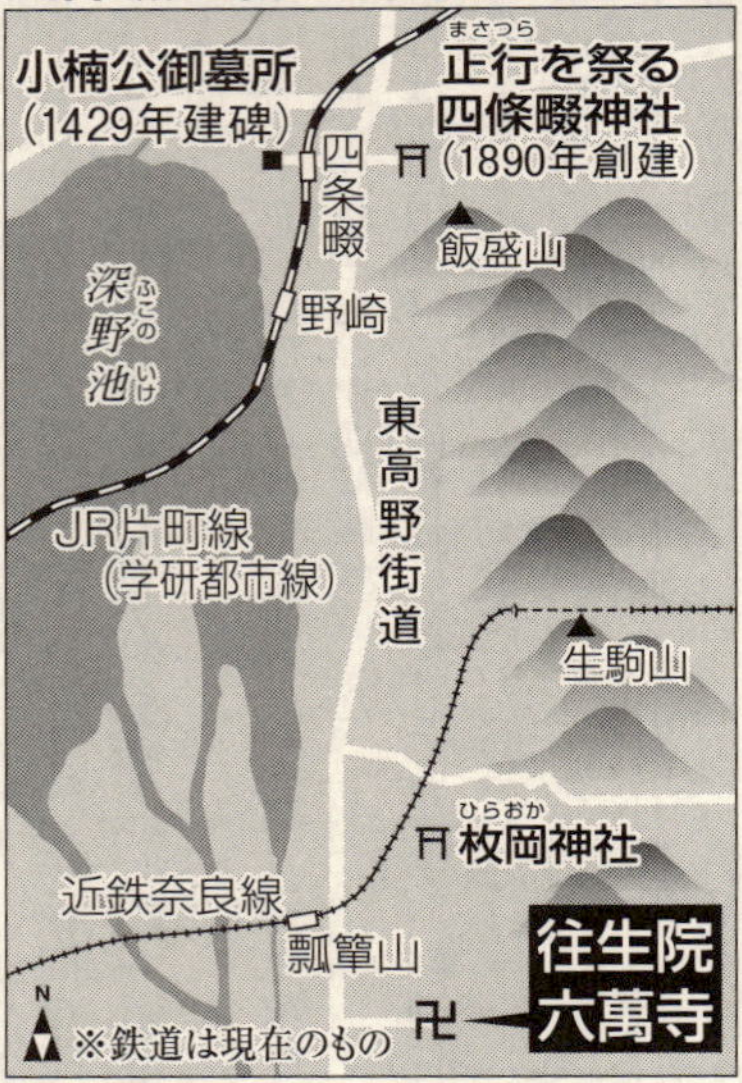

「当時の大阪東部は、河内湖の名残を留める深野《ふこの》池《いけ》が広がり、一帯は湿地でした。山裾と池の間はわずか二キロ。移動は東高野《こうや》街道に限られ、決戦の地になるべくしてなりました」

「四條畷楠正行の会」の扇谷代表はそう話す。南北に細長い戦場と何重にも待ち構える幕府軍。正行軍はその中を、四條畷に陣を敷く師直をめざし、北進する。六時間に及んだ戦闘は、五段階に大別できると扇谷氏は指摘する。

（一）野崎辺りで最初の衝突。幕府側の先鋒を撃破。（二）武田軍を退けるが、佐々木道誉《どうよ》軍に側面を突かれ、兵を大きく失う。（三）三陣に分かれた大軍と交戦しながら北上。（四）師直に肉薄し、討ち取ったかに見えたが、身代わりと判明（四條畷保健所付近に「古戦田」

の地名が残る）。（五）正行は矢を浴び、弟の正時と刺し違えて自刃（JR四条畷駅の南に「ハラキリ」の地名が残る）。

『太平記』は、正行は退却して他日を期すこともできたのに、ひたすら突撃を繰り返したと書く。その理由の手掛かりとなるのが『太平記』の伝える正行の言葉だ。後村上天皇に最後の別れをする場面である。

〈「われと手を砕く合戦を仕《つかまつ》り候はずは、且《かつう》は亡父が遺言に違《たが》ひ、または武略の云《い》ひ甲斐なき誹《そし》りに落ちぬと覚え候ふ」〉

決戦を避ければ父の遺言に背き、また武士として誹りを受ける、というのだ。この言葉の背後には、吉野朝の重臣、北畠親房《きたばたけちかふさ》の存在があると扇谷氏は見る。

「正行はそもそも、敵に打撃を与えた上で和睦に持ち込む戦略でした。しかし公家で主戦論者の親房が許さず、正行を叱責して武士の誇りを傷つけたと考えられます」

それは、公家に献策を退けられ、湊川へ赴いた父、正成の姿と重なる。二十三歳で散った正行には、後村上天皇より賜った「汝《なんじ》を以《もっ》て股肱《ここう》（最も信頼する家臣）とす」の言葉が、救いだったに違いない。

初代中村鴈治郎と往生院六萬寺

四條畷の小楠公御墓所をはじめ、正行の墓は全国に七カ所あるとされる。その一つが往生院六萬寺。首は京都へ送られたが、胴は密かに同所に埋葬されたという。墓前の階段を整備したのは、上方歌舞伎の初代中村鴈治郎《がんじろう》だ。坂田藤十郎《とうじゅうろう》さんや中村玉緒さんの祖父である。太平記関連の演目の成功祈願に来訪し、大正天皇即位の御大典を記念して大正四年に整備した。

最寄りの近鉄瓢箪山《ひょうたんやま》駅のホームに建つ、墓の案内碑も彼の寄贈。かつて碑の撤去話が持ち上がったが、近鉄中興の祖・佐伯勇氏の英断で回避されたという。

慕われ続ける父譲りの「情け」

奈良県上北山村木和田。大峰山と大台ケ原にはさまれたような山奥で、家屋は十軒ほど残るが、実際に人が住んでいるのは一軒という過疎の地である。

「こんな場所ですが、楠木正行を祭る四位殿《しいどの》神社があるんです。正確な創建時期はわかりませんが、遷宮をやっている記録は江戸時代までさかのぼれます」

同村の中垣内《なかがいと》寿美《ひさみ》教育長はそう話す。見つかった木簡などによる遷宮記録は、次のようなものだ。

文政四（一八二一）年三月吉日　▽嘉永六（一八五三）年十一月吉日　▽明治十四（一八八一）年二月十八日　▽明治三十九（一九〇六）年十一月一日　▽昭和十（一九三五）年五月二日　▽昭和四十九（一九七四）年七月二十一日

「ほぼ三十年から四十年に一度、祠《ほこら》を建て替える遷宮を行っています。よほど熱心に祭られていたんだと思います」

四位殿とは正行が生前、正四位下《しょうしいのげ》の位階をもらい、検非違使《けびいし》や河内守などの官職に就いていたことを崇拝しての命名と推測される。

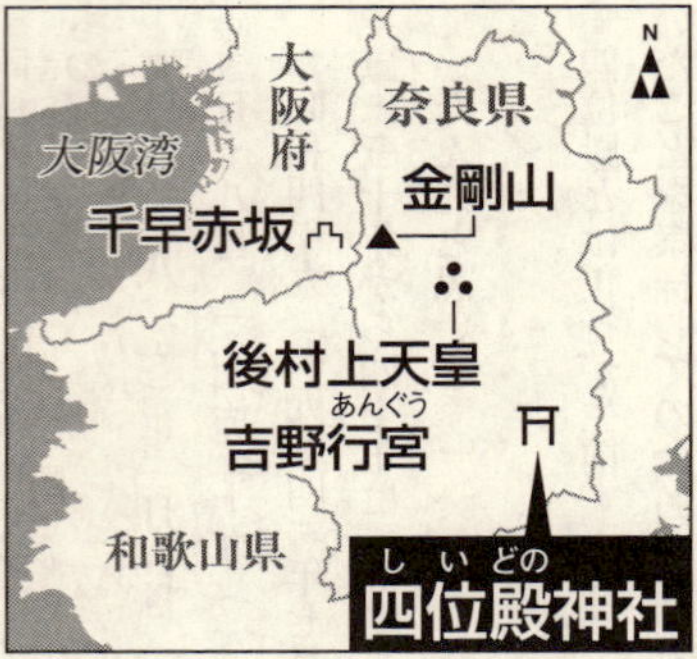

「私の研究では、正行は興国元（一三四〇）年、後村上天皇から従五位下《じゅごいのげ》の位階を授かった。それが正平《しょうへい》二（一三四七）年の挙兵で連戦連勝したので、十二月二十七日の吉野朝参内の折などに位階が上がったのでしょう」

「四條畷楠正行の会」の扇谷代表はそう話す。正行が四條畷の戦いで敗死するのは翌年一月五日。正行が四位殿と呼ばれた期間はわずか十日でしかない。

「それでも土地の者にとっては尊敬する主人、武将だったと思います。正行を慕って多くの村人が戦に出て、正行の敗死後は村に帰って来て正行を祭った。それが四位殿神社だと思います」

そう語るのは元同村教育長で神職も兼ねる中岡孝之氏である。中岡氏が根拠にするのは、同村の地形だ。山の尾根道を北西に三時間も歩くと、吉野に出る。その先には金剛山、そして千早赤坂がある。

「正行はこの環境を利用して募兵に来ただろうし、村人は正行の人命を大切にする人柄などを知って、積極的に応じたのでしょう」

渡辺橋の義戦で知られる正行の「情け」は、父・正成譲りでもある。正成は、鎌倉幕府を倒して建武の新政が成った後、幕兵の犠牲を憐《あわ》れんで千早赤坂に寄手塚を建てた。その高さは味方を悼んだ身方塚より五〇センチ近く大きい。

「正行は生き様が父親の生き写し」と語る観心寺の永島龍弘長老は、正成を追いかけるような人生を送った理由について、こう推測する。

「正成は、天皇に忠義を尽くすことで筋を通した。『自らの死ありき』ではないにせよ『死はある』と考えてなお、自分の本分を尽くした。その生き様を正行は尊敬していたからでしょう」

父から子への理念と手法の伝達は、現代人にとってうらやましくも見える。

正成・正行の官位官職

「四條畷楠正行の会」が発行する『楠正行通信』によると、正行の官位官職については、『日本史人物辞典』（歴史図書社）に「正四位下に叙し帯刀《たてわき》となる」との記述がある。また、昭和四十二年の四條畷町勢要覧には、「文化六（一八〇九）年、小楠公墓所境内に正四位下検非違使兼河内守の楠公碑を建設」という記述がある。

普通、武士に官位が下される場合は従五位下が通例で、正行の父、正成も建武元

（一三三四）年二月に従五位下検非違使に叙せられたのが最初。湊川の戦いで亡く
なったときは正五位下だった。

第十二章

「私」で生きた武将たち

天野山金剛寺の楼門。同寺はかつて南朝の行宮だった
（大阪府河内長野市）

恩賞で離反した赤松円心の計算

〈公家の輩、二ケ国、三ケ国給はりけるに、さしもの軍忠なりける赤松入道円心には、佐用庄一所を行はれて、播磨の守護職をば幾程なくして召し返されてけり〉

公家に厚く、武家に薄い建武政権の恩賞の顕著な例として『太平記』は赤松円心（則村）を挙げる。そして、こう書き継ぐ。

〈されば、建武の乱に、俄《にわ》かに円心心替はりして、朝敵になりたりしも、この恨みとぞ聞こえし〉

鎌倉幕府に反旗を翻して後醍醐天皇に味方し、後には天皇を見限って足利尊氏に付いた武将は数多い。その先陣を切ったと言っていい武将が円心である。

「建武政権では赤松一族が浮上する余地はなく、領地も保証されない。そうした現実的な計算が円心に働き、尊氏を選ばせたのだろう」

兵庫県立歴史博物館の前田徹学芸員はそう話す。

円心が、尊氏への忠誠と巧みな交渉術を見せるのは、九州に逃れた尊氏を追討するために派遣されてきた六万の新田義貞軍を播磨に迎えた時である。

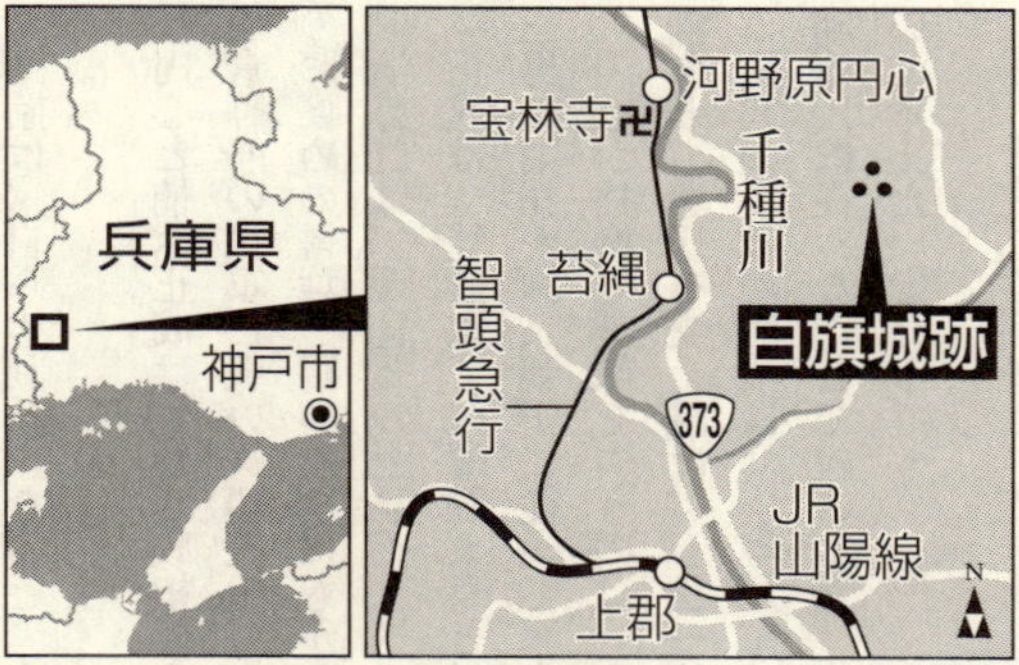

〈「恐らくは第一の忠功とこそ存ぜしに、恩賞の地、降参不義の輩よりも、なほ卑しく候ふ間、一旦の恨みによって、多日の大功を棄て候ひき」〉

義貞にそう申し送って、播磨守護職の地位を保証する綸旨《りんじ》をもらえるなら官軍に味方すると恭順の意を示した。義貞は京に使いを送り、十日余りかけてその手続きを取ったところ、円心はあざ笑った。

〈「手の裏を翻すやうなる綸旨をば、何かは用ゐ候ふべき」〉

義貞は激高し、円心の籠る白旗城（兵庫県上郡町）を自ら執拗《しつよう》に攻撃し続けた。義貞はここで、貴重な約五十日間を空費した。

「白旗城は、当時の主要ルートだった山陽道沿いにある城ではない。九州に向かう新田軍にとって、どうしても攻略しなければならない必然性はなかった」

兵庫県教委文化財課の山下史朗副課長はそう語る。

当時の円心の手勢は八百余りだった。『太平記』が記す逸話は、自らの利益になると考えて頂いた大将には、命がけで働く円心の姿を伝えている。

円心と楠木正成《まさしげ》は、建武政権樹立までは似た軌跡をたどっている。少数の兵力で決起し、鎌倉幕府の大軍と戦い、船上山《せんじょうさん》（鳥取県）から京に還幸する後醍醐天皇からは兵庫で、同様のお褒めの言葉を賜った。にもかかわらず、二人のその後を分けたものは何だったのか。前田学芸員は、天皇との距離感と見る。

「正成は、笠置山で後醍醐天皇と対面するなど、天皇と個人的なつながりがあった。円心は、三男の則祐《そくゆう》が護良《もりよし》親王に従って幕府軍と戦うなど、親王との縁がより深かった」

円心が播磨守護職を失うのは、護良親王の失脚と前後した時期だ。その後、尊氏が反旗を翻すと、尊氏を支え続け、赤松一族は室町幕府で侍所長官を担う四職《しき》の家柄となる。

建武の新政の崩壊は、いったんは後醍醐天皇に付いて鎌倉幕府を倒した武将の多くが、足利尊氏に従ったことで起こった。当時の武将らの行動や価値観から、楠木正成の「義」について考えたい。

赤松円心

鎌倉末期～南北朝時代の武将。本名は則村で、円心は出家後の法名。播磨国佐用庄

（兵庫県佐用町）を拠点に、鎌倉幕府が京都に置いた出先機関、六波羅探題の下で活動していたとされる。

元弘三（一三三三）年、護良親王の令旨に呼応して挙兵。六波羅探題を攻め落とし、建武政権で播磨守護職に任じられたが、後醍醐天皇と護良親王の対立が深まるにつれ、護良親王派と目され、播磨守護職を解任された。その後は、後醍醐天皇に背いた足利尊氏に臣従。兵庫県上郡町の宝林寺には、木像の円心坐像が伝わる。

婆娑羅《ばさら》大名　道誉の名門意識

滋賀県甲良町《こうらちょう》の勝楽寺《しょうらく》に佐々木道誉《どうよ》の墓がある。婆娑羅《ばさら》大名で知られる道誉らしく、元は立派な宝篋印塔《ほうきょういんとう》だったが、今はあちらこちらが削り取られ、往年の姿は残っていない。

「寺が織田信長の焼き打ちにあった時にも損傷したが、戦前に日本兵の宿舎になった時、兵たちに削られたと聞いています。皇国史観の時代でしたから、憎まれたのでしょう」

奥山慶道住職はそう話す。寺を守って二十五代目。寺は、道誉が四十一歳から没する七十八歳まで、暮らした館跡でもある。

「敵味方が入り乱れたようなあの乱世で、畳の上で天寿を全うしたのですから、希代の名将だと私は思います」

道誉は、出家前の名前は高氏《たかうじ》。足利高氏（後に尊氏）と同様、鎌倉幕府の十四代執権、北条高時から一字をもらった有力御家人だった。それが尊氏に呼応して六波羅探題を滅ぼして後醍醐天皇をいただき、後には尊氏とともに天皇に反旗を翻して足利幕府の重臣に名を連ねた。その生き方が戦前、不人気だったのだ。

道誉を代表格にする婆娑羅大名とは、常軌を逸した派手な風俗を好む武家のことである。

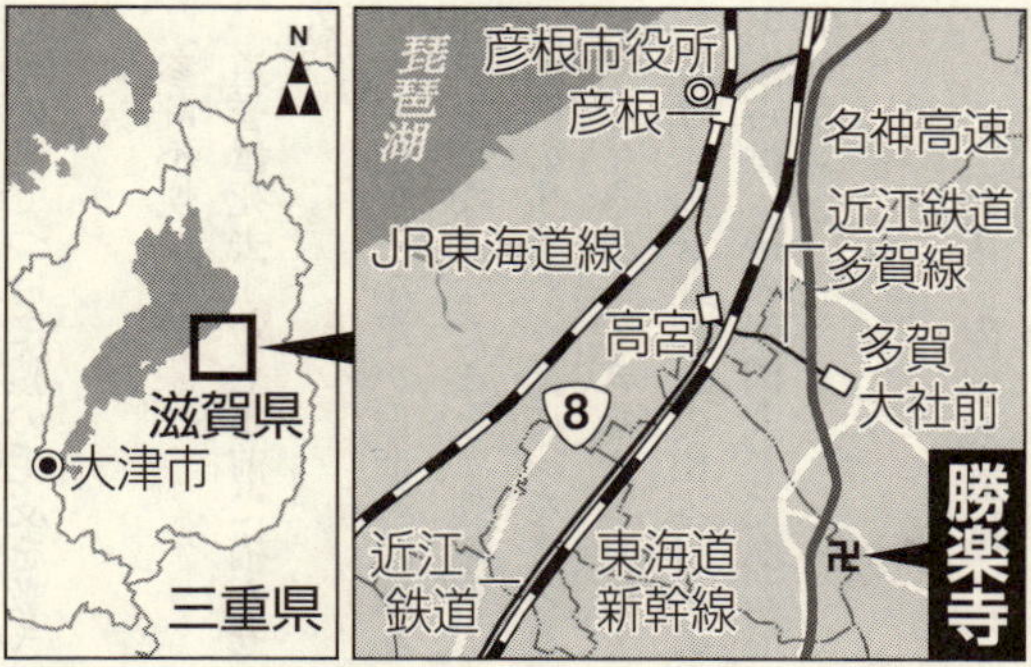

楠木正成が敗死した後、幕府を開いた尊氏の配下に流行した。単に風俗だけでなく、時の権威を否定した乱暴ぶりも歴史に刻まれている。道誉の狼藉《ろうぜき》は、「道誉妙法院御所を焼く事」として『太平記』に記されている。

道誉の一族若党《いちぞくわかとう》が紅葉狩りの帰り、妙法院の庭の紅葉の枝を折った。後伏見院の皇子である門主が見とがめ、僧兵が懲らしめたところ、報告を受けた道誉は激怒し、三百騎を率いて妙法院を焼き打ちしたという事件である。

「いかなる門主にてもおはせよ。この比《ころ》、道誉が内の者に向かって、さようの事を振る舞ふべき者は覚えぬ（いかに門主でも、道誉の身内にこのような振る舞いは許さぬ）」

軍勢を催す際の道誉の言葉が、武家の傲《おご》りを象徴している。道誉は、比叡山の強訴に渋々応じた尊氏によって上総《かずさ》へ流罪になるが、道中で酒宴に興じ、比叡山への当てつけに猿の毛皮を敷き、揚げ句は所領に舞い戻る傍若無人ぶりを書かれている。

道誉は死去する七年前に描かせた肖像画に、こうした文言で始まる讃《さん》を自ら書き残している。

〈参評不惧《おそれず》遺徳於陰〉

陰で徳を積んだから世評は恐れない、と書き出し、民を苦しめる戦をしなかったこと、学問をやめなかったこと、親孝行も忘れなかったこと、などを書きつづっている。

「名門の生まれゆえに家を守る意識が常に強かったのだと思います。それで正成のようなちずな生き方ができなかったのでしょう。道誉の婆娑羅には奥があったと私は思います」

佐々木道誉顕彰会の山本日出男会長はそう話す。道誉は京極家の中興の祖になり、その家系からは、後の戦国大名である尼子《あまご》氏や浅井長政の三人姉妹、茶々、初、お江が生まれている。

佐々木道誉

近江の地頭、京極氏の生まれで、叔父である佐々木貞宗の跡を継いで佐々木を名乗る。鎌倉幕府では検非違使《けびいし》や北条高時の御側衆《おそばしゅう》を務めた。出家して道誉と名乗ったのは高時の出家の時のこと。後醍醐天皇の隠岐配流《はいる》の際には道中警護を務めた。

足利尊氏が天皇に反旗を翻してからは一貫して尊氏を支持し、足利幕府で若狭、近江、出雲、上総、飛騨、摂津の守護を歴任。佐々木京極氏を赤松氏、一色氏、山名氏と並ぶ四職《ししき》に押し上げた。茶道や華道、能楽、連歌などに通じた教養人としても有名。

高師直《こうのもろなお》の傲りが幕府の内紛に

〈今度南方の軍《いくさ》に打ち勝つて後、いよいよ心奢《おご》り、振る舞ひ思ふやうになつて、人の譏《そし》りをも顧みず、世の嘲《あざけ》りをも知らぬ事ども多かりけり〉

『太平記』が、傲《おご》りぶりをこう書くのが足利尊氏の執事、高師直《こうのもろなお》である。皇族がかつて住んでいた建物を居宅とし、豪華な庭を整え、派手に女遊びをしていたと伝わる。

「南方の軍」とは、南朝方との戦いのことで、師直と弟の師泰《もろやす》が、楠木正成の嫡男、正行《まさつら》を破った四條畷《しじょうなわて》合戦を指す。師直は勢いに乗って南朝の拠点、奈良・吉野に押し寄せ、焼き打ちした。

「難敵である楠木正行を倒したことで、師直は知名度が上がった。四條畷合戦の前後から、師直の政治力が一気に高まった」

京都大の亀田俊和・非常勤講師はそう指摘する。それは同時に、室町幕府の内紛の兆しの始まりだった。

室町幕府の内紛は、将軍・尊氏と弟の直義《ただよし》の二頭政治が主な原因といわれる。師直は主人・尊氏派の巨頭として浮沈を繰り返す。その経緯はおおむね、次のようなものだ。

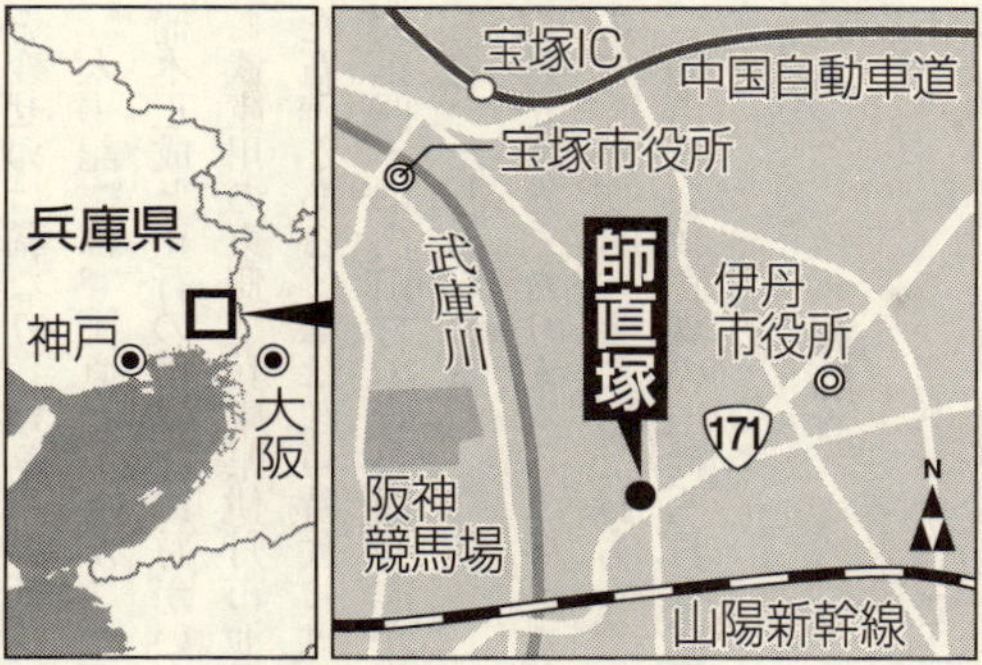

直義派の讒言《ざんげん》によって執事職を解かれ、師泰とともに直義邸を襲撃。直義を追って尊氏の屋敷も包囲し、直義を出家に追い込んだ。これによって幕政の実権を握ったが、直義の養子・直冬《ただふゆ》の討伐に出陣した際に南朝と結んだ直義に敗れ、今度は師直が出家。摂津から京への護送途中、武庫川周辺で斬殺された。

「南朝の勢力が衰退し、世の中がやっと治まりかけていた時に、幕府内の対立から尊氏、直義が戦うような結果となり、世の中が乱れてしまった」

亀田氏は、当時の時代背景をそう読み、『太平記』が師直をことさら悪く書く理由をこう推測する。

「振り返った時、誰かを悪者にしなければいけなかったのではないか。一族も殺され、子孫の勢力もない師直が、その役を担わされてしまったのではないでしょうか」

〈天下の人、五度、十度、敵に属し、御方になり、心

を変ぜぬは稀なり。ゆゑに、天下の争ひ止む時なくして、合戦の雌雄未だ決せず〉

『太平記』は、師直と一族がことごとく殺されたことを記した後、こんな評を書いている。楠木正成と正行のような武将がいなくなったことを惜しんでいるような文章である。

武庫川の東側、兵庫県伊丹市池尻の国道一七一号の側道沿いに、「師直冢（塚）」と刻まれた石碑がある。塚は江戸時代には、現在の同市山田地区の西国街道の北側にあったとみられ、大正四年に山田村の青年団有志が現在の石碑を建てたが、その後は転々とし、今の場所に落ち着いたとみられる。

「動かすとたたりがあるといった話もあり、市でも石碑が転々とした経緯を調べようとしたのですが、今のところ記録もなく、分からない」

同市社会教育課の中畔《なかぐろ》明日香課長はそう話す。

高師直

足利尊氏の側近として台頭し、建武政権では雑訴決断所の奉行人を務めた。足利尊氏が将軍宣下を受け、室町幕府を開くと、執事（後の管領）として絶大な権力をふるった。一族も繁栄を極め、侍所や恩賞方の要職、河内、和泉、伊賀、尾張、三河、越後、武蔵などの守護に任命された。

幕府を二分する戦いとなった観応《かんのう》の擾乱《じょうらん》は、師直の勢力が拡大し、政務を担っていた足利直義と対立したことが原因とされる。神仏さえ恐れない現実主義者だったといわれ、佐々木道誉《どうよ》、土岐《とき》頼遠《よりとお》とともに婆娑羅三傑に数えられる。

尊氏兄弟はなぜ対立したか

〈足利宰相尊氏、上首《じょうしゅ》十一人を越え、正三位に上がり、大納言に遷《うつ》つて、征夷大将軍に備はり給ふ。舎弟左馬頭直義《さまのかみただよし》は、五人を超越して、位従上四品《くらいじゅしょうのしほん》に叙し、官《つかさ》宰相に任じて、日本の将軍になり給ふ〉

『太平記』は、尊氏が征夷大将軍に宣下《せんげ》された時、弟の直義も要職に就いたと記す。足利軍が楠木正成を敗死に追い込んだ翌年のことだ（史実では翌々年、直義は従四位上左兵衛督《さひょうえのかみ》）。

鷹揚《おうよう》で、どちらかといえば消極的な性格の兄に対し、弟は実質的に室町幕府を打ち立てた権謀術数の人のイメージが強い。『太平記』は、その後の波乱を暗示するかのような文章も載せている。

〈兄弟一時に相並んで大樹《たいじゅ》（将軍の異称）の武将に備はる事、古今未だその例を聞かず〉

尊氏の一歳もしくは二歳下の同母弟だった直義は、政務を握っていた。例えば幕府の法令「建武式目」を実質的につくったのは直義だったとされる。

「間違いなく直義は、この時代を理解する上での重要なキーマンでした」

『足利直義』（角川選書）などの著書がある福岡大の森茂暁教授はそう話す。「一方で、自ら

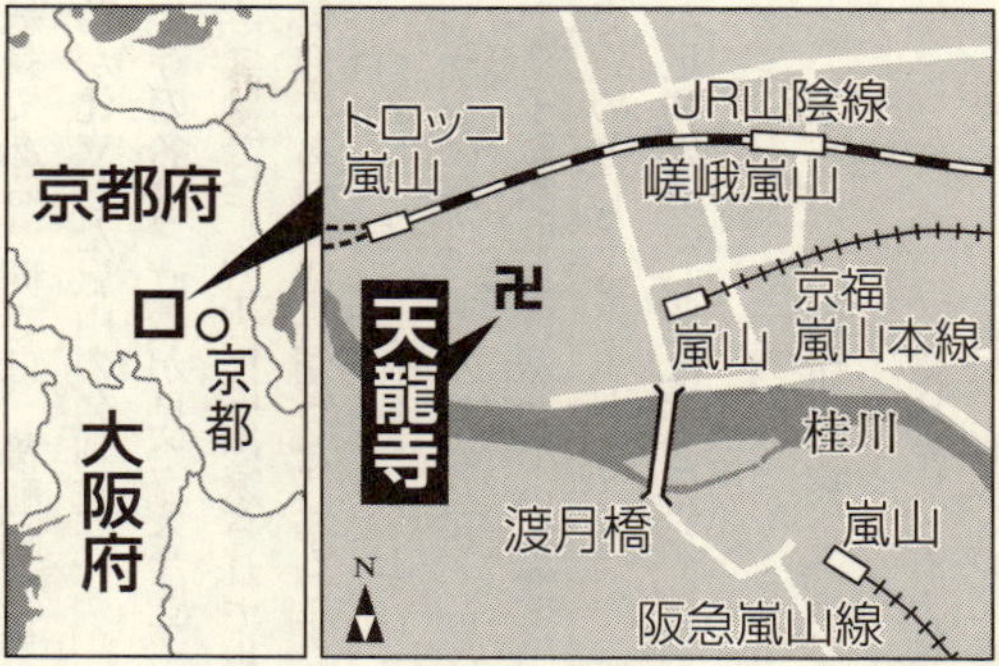

の政治に苦悩する人間臭さも持っていました」

直義が、尊氏の執事である高師直と対立したことが原因とされる「観応の擾乱」の要因の一つが、跡継ぎに恵まれなかった直義に、四十代になって嫡子・如意《にょい》王《おう》が生まれたことだったとする説もある。「契機になったと思います。自分の権力をわが子に、と考えても不思議ではない」と森教授は話す。

足かけ三年に及んだ擾乱ではまず、師直が直義派の上杉氏に討たれ、直義は尊氏の嫡子で二代将軍となる義詮《よしあきら》を補佐する立場で政権に復帰する。しかし、尊氏・義詮父子との溝が埋まらず、直義は関東で挙兵。父子の軍に攻められ、鎌倉で急死。擾乱はようやく収束する。

「頼朝、義経兄弟と重ね合わせてしまいますが、本来、兄を一所懸命助けた人だったと思います」

直義をそう評するのは京都・天龍寺の田原義宣宗務

総長である。同寺は、後醍醐天皇の冥福を祈って禅僧・夢窓疎石《むそうそせき》を開山とし、尊氏・直義兄弟が建立した嵐山の名刹《めいさつ》だ。

寺の名は、直義が見た「金龍」の夢に由来するという。

「(直義は)晩年には出家されて恵源と名乗られた。夢窓国師にも深く帰依されていました。信仰にあつい武将だったはずです」

直義は、こんな和歌を残している。

〈うきながら人のためとぞ思はずは何を世にふるなぐさめにせん〉

新千載和歌集に載っている歌は、いやいやながら政治をしているが、人のためと思うことで慰めとしよう——という意だ。後醍醐天皇に背き、楠木正成を破り、再び武家の世を開いた足利兄弟の心境は、こんなものだったかもしれない。

足利直義

鎌倉幕府の有力御家人、足利貞氏の三男で、室町幕府を開いた足利尊氏の同母弟。本来、尊氏との兄弟仲はよく、建武政権で鎌倉府の執権だった直義が、北条氏の残党による中先代の乱で窮地に陥ると、尊氏は勅許を待たずに救援に赴いている。乱の平定後、帰京しようとする尊氏を止め、追討軍との戦いをためらう尊氏に決戦を覚悟させたのも直義だった。

尊氏・義詮父子と不和になって関東で戦った際には降伏後、鎌倉で幽閉されて急死。病死とも、尊氏による毒殺とも伝えられる。墓所は鎌倉市の浄妙寺。

巧みに生きた畠山国清の最期

足利尊氏から弟の直義へ、そして再び尊氏に従って関東管領《かんれい》まで上り詰めた武将が畠山国《はたけやまくに》清《きよ》である。世渡りのうまさを実感させるのが、『太平記』が記すこの言葉だ。

〈東国の勢を引率し、京都へ罷《まか》り上り、南方へ発向し、和田、楠《くすのき》（楠木）を攻め落とし、天下を一時《いっし》に定めて、宰相中将殿の御疑ひを散じ《しず》候はばや〉

宰相中将殿とは二代将軍になったばかりの足利義詮のことで、国清は主人の鎌倉公方、足利基氏《もとうじ》に対して、兄の将軍にいち早く忠節を尽くすよう、勧めているのである。

「楠木正成同様、現状を把握する能力に優れていたが、正成と違って現実主義的な側面も強かった」

帝塚山大の花田卓司講師はそう話す。

〈神社仏閣に乱れ入って、戸帳《とちょう》を下ろし、神宝《じんぽう》を奪ひ合ふ。（中略）後は獅子、駒犬を打ち破《わ》つて薪《たきぎ》とし、仏像、経論《きょうろん》を売つて魚を買ふ。前代未聞の悪行なり〉

国清が率いる関東勢も含んだ北朝軍が、南朝の行宮《あんぐう》だった天野山金剛寺（現在の大阪府河内長野市）を襲った様子を『太平記』はこう書く。国清の働きは、寺の最高責任者である学

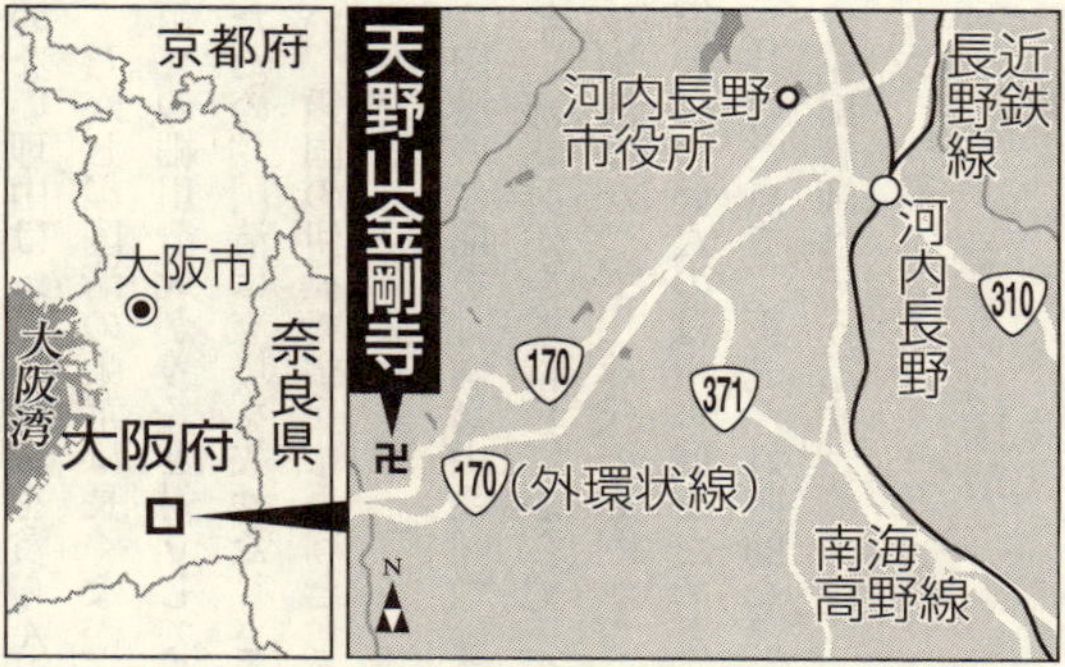

頭の禅恵《ぜんね》が書き残している。

〈足利方大将畠山（国清）乱入当寺、大門幷《ならび》諸持仏堂幷坊舎卅五宇《さんじゅうごむね》、令焼失畢〉〈恐怖無極、本願已来当山滅亡〉

寺は大門や持仏堂が焼かれ、約七十あった支院の塔《たっ》頭《ちゅう》は半分が焼失した。幸い、後村上天皇は約五キロ離れた正成ゆかりの観心寺（河内長野市）へ逃れて無事だった。

「国清には、武勲を取りたいという思いがあったのでしょう」

堀智真座主《ざす》はそう話す。河内長野市史も国清の行為を〈宣伝効果を狙って放火したものであろう〉と書いている。

〈未だ功あらざるに、忠賞の厚からん事を約し、未だ親しまざるに、交はりの久しからん事を語らふ〉

国清の武将統率術を『太平記』はそう記す。誠実さのない理由は〈私の権威を貪らんと思へる心根ありければ〉と書く。

しかし、国清の栄華は長くなかった。政敵を追い落とすために関係を深めた幕府執事（管領）の細川清氏が義詮と対立して失脚。清氏が投降した南朝方が息を吹き返して京都を奪ったため、国清は立場を失った。さらに、かつての直義派の武将らに追われて関東管領職を失い、領国の伊豆で挙兵しようとしたが、協力者がなく、降伏した。

〈康安二年於南都逝去〉

国清の最期を『両畠山系図』はそう書く。康安二年は北朝の元号で正平十七（一三六二）年。南朝討伐を進言してから約三年で、南都（奈良）で終焉を迎えたことになる。

「国清はかつて、尊氏の周囲から『尊氏にとってこれ以上ない家来』と言われた武将。一時、直義についたのは生き残るためだったのでしょう。自身や一族にとって正しいと思う選択をし続けた点で、正成と対照的な武将です」

花田講師はそう話す。

畠山国清

足利氏の支流、畠山氏出身の武将。鎌倉幕府の倒幕戦から足利尊氏に従い、観応の擾乱の際には尊氏の弟の直義側につくが、敗れた直義が南朝方に奔《はし》ると、再び尊氏に従う。

尊氏が次男の基氏を鎌倉公方に任命すると、補佐する関東管領に就任。伊豆の守護も兼ねた。正平十三（一三五八）年、新田義貞の子・義興《よしおき》を武蔵矢口の渡《わたし》（現在の東京都大田区）で謀殺することに成功し、関東で南朝軍の芽を摘む功績を挙げた。失脚以前には和泉、紀伊、河内の守護を務め、河内畠山氏の実質的な祖とされる。

第十三章

「鎌倉」から楠木一族を見る

宝戒寺の徳崇大権現堂。北条高時の木像を安置している（神奈川県鎌倉市）

甘い観測 侮っていた幕府

〈堂上堂下《とうしょうとうか》におはしける一門他家の人々、皆押膚脱《おしはだぬ》ぎ押膚脱ぎ、腹を切り、自ら頸《くび》を掻《か》き落とす人々は、誰々ぞ〉

元弘三（一三三三）年五月の鎌倉幕府の滅亡を『太平記』はそう書く。幕府の御家人だった新田義貞に攻められ、十四代執権で最後の得宗《とくそう》家当主、北条高時ら北条氏一門は、先を争うように自害した。その数八百七十三人。後を追うように鎌倉の至るところで、自ら命を絶つ住民がいたことも『太平記』は記す。

〈泉下《せんか》に恩を報ずる人々、その数を知らず。鎌倉中を数ふるに、すべて六千余人とぞ聞こえし〉

高時の最期の場所となったのは、鎌倉の東にあった北条氏の菩提寺《ぼだいじ》、東勝寺《とうしょう》。寺跡は国史跡となり、「腹切やぐら」などの名が残っている。今は、寺の北西の執権屋敷跡にある宝戒寺《ほうかい》で、高時らが自害した五月二十二日に法要が営まれ、一門の悲話を伝えている。

約百五十年間続いた鎌倉幕府の滅亡の契機になった楠木正成《まさしげ》の挙兵は元弘元年九月。場所は河内の下赤坂城だった。後醍醐天皇のお召しに応じて討幕を約してから、わずか八日後の

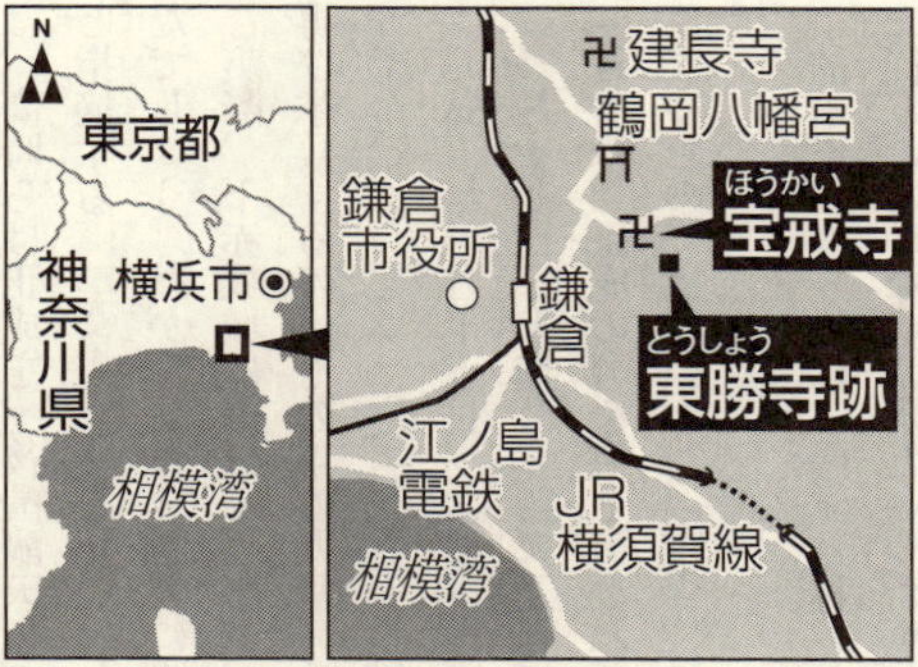

ことだ。

その時の高時らの反応は、称名寺《しょうみょう》（横浜市金沢区）に伝わる「称名寺聖教・金沢文庫文書」（国宝）で推測できる。京都・六波羅探題《ろくはらたんだい》も務めた北条一門、金沢《かねさわ》貞将《さだゆき》が僧侶に宛てたという書状にこうある。〈関東之軍勢悉《ことごと》く去十六日発向由承候《そうろう》　於今者定令追討候歟《か》〉。

元弘元年九月十六日に、幕府軍が出陣したと聞いたとし、今ごろはきっと、正成は追討されているのではないか、という文面である。帝塚山大の花田卓司講師はこう話す。

「幕府首脳は、鎌倉から大軍を送りさえすればどうにかなると油断していたことが読み取れる。（六波羅ではなく鎌倉からの）大軍派遣は、正成の実力を評価したともいえるが、全体としては甘い観測をしていたのだろう」

『鎌倉幕府の滅亡』の著者、細川重男・国学院大講師

は、高時らは正成を、後醍醐天皇のもとで抵抗している武士としてしか認識していなかったと指摘する。「天皇とともに抵抗している敵、悪党（反権力）の一人という程度の認識だったでしょう。だから天皇を隠岐に流した時点で（反乱は）終わりだと思った」。

実際、下赤坂城は七日で陥落し、元弘二年三月、天皇は隠岐に流された。正成が千早城で再び挙兵するのはその年の九月。千早城の攻防戦は翌年二月に始まるが、江戸時代の歴史書『続史愚抄《ぞくしぐしょう》』にはこんな記述がある。

〈元弘三年一月十五日、六波羅大軍、和泉堺にて大楠公に破れる〉

〈一月十七日　大楠公、四天王寺に陣す。六波羅之を攻めて敗れる〉

「幕府は、正成の力を侮《あなど》り、ひねりつぶせると思っていたが、次第にしぶとさを感じるようになったのではないか」。細川氏はそう話す。

楠木正成は一般に、悪党と称されてきた。幕府御家人のような正統派武士ではなく、権力に従うことのない武士といった意味である。その正成が後醍醐天皇についたことが、足利尊氏や義貞の寝返りを生んだ。正成の何が、鎌倉武士たちの心を揺るがせたのか。

鎌倉幕府

十二世紀末、平氏を倒した源頼朝が鎌倉（現在の神奈川県鎌倉市）に開いた国内初の武家政権。中央に侍所《さむらいどころ》、政所《まんどころ》、問注所、地方には守護・地頭を置くなどして統治した。

「御恩と奉公」という主従関係による御家人制度に支えられていた。源氏の将軍は三代で滅び、その後は執権となった北条氏が実権を握った。

鎌倉には武家に崇拝された鶴岡八幡宮のほか、建長寺《けんちょうじ》や円覚寺《えんがくじ》など多くの寺院が建立された。北条氏最後の得宗、高時が自害した東勝寺は、三代執権・泰時が氏寺として建てた。

異端の御家人 挙兵「やっかいだ」

〈「楠兵衛《ひょうえ》正成と云ふ者、御所方《ごしょがた》になつて旗を挙ぐる間、近辺の者ども、志あるは同心し、志なきは東西に逃げ隠る。（中略）御退治延引《えんいん》せば、事難儀《なんぎ》に及び候ひなん」〉

楠木正成の挙兵を鎌倉幕府に告げる急使の口上を、『太平記』はそう描く。「退治が長引けば、事はやっかいだ」と告げる急使は何度も送られたらしい。

〈六波羅の北方駿河守《きたのかたするがのかみ》、安き心もなかりければ、日々に早馬《はやうま》を打たせて、東国《とうごく》の勢をぞ召されける〉

六波羅とは六波羅探題のことで、鎌倉幕府が京都守護に代わって都に置いた治安機関。北と南があり、それぞれ北条一族がその職に就いていた。北方駿河守は当時の北探題。当初は北条範貞《のりさだ》、次に仲時《なかとき》であった。

正成の挙兵が幕府に大きな衝撃を与えた記述には近年、ある背景があった可能性が指摘されている。河内の土豪とされてきた楠木氏が元は、鎌倉幕府の御家人か北条得宗《とくそう》家の被官で、駿河国入江荘楠木村（現在の静岡市清水区入江）の出身という説である。

「楠木氏は、東国から畿内河内に進駐した鎌倉の軍事力だった」

そう指摘するのは『楠木正成』の著書がある独協大の新井孝重教授だ。新井氏は、江戸時代の儒学者、林道春《どうしゅん》（羅山《らざん》）の著書『鎌倉将軍家譜』に着目した。元亨《げんこう》二（一三二二）年のこととしてこんな記述がある。

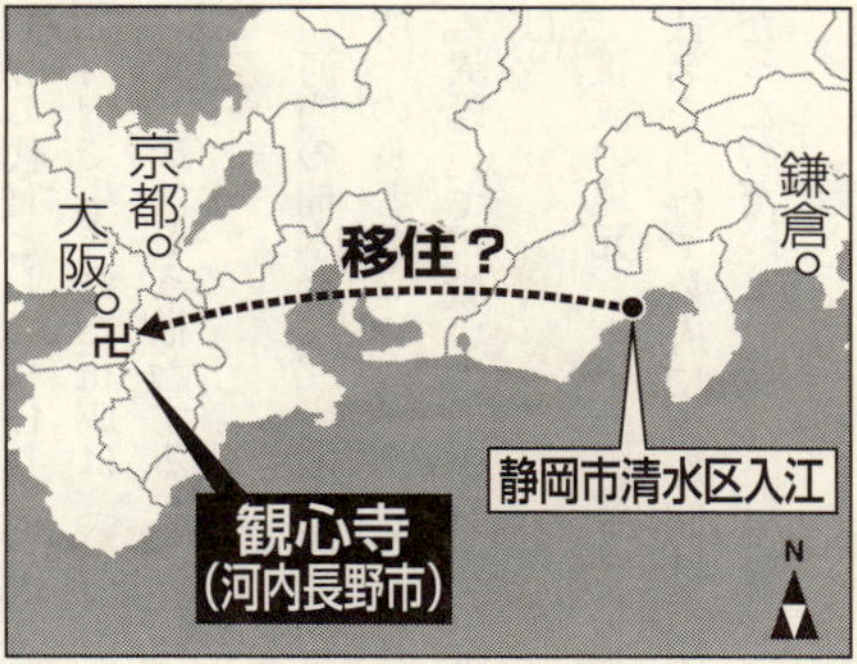

〈摂津国の渡辺右衛門尉《わたなべうえもんのじょう》が野心を挟《さしはさ》む、高時は河内国住人楠正成をしてこれを撃ち平らげしむ〉

〈紀伊国安田（保田）庄司が逆心《ぎゃくしん》をもち、正成がこれを撃殺《げきさつ》す。安田の旧領を正成にたまう〉

高時とは鎌倉幕府の執権、北条高時で、執権が正成に命じて、大阪や和歌山の抵抗勢力を討たせ、恩賞を与えたというのである。この記述に従えば、正成は二十代後半ごろまで、執権の命に従う幕府方の武士だったことになる。

「兵衛《ひょうえ》」という官職を持っていたことも、御家人の出自なら説明がつく。また『吾妻鏡《あづまかがみ》』は、幕府の初代将軍、源頼朝が右大将拝官で上洛した際、供の中に楠木四郎という名を記している。少なくとも鎌倉の御家人に楠木氏はいたのだ。そして正成の祖父か父の代に観心寺の代官として移住したと考えられる。

「河内で生まれた正成は（幕府の一員として）合戦の名人として名をはせたのではないか」

新井氏はそう推論する。

河内の楠木氏は、土地を基盤とする御家人の枠をはみ出し、交通や商業を取り仕切る「散《さん》所《じょ》」の長者となった。情報戦に長《た》け、機動性のある武士団を持つに至った。

「異《い》端《たん》児《じ》で、戦い方も考え方も従来の武士像とはかけ離れていたからこそ恐れられたのでは」

正成の地元、千《ち》早《はや》赤《あか》阪《さか》村《むら》教育課の吉光貴裕氏はそう話す。御家人の一族が河内で財を蓄え、武名を上げて幕府に刃《やいば》を向けた。正成の登場は、鎌倉武家社会の屋台骨を揺るがす出来事だったのだ。

楠木氏の河内移住説

論拠の一つは、地盤である大阪・河内に楠木という地名がないこと。一方で、鎌倉幕府が正応六（一二九三）年、荘園の入江荘のうち長崎郷の一部と楠木村を鶴岡八幡宮に寄進した記録が残る。

さらに弘安八（一二八五）年、河内・観心寺荘の支配者だった安達氏が得宗被官の長崎氏に滅ぼされ（霜月騒動）、河内の観心寺荘は得宗家の領地となったとみられる。入江荘も得宗家の所領で、新たに得宗家の支配地になった観心寺荘へ、得宗被官だった楠木氏が代官として入ったのではないかと考えられる。

尊氏は最後まで理解者だった

りける〉

〈まことに賢才武略の勇士とも、かやうな者を申すべきとて、敵も味方も惜しまぬ人ぞなか

湊川の戦いで敗死した楠木正成について、足利尊氏が政権を握るまでの歴史を記した『梅松論《ばいしょうろん》』はそう書く。長い歴史の中で増補を重ねた『太平記』にも興味深い記述がある。

〈其後《そののち》尊氏卿楠（楠木）ガ首ヲ召《めさ》レテ、「朝家（朝廷）私日久相馴《ひさしくあいなれ》シ舊好《きゅうこう》ノ程モ不便《ふびん》也（後略）」〉（日本古典文学大系35、昭和三十六年初版、岩波書店）

尊氏は、京・六条河原でさらされた正成の首と対面した時、「公私ともに旧《ふる》いなじみだから気の毒だ」と語ったというのだ。

正成の首は河内の嫡男・正行《まさつら》ら家族のもとへ返される。

「正成から見て『敵方』の歴史書でさえ高く、正成を評価しているのは特筆すべきことです」

尊氏に関する著書もある栃木県立博物館の江田郁夫学芸部長はそう話す。敗将の首をわざわざ返したことも異例のことだと指摘する。

「立場は違ってしまったが、尊氏と正成は互いに、よき理解者だったのだと思います」

栃木県足利市。人口約十五万人の同市は、足利氏の起源となった「足利荘《あしかがのしょう》」のあった地である。

市の中心部には足利二代・義兼《よしかね》が建久七（一一九六）年に開いた鑁阿寺《ばんなじ》がある。山門へ向かう参道沿いには、束帯《そくたい》姿の尊氏像（像本体の高さ二・四メートル）が立つ。平成二年、当時の「ふるさと創生事業」で建立されたものだ。

この市で尊氏は、三大偉人に数えられるが、昭和十年ごろから終戦まで、後醍醐天皇に背いた逆臣の街と見られたこともあった。

「旧日本軍で、足利ではなく隣の（栃木県）佐野の出身というのに、『足利に近い』だけで上官に殴られた人もいたそうです」

郷土史を研究する「足利史探会」の鈴木庸弘《つねひろ》理事はそう話す。

〈従四位下《じゅしいのげ》、鎮守府将軍・左兵衛督《さひょうえのかみ》〉

建武の新政で尊氏が恩賞として与えられた官位官職

である。いち早く後醍醐天皇の味方になり、討幕の原動力になった正成が四ランク下の従五位下、検非違使《けびいし》だったことと比較すれば、尊氏がいかに天皇に重視されていたかがわかる。源氏の嫡流・尊氏と河内の土豪・正成はやがて、逆臣と忠臣として袂《たもと》を分かつ。

「それでも二人には共通点がある」と話すのは同会の菊地卓会長だ。

「尊氏は正成と同じように、幕府の力が弱まったことを見抜いていた。『機を見るに敏』な部分や実行する勇気という点で、互いに高く評価していたと思う」

江田氏は、尊氏の心理をこう推測する。

「尊氏が目指したのは、武家による政治システムの構築。鎌倉幕府の再現と言ってもいいが、正成が目標とする『天皇の下で武士が政治を担う体制』も理解していた。だからこそ、正成を否定していないのです」

「逆臣・尊氏」の歴史

現代史で、尊氏を逆臣として決定づけたのは昭和九（一九三四）年の中島久万吉《くまきち》商工相の辞任といわれる。中島氏の「尊氏をたたえる論文」が雑誌に掲載されたところ、貴族院議員らが国会で追及。中島氏は辞任に追い込まれた。この年は、建武の新政からちょうど六百年に当たっていた。

一方、昭和三年刊行の『足利市史　上巻』は尊氏を絶賛。当時の編集長は「尊氏博士」とも呼ばれた教育者・西村辰次郎氏で、〈（源）頼朝・尊氏・（徳川）家康の三人は、国史上に於て、武家政治を布《し》ける三大偉人なり〉と記している。

源氏名門の新田義貞も憧れた

〈上野国《こうずけのくに》の住人新田《にった》小太郎《こたろう》義貞《よしさだ》と申すは（中略）関東の催促に随《したが》って、金剛山の搦手《からめて》にぞ向かはれける〉。新田義貞登場の場面を『太平記』はこう描く。元弘三（一三三三）年の初め、鎌倉幕府軍の一員として、楠木正成がこもる千早城を包囲したのだ。しかし、陣中で後醍醐天皇の討幕の密書を賜《たまわ》ると、病と偽り上野（群馬）に帰る。

「義貞には、源氏の名門・新田を冷遇する幕府に不満がありました。正成の奮闘を目の当たりにし、討幕へ大きく傾いたのでしょう」

群馬県太田市にある新田荘歴史資料館の須永光一参事はそう話す。帰郷後、幕府は「正成追討」のために莫大な税を課した。怒った義貞は、弟の脇屋義助《わきやよしすけ》らと同年五月八日に挙兵。半月後には鎌倉幕府を滅ぼし、南北朝動乱の表舞台へと一気に駆け上がった。

天皇方の有力武将として義貞と正成は、足利尊氏の離反後もともに戦場を往来した。源氏の名流・義貞が河内の土豪・正成をどう見ていたか。雄弁にもの語るのは、湊川の戦い前夜の会話である。

〈「尊氏卿を九州へ退けられし事、聖運とは申しながら、ひとへに御計略の武徳に依《よ》りし事

にて候はずや」〉

正成は、尊氏に後れを取ることが多かった義貞にそう言った。尊氏勢をいったん九州に追い落とした武略を褒《ほ》めたのである。

〈「御沙汰《ごさた》の次第、一々その道に当たってこそ存じ候へ」〉

指揮がすべて、合戦の道理にかなっていると言われた義貞の様子を『太平記』はこう書く。

〈誠に顔色《がんしょく》解けて、終夜《よもすがら》の閑《かん》談《だん》怠りなし。（中略）その夜は、数盃《すはい》の興《きょう》にぞ明かされける〉

鎌倉武士の本流ともいえる義貞が、正成の評価をこうまで喜んだ理由を、兵庫教育大の得能弘一《とくのうこういち》・非常勤講師はこう語る。

「元寇で見知らぬ敵と戦ったように、幕府政治が安定して以降は西国武士の方が、鎌倉

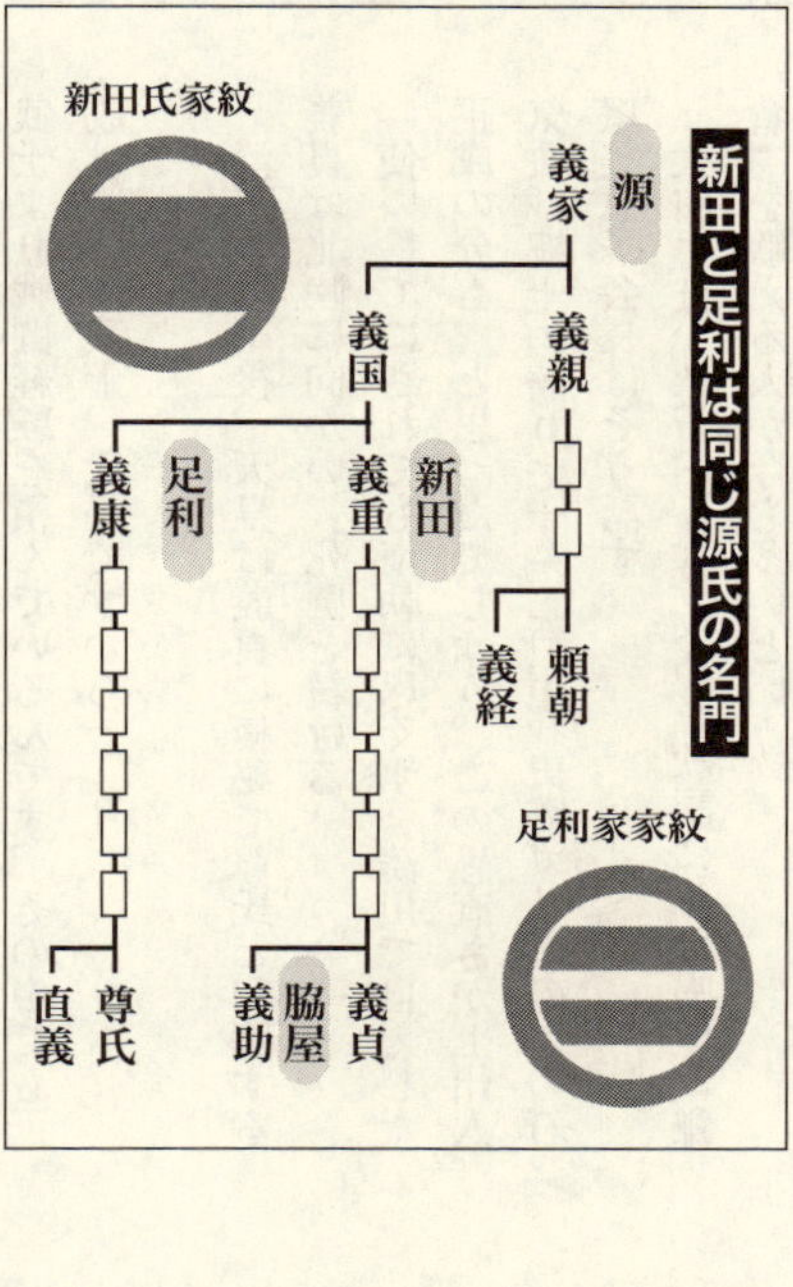

新田と足利は同じ源氏の名門

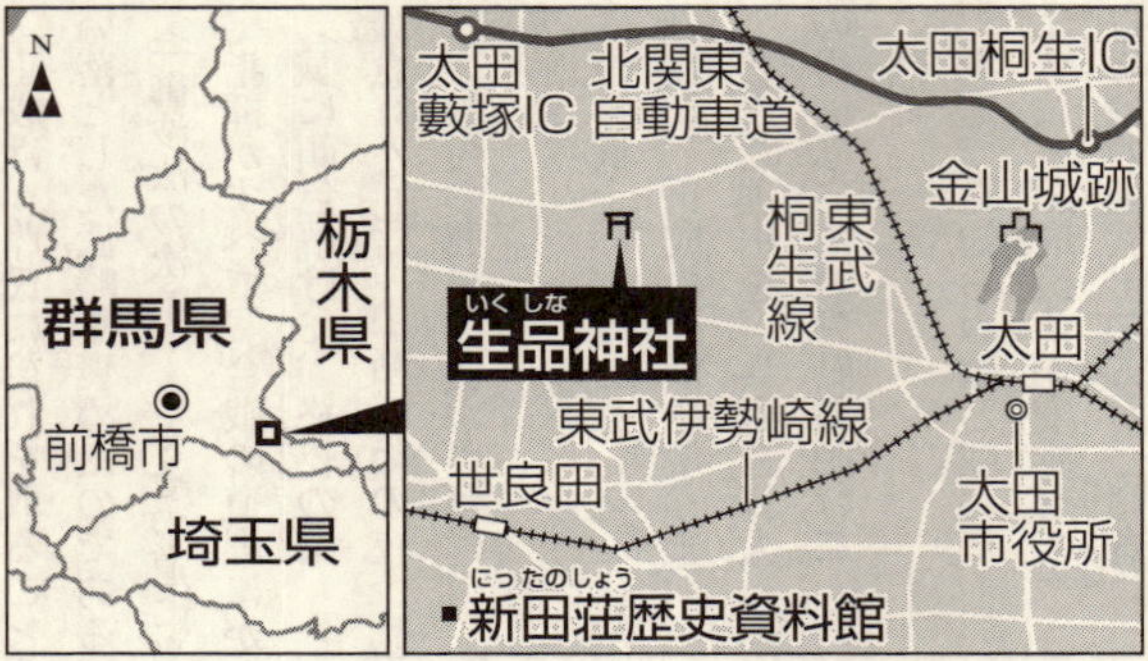

武士より戦闘経験を積んでいるんです。その中でも正成は歴戦の武士、武将ですから」

湊川の敗戦後、天皇は義貞に極秘で尊氏と和睦する。義貞は北陸に向かい、死闘を続ける。

「使い捨てにされても南朝に尽くす。湊川で自刃した正成の分も、と思ったでしょう。この愚直さが上州人気質。郷土の誇りです」。新田荘史跡ガイドの会の石塚美恵子会長はそう話す。

太田では、義貞の鎌倉攻めを歌詞にした唱歌『鎌倉』を歌える人が今も多いという。

挙兵から五年。再び故郷の土を踏むことなく福井で自害した義貞の懐には、後醍醐天皇の親書があった。天皇は崩御の際、「義貞・義助兄弟をたたえよ」と言い残したと『太平記』は伝える。

〈中世武士道の典型ともいえる武骨で純粋な坂東武者。その性格を海千山千の後醍醐天皇に利用された〉。小説『新田義貞』を書いた作家、新田次郎氏の義貞評である。

生品《いくしな》神社

群馬県太田市の古社。この地で新田義貞が百五十騎で挙兵したとされる。その五月八日には毎年、鏑矢祭《かぶらやさい》が行われ、地元の小六男児が義貞に倣《なら》い、鎌倉に向けて矢を放つ。氏子総代会の峯崎重樹会長によると、現在、北海道日本ハムに在籍する斎藤佑樹投手も参加したという。境内は建武の新政六百年の昭和九年、楠木正成の赤坂城址や千早城址とともに、国史跡に指定された。

新田次郎氏は中央気象台（現在の気象庁）職員時代、雷雨観測のため、ここの社務所に滞在。この時の見聞を基に産経新聞に『新田義貞』を連載した。

室町二代将軍は正行を羨んだ

〈左馬頭直義《さまのかみただよし》の兵ども、菊水の旗に見会ふを幸ひの敵と思ひければ〉

湊川の戦いで、楠木正成の陣を見つけた足利尊氏の軍勢の様子を『太平記』はそう書く。左馬頭直義とは尊氏の弟で、後に室町幕府で政務を執る要人である。この戦では、海路を行く尊氏の副将として、陸路を東に進んでいた。

「千早城以来、正成の武勇は鳴り響いていた。これを討ち取れば官軍に大打撃を与えられる。直義が、楠木の家紋である菊水の旗を見て、よき敵と喜んだのは当然のことでしょう」

兵庫教育大の得能弘一・非常勤講師はそう話す。しかし、結果は散々だった。

〈左馬頭五十万騎、正成が七百余騎に懸け散らされて、須磨の上野に引き退く〉

途中、直義は楠木勢に討たれそうになった。薬師寺十郎次郎という味方がただ一騎駆け寄って獅子奮迅の働きをし、その間に直義は替え馬を得て落ちのびた。

「湊川の前に足利勢は、畿内で正成らに連敗し、九州に逃れていたのだから、直義は、小勢でも楠木勢を侮《あなど》っていなかったと思う。にもかかわらずこの結果は、正成が決死の戦いを挑んでいたからでしょう」

京都市右京区の宝篋《ほうきょう》院。室町二代将軍・義詮《よしあきら》の菩提寺である寺の境内には、義詮の墓に並んで正成の嫡男・正行の墓がある。貞治《じょうじ》五（一三六六）年、三十八歳で亡くなった義詮が、自分のそばに正行を葬るように遺言したからだ。正行は十九年前、四條畷《しじょうなわて》で室町幕府の大軍と戦って、敗死していた。享年二十三。義詮とほぼ同世代である。

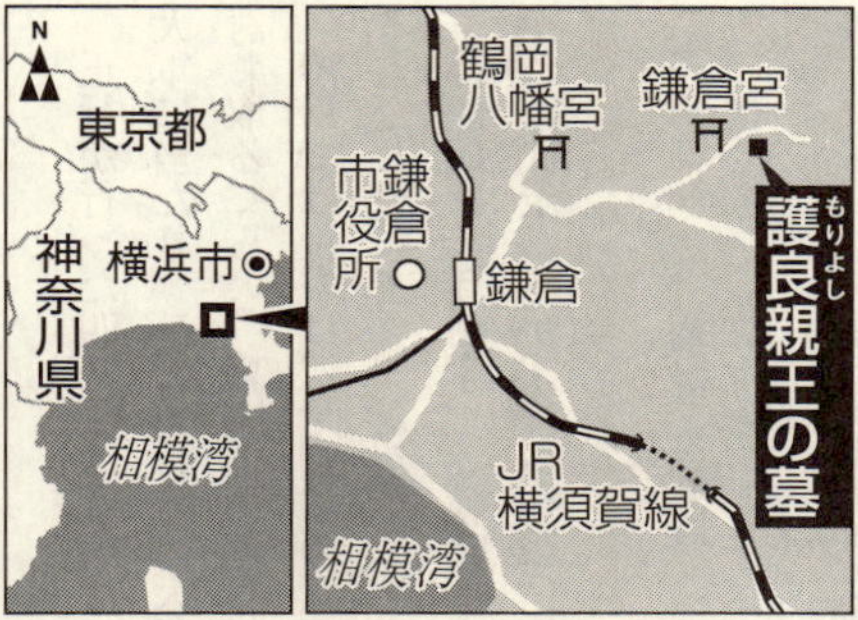

「ともに偉大な父を持つ二代目として、背負っている宿命に同情する気持ちもあっただろうが、正行は父の命に従って戦うという武士としての美学を貫いた。そこへの羨望《せんぼう》もあったと思います」

作家の童門冬二氏はそう話す。童門氏は、義詮の不幸・不満の原因は父の尊氏が幕府を京に開いたことだと指摘する。

「都のど真ん中に花の御所を置いたので、室町幕府は常に京の慣習や圧力を意識して、官僚主義的な政権になった。義詮は、その鋳型に自分をはめこもうと努力せざるを得なかった武士ですね」

本来は鎌倉武士である足利家が公家に近づき、河内の正行の方が武士らしく生きた、と義詮には見えたのである。

正行が行った四條畷の戦いは、湊川の戦いの再現といわれる。山と海が迫る狭路で小勢で大軍に当たり、ひたすら敵の大将を狙ったからである。正行は、敵将・高師直《こうのもろなお》の身代わりを討ち取るぐらい、幕府軍を苦しめた。

「湊川では正成は、足利家の強硬派、直義さえ討ち取れば、尊氏は後醍醐天皇と和睦すると考えたと思います。だからこそ小勢で突撃を繰り返す戦をした」

得能氏はそう話す。大戦略を立て、それに従って命を惜しまず奮戦する。その戦ぶりに惹《ひ》かれた武士たちが、後の楠公信仰を生む土壌をつくったのである。

直義と義詮

義詮は幼名・千寿丸。父の足利尊氏が鎌倉幕府に反旗を翻したとき、家臣に連れられて新田義貞の鎌倉攻めに参加。戦後、父の名代として武士らに軍忠状を与えたことが、足利家が武家の棟梁《とうりょう》になる下地をつくったといわれる。

建武の新政では、叔父の直義とともに鎌倉で関東を治め、後の鎌倉府の基礎を築いた。直義はその後、足利家の執事、高師直と対立し、直義が失脚すると、義詮は京に呼び戻されて幕政を任された。直義が南朝方に降伏して勢いを盛り返してからは、義詮は父とともに叔父と戦うことになる。

第十四章

父子を育てた河内の風土

多聞丸が通ったと伝承される矢伏観音。弾よけのご利益があると、戦中は信仰された（大阪府河内長野市）

名将育てた「山国」の団結心

昭和十九年生まれ。楠木氏の菩提寺《ぼだいじ》、中院のある観心寺（大阪府河内長野市）の前住職、永島龍弘長老には、記憶に残る元陸軍将校がいる。田坂八十八《やそはち》大佐。昭和十六年から十八年まで、大阪陸軍幼年学校（南河内郡千代田村、現在の河内長野市）の校長を務めた人である。「終戦後、九十歳近くで亡くなるまで毎日、清掃奉仕に寺に来られた。戦争で多くの若者を死なせた者として、せめてもの弔いの気持ちだと言われて」

寺には他にも、戦地から復員して大阪市内などで働き始めた大人が、少なからずやって来た。土曜日など仕事を終えても帰宅せず、寺でおしゃべりを楽しむのである。「戦争の話がほとんどでした。でも、南方で椰子《やし》の実を採った話とかで、不思議と悲惨な話は出なかった。政治の話もなかったですね。田舎のおじさんという雰囲気の大人ばかりでした」

こうした人たちが鎌倉時代末期、楠木正成《まさしげ》の軍勢を構成していたのだろうと永島長老は推測する。純朴でいちず。信頼した人にはとことんついて行く土地柄が、千早城での百日に及ぶ籠城《ろうじょう》戦や、劣勢だった湊川の戦いで、大将の正成を支えたと言うのである。

「正成の出身地である南河内は河内だが、今東光《こんとうこう》さんが『悪名《あくみょう》』などで描いた中河内などとは少し気風が違う。山国で人の往来が少なく、農耕民族の縮図のような土地で、穏やかな人が多い。そこで利水管理などで善政を敷いていた正成は、大変なカリスマだったと思います」

正成は、金剛山や葛城山《かつらぎさん》のふもとで一層山深い現在の千早赤阪村《ちはやあかさかむら》が出生地。にもかかわらず、後醍醐天皇のお召しに応じ、幕府に反旗を翻して尊王の志を貫いた。永島長老はその理由に、正成が観心寺で師事した僧の龍覚《りゅうかく》と、兵学を学んだ大江時親《ときちか》の存在を挙げる。

正成を八歳から十五歳まで教えた龍覚は、鎌倉幕府の侍所初代別当（長官）、和田義盛の子孫と伝わる。義盛は幕府創業の功臣だが、源頼朝亡き後、執権・北条義時との権力闘争に敗れて敗死し、一族も滅んだ武将である。時親は、幕府の政所初代別当、大江広元の子孫。正成が師事した当時、六波羅《ろくはら》探題《たんだい》の評定衆《ひょうじょうしゅう》だったが、功臣の家としては閑職といっていい。それほど北条氏主流による得宗専制《とくそうせんせい》が進んでいたのである。

「この二人の影響で正成には、時代を見る目が養われたのだと思います。当時の武士はせいぜい、一族のことを考える視野しか持たないが、正成は国を考えるほど視野を広げた。山国でこういう人物が育ったことは、奇跡的で痛快なことだと思います」

正成を地域の指導者として仰ぐ心は、昭和九年に同寺境内に建立された楠木正成像に表れている。当時の南河内郡内の小学生が、一銭ずつ持ち寄って建立費用にした。戦争中に供出されて無くなったが、昭和四十九年に地元の有志でつくる楠公会が再建した。

「地域が一丸となって、正成の心を残したいと考えた。この団結心が名将・正成を育てたのではないでしょうか」

楠木正成の拠点は河内。中でも出生地の南河内は金剛山や葛城山のふもとで、山国といっていい。そこで暮らす人々の声から、義の人・正成が生まれた理由を考察したい。

得宗専制

得宗とは鎌倉幕府で執権を務める北条氏の総領家のこと。三代将軍・源実朝が暗殺されて源氏の嫡流《ちゃくりゅう》が途絶えた後、幕府は有力御家人の合議機関である評定衆が主宰者になり、執権の北条氏は評定衆の長にすぎなかった。しかし、歴代執権が敵対する有力御家人を次々に滅ぼし、評定衆をはじめ引付衆《ひきつけしゅう》、六波羅探題、諸国守護など幕府の要職を独占していった。この様子を得宗専制と呼ぶ。

鎌倉幕府の歴史を三期に分けると、源氏将軍、執権政治、得宗専制になり、楠木正成らに倒された幕府は得宗専制幕府だった。

「情け深さ」郷土に根付く

「人の世界と仏の世界の間にある場所。神仏の世界に入るための入り口。つまり聖域への入り口だったと思う」

楠木正成を生んだ南河内について、大阪府河内長野市の和田栄教育長はそう語る。楠木氏の菩提寺、中院がある観心寺は、修験道の開祖・役小角《えんのおづの》が起源をつくったと伝わる。弘法大師・空海は境内に「北斗七星の力」を呼んだとされる。同寺から山を越えて南に進めば、高野山（和歌山県）に着く。「聖域への入り口」とは、そうした立地や歴史を踏まえた指摘である。

「正成の生き方を反骨精神と表現する見方もある。しかし、正成の生涯は反骨という言葉だけで収まるものではない。正成が従ったのは、もっと大きな『目に見えないもの』だったのではないでしょうか」

和田家は、正成の大叔父から分かれた家の末裔《まつえい》とされる。「聖域への入り口」で続く家の当主として、和田氏はそう推察する。

「現在的な視点から見て地域の結束力があるが、だからといって、『よそ者』を嫌う風土ではない」

正成の出生地がある千早赤阪村で約十年間、文化財担当の学芸員を務めた阪南大の和泉大樹准教授はそう話す。和泉氏が指摘する開放性は、正成が建てたとされる五輪塔「寄手塚《よせて》」「身方塚《みかた》」にも見られる。千早城の戦いでの戦死者を弔うために建立したものだが、敵側の寄手塚が大きく築かれている。

二つの塔は、江戸時代の観光ガイドブックともいえる『河内鑑名所記《かがみ》』（延宝七、一六七九年）には載っていなかった。しかし、享和元（一八〇一）年に出た『河内名所図会《ずえ》』には解説入りで掲載されている。二冊の間にあるのは元禄時代だ。

「（元禄時代の根幹を成した）義理人情の文化と正成の生き方がマッチしたのでしょう。正成は後世、地域への愛着を深める素材の一つとして機能した」

ただ戦いが強いだけでなく、敵にも情け深かった人柄が全国的に評価されたことで、南河内の郷土愛が深まり、正成を育てた地域性に磨きがかかったのではないか、という見方である。

〈智仁勇の三徳を兼ねて、死を善道《ぜんどう》に守り、功を天朝に播《ほどこ》す事は、古《いにし》へより今に至るまで、正成程《ほど》の者は未だあらず〉

『太平記』は、湊川の戦いで敗死した正成をそう評する。中国の古書『中庸』が「天下の達徳」とする「智仁勇」があり、『論語』が説く「命がけで善い道を守る」を行った人として、最大限の賛辞を贈っている。しかし、千早赤阪村の松本昌親《まさちか》村長は、そうした堅苦しい評価では正成を見ない。

「村では『楠公さん』とも言わない。『楠公はん』です。何かのために、未知の世界にでも飛び出して貢献する。楠公はんのおかげか、そんな人間を生む風土は今も残っています」

現在の人口五千人余りの同村は、経済協力開発機構（ＯＥＣＤ）事務次長や国連事務次長を歴任した赤阪清隆フォーリン・プレスセンター理事長らを輩出している。

河内音頭の正成

〈♪そびえて高き金剛山よ　建武の昔　大楠公　その名も　楠（木）正成公　今に伝えた民謡　河内音頭と申します　聞いておくれよ　荷物にゃならぬ……〉

楠木正成を誇る地元の気持ちは、河内音頭の歌詞に盛り込まれていることでもわかる。

河内音頭は江戸期から歌われていた音頭、民謡、浄瑠璃、祭文などが長い時間をかけて混ざり合い、改良されながら成立したといわれる。近年は盆踊り歌として歌われることが多いが、本来は鎮魂歌で、仏教とは縁が深い。

観音が伝える正成の合理主義

〈夏も何時しか去って羊腸《ようちょう》を画《えが》く楠公道路の萩も次第に紅に染まって行く朝は、非常に涼しくて何とも言えない清らかな気持ちである〉

〈新緑滴《したた》るが如きあの千早神社の前で行われる大楠公祭も間もない事ですね〉

大阪府河内長野市議会の木ノ本寛議長の手元には、昭和十九年に戦死した次兄・豊氏の遺稿やはがきが残っている。文章の多くには、楠木正成にまつわる場所や催事が書きつづられている。

「子供のころから楠公さんが、日々の生活の中に溶け込んでいたのでしょう。それは昭和二十年生まれの私も同じです」

豊氏は大正十四年生まれ。十七歳で陸軍少年飛行兵を志願し、昭和十九年、フィリピン沖で戦死した。二十歳。陸軍伍長だった。

「小、中学校の校章は菊水、親は小学校、青年学校の教諭で、小さいころから楠公に学べと、尽忠報恩《じんちゅうほうおん》が身に染みて育った。そんな兄が誇りですし、心から尊敬しています」

河内長野市加賀田の矢伏《やぶせ》観音。道路横の小さな丘の上に立つ祠《ほこら》には、正成が多聞《たもん》丸と名乗っていた少年期、兵学の師の大江時親の元に通う際に必ず立ち寄ったという伝承が残る。本尊は石像十一面観音。それが矢伏観音と呼ばれるのは、次のような言い伝えがあるからだ。

当時、楠木氏と敵対していた八尾氏が、多聞丸の成長後を危ぶみ、刺客を放った。刺客は、多聞丸が必ず祠に立ち寄ることを知り、お参りする多聞丸に矢を放った。すると、一陣の風で祠の扉が開き、矢を落とし、多聞丸は難を逃れた――。

八尾氏は、延慶二（一三〇九）年から正和五（一三一六）年にかけて、正成が再三戦う八尾顕幸の家である。顕幸はその後、正成にくだり、「楠氏八臣」の一人になった。

「戦前戦中、地元の人は赤紙で召集されると、必ずここにお参りしてから出征した。弾よけになると信仰されていたんですね」

河内長野市郷土研究会の椋本進会長はそう話す。楠公精神といえば玉砕精神と考えられがちだが、地元の人は、正成は決して無駄死にしない合理主義者だと知っていたことを示すのが矢伏観音への信仰なのである。

〈何処に行くも大楠公を忘れてはならぬ、肚《はら》の人物とならん事を切に望む〉

戦死した豊氏は、飛行学校の同期生との寄せ書きにそう書いている。いよいよ日本を離れ、戦地に赴く時の心境である。

「その気持ちは、公に尽くすという一心だったと思います。戦時ですから、それは国を守ることになる。死ぬ覚悟はあったでしょうが、楠公精神とはあくまでも公に尽くすことだと考えていたと思います」

木ノ本氏はそう話す。木ノ本氏の長兄と三兄も陸軍大尉や海軍予科練生として軍役に就いたが、戦死することなく終戦を迎えた。

「地元で生き続けた正しい楠公精神を今、広く知ってもらいたいと思います」

楠公祭

楠木正成が湊川の戦いで敗れて自刃した延元元（一三三六）年五月二十五日にちなみ、毎年五月二十四～二十六日に行われる祭り。もともとは正成を祭るために明治五年に創建された湊川神社の祭りだったが、全国の正成ゆかりの土地や人々にも広がった。

同神社では明治七年に神輿《みこし》渡御《とぎょ》が行われ、正成を大将とする騎馬武者が供奉《ぐぶ》した。これが楠公武者行列の始まりとなり、隠岐から京に還幸する後醍醐天皇を先導する正成の晴れやかな姿を再現するものとなった。現在は五年に一度行われている。

女性の心支えた「みおやさま」

「みおやさま」

河内では、楠木正成の妻で嫡男・正行《まさつら》の母、久子（名前は諸説あり）はこう呼ばれ、慕われたそうだ。

「曽祖母にとって『みおやさま』は、信仰の対象であり、あこがれの人だったと思います。母として女性として、そして教育者としても」

学校法人四條畷《しじょうなわて》学園（大阪府大東市）の理事で同小学校教諭の牧田朝美氏はそう話す。牧田氏は同学園創設者、牧田宗太郎のひ孫。曽祖母とは宗太郎の妻、隈《くま》（子）のことだ。隈は、水戸出身で明治十四年生まれ。東京女子師範学校（現在のお茶の水女子大）を卒業後、小学校の教師をしている時に宗太郎と結婚した。

「大楠公、小楠公のおひざ元なら喜んで」

そう言って、遠い大阪に嫁いできたという。

「みおやさま」は、四條畷神社（大阪府四條畷市）の摂社、御妣《みおや》神社に祭られている。正行を祭る四條畷神社は明治二十三年の創建。そこに遅れること三十五年、大正十四年に鎮座したのが御妣神社で、創建のために地元の女性たちは「御妣会」をつくった。

「会のみなさんは、女性の鑑《かがみ》としてどうしても、ご祭神を祭りたいと考えたようです。正行公は母親がいなければ育たなかったという思いでしょう」

四條畷神社の南井広也権禰宜《ごんねぎ》はそう話す。御妣神社は日本で初めて、女性だけで創建した神社になった。御妣会は、婦人会組織のさきがけとなった。

「北河内では長く、そのメンバーであることがステータスでした」

御妣会は今も健在で、会員は大祭に参列し、秋の七五三奉仕などを行う。平成二十七年には境内に、正行を諭す久子の姿を再現した母子像を奉納した。

「昔に比べて少なくなりましたが、活動はずっと続いています」

三牧てる子会長はそう話す。

御妣神社に残る古い資料に、菊水が描かれたそろいの着物で納まる女性たちの写真がある。前列中央左寄りにいるのが隈。周囲から推されて初代会長に就いたのが隈だった。

「中学二年まで一緒に暮らしましたが、厳格なおばあさんで怖かったですね。よく『身をやつす（容姿を作るの意）な、心を磨け！』と言っていました。忙しく飛び回っていて、よく聞いた出先の一つが御妣会です」

牧田氏はそう語る。隈は戦時中の昭和十八年から二十年にかけて、創立者だった義弟の環と夫の宗太郎を相次いで亡くしている。跡継ぎだった長男も三十歳の若さで病死。幼い孫の養育や学園の経営といった重荷を背負い、正成の死後に正行ら兄弟を育て上げた久子の生き方が、心の支えになったことは想像に難くない。

〈仰ぐ御妣の宮柱　高き御教へ身にしめて〉

同学園歌の三番にこんな歌詞がある。河内を代表する女性、久子の足跡は、現代に語り継がれている。

河内の女性イメージ

河内を舞台にした代表作が多い作家、今東光は『悪名』で河内男を書き、『こつまなんきん』で河内女のイメージを決定づけたといわれる。こつまなんきんとは勝間南瓜。小ぶりだが実がしっかりとした浪速野菜で、その南瓜のように、したたかでしっかり者が河内女性という見方を広げた。

童門冬二氏は著書『楠木正成』の中で久子を、正成が行ってきた配水や道路管理の仕事を代行する女性として描いている。久子が二十歳という当時では晩婚で正成に嫁いだことも、しっかり者を想像させる、と作家らしい観点で語っている。

父子の足跡・伝承 息づく近畿

「楠木正成と（嫡子の）正行は、集客力と教育力の二点でどこにも負けない。公（の大切さ）を考える流れも出てきており、教育の観点からも生かせる」

平成二十九年三月四日、大阪府河内長野市の観心寺で開かれた日本遺産認定応援講演会「中世のサムライヒーロー楠公さん」で、同市の島田智明市長は、そう力説した。参加者は会場いっぱいの約百十人。応募開始から二日で、席はすべて埋まったという。

講演を行ったのは同寺の永島龍弘長老。同寺の中院は正成が少年時代、学んだところで、永島長老は「正成は寺で、四つの恩を学んだことで公のために尽くす考えを育んだ」と話した。

続いて講談「太平記　楠木正成」を談じた講談師の旭堂南青《なんせい》氏は、一度決めたら貫き通す河内の男を表現するために、この講談をつくったことを説明した。

島田市長は元神戸大准教授。平成二十八年七月の市長選で初当選する前から、日本遺産を活用した地域振興を考えていた。着目したのは、戦前は教科書に必ず載り、国民的英雄だった正成や正行だ。

「市内だけでなく、河内から摂津まで幅広く活躍した足跡が残る。他の自治体と連携するにも格好の人物だと思いました」

正成の誕生地で産湯の井戸などが残る千早赤阪村、夫人の終焉《しゅうえん》の地になった楠妣《なんぴ》庵観音寺がある富田林市、正成が正行を河内に帰す「桜井の別れ」の場所となった島本町、成長した正行が最後の戦いに挑み、祭られる四條畷神社のある四條畷市。大阪府内だけでも五市町村が、ゆかりの地としての物語を持っている。そこに正成が敗死した場所に建立された湊川神社を抱える神戸市が加わって、日本遺産申請を行う六市町村の連携が完成した。

「子供のころ、村を流れる川に何十トンとあるような巨大な岩が十四、五個くらいは転がっていた」

千早赤阪村の松本昌親村長は、そう思い出を語る。大人たちに聞くと、楠公さんが戦の時に落としたものと説明された。鎌倉幕府の大軍を寄せ付けなかった千早城の戦いが伝承として、村に息づいていた。

「新しい国づくりを目指した楠公さんに、ポジティブな面からスポットを当てられないかという思いがある」

松本村長は今春から、村内有志らでつくる「千早赤阪楠公史跡保存会」と協力して、PR活動を積極的に進めるつもりだ。

「日本にはこれだけ偉い人がいたことを再認識してほしいですから」

島田市長は、父子が特に戦中、国民教化に利用された点を踏まえながら、こう話す。

「戦後は、触れてはいけないような、まるで悪者のようになっている部分もある。日本遺産認定を通じて、それは違うということを知ってほしい」

六市町村が、父子の遺産と文化を体感できる稀有《けう》な地域として、文化庁に日本遺産申請を行ったが、平成二十九年四月の決定では落選した。

日本遺産

文化庁が、地域の歴史的魅力や特色を通じて、日本の文化・伝統を語るストーリーを認定する制度。平成二十七年度から認定が始まり、三十三府県の五十四件が認定されている。東京五輪・パラリンピックが開かれる二〇二〇年までに百件に増やす計画。日本遺産には、地方へ訪日外国人旅行者を呼び込む狙いもある。地域の連携も積極的に認め、旧海軍の拠点都市をまとめた「鎮守府 横須賀・呉・佐世保・舞鶴」(神奈川、広島、長崎、京都)など、共通の歴史や文化で認定を得たケースもある。

第十五章

「楠公さん」を慕う兵庫

湊川神社にある正成の墓碑。忠の文字が刻まれている
（神戸市中央区）

湊川への崇拝　時代を超えて

平成九年六月十六日。楠木正成《まさしげ》を祭る湊川神社（神戸市中央区）の垣田宗彦宮司は、NHK大阪放送局を訪ねていた。当時は同神社の庶務課長。その年に放送された番組「堂々日本史　太平記の時代―悪党楠木正成自刃す―」に抗議するためである。

「悪党、悪党と強調する番組づくりで、悪いイメージを植えつける悪意を感じた。当時の悪党は反体制的という意味で、悪人という意味はないが、番組内でその説明が一切なかった」

番組では「協力　湊川神社」のテロップも流れた。資料の貸し出しなどで協力したのは事実だが、その際は番組内容を詳しくは知らされていなかった。

「教科書できちんと正成公の業績を教える時代ではないので、見過ごすことはできなかった。後日、悪党の意味を説明する放送をしてもらいました」

同神社の創建は明治五年だが、湊川の戦いで敗れた正成・正季《まさすえ》兄弟が自刃した境内地は、武家の時代から崇拝されてきた。最初にその思いを形にしたのは豊臣秀吉で、免租地とした記録が残る。

〈嗚呼《ああ》忠臣《ちゅうしん》楠子《なんし》之《の》墓《はか》〉

自らそう謹書《きんしょ》した墓碑を建てたのは江戸期の水戸藩主、徳川光圀《みつくに》である。水戸の黄門様がたたえた正成の一生は、墓碑の裏面に賛文として刻まれ、参拝者が競って拓本を求めた。

「あまりに拓本が取られたので、墓碑の一部は欠けています。触るとさらに欠けそうなので、清掃にとても気を使いました」

墓所を守っていた同神社の元禰宜《ねぎ》、平塩滋敏《ひらしおしげとし》氏はそう話す。境内地への崇拝は幕末、さらに高まり、元治元（一八六四）年、薩摩藩主・島津忠義の父、久光が神社の創建を朝廷に請願した。明治元（一八六八）年には地元の豪商・北風荘右衛門《きたかぜそうえもん》らと協議した伊藤俊輔（博文）らが、兵庫裁判所総督を通じて請願。神社の創建が決まった。

「ご祭神の墓もある神社は全国に三社しかない。それだけに地元の人たちが楠公さんを慕う気持ちも強いのだと思います」


〈塩田富造氏頌徳碑《しょうとくひ》〉


同神社の境内にそう呼ばれる碑が建っている。昭和二十（一九四五）年の神戸大空襲で本殿、拝殿、社務所を焼失した同神社に、多額の寄進をした会社社長をたたえるものだ。その寄贈ぶりは、当時の宮司の手記にこう記されている。

〈御本殿の予算額を訊《き》かれ五百万円だと回答した処《ところ》塩田さんはふところから、真新しい銀行通帳を出して、私の微意だと手交《しゅこう》して帰られた。開いてみて驚いた。金五百万円が振り込ま

れている〉

この寄贈をはじめ全国から約三千百万円の寄進が集まり、社殿が復興新築したのは昭和二十七年である。

「進駐軍の指示で焼け跡に道路を通す都市計画が発表されたこともあったが、反対運動が起きて中止になった。本当に地元で親しまれているご祭神だと思います」

垣田宮司はそう話す。

「兵庫へ罷《まか》り下《くだ》るべし」。武略に疎《うと》い公家たちに命じられ、楠木正成は湊川の戦いに赴いた。鎌倉幕府を倒して後醍醐天皇をお迎えしたのも兵庫。ゆかりの地で「楠公さん」となった正成の魅力を探る。

朝幕を問わず人気

幕末、薩摩藩と競うように楠木正成を祭る神社の創建を朝廷に請願したのは徳川御三家の一つ、尾張藩の徳川慶勝《よしかつ》だった。京都に建立しようという考えで、最初の請願は薩摩藩に三年遅れたが、兵庫・湊川に建立が決まった後も請願を続けた。

徳川光圀の水戸藩は湊川神社の建立経費を負担すると申し出たが、朝廷から、一藩ではなく全国からの応募で建立するよう沙汰を受けた。指定された境内地は、正成らの自刃の場所を含む七二三二坪（現在は七六六六坪）。住んでいた里人からの寄進も受けた。

「忠臣蔵」に投影された正成

〈「われはここに鎮座を望む」〉

湊川の戦いで自刃し、首となった楠木正成が家臣たちにそう告げ、神社ができた――。そんな伝承が残るのが群馬県館林市の楠木神社である。市に残る史料は、次のように伝えている。

〈湊川の戦いの後、七人の家臣は正成の首を塩漬けにして奥州・北畠顕家《あきいえ》らを頼るべく、諸国を巡《めぐ》った。途中で死者も出て、館林に着いたのは五人。休んでいると、全員の夢枕に正成が立ち、首を入れた箱は「根が生えたように……」重くなっていた。これは正夢と悟った五人は、首をかたわらの松の大樹の下に埋葬し、主君の霊を守るため土着した〉

戦前、同神社の社格は村社だった。正成ゆかりの証拠が出れば別格官幣社《べっかくかんぺいしゃ》になれたが、伝承だけでは無理だった。しかし、地元では正成の首が眠ると信じられている。

「若い世代には関心がない人も増えているが、この神社を大切に守っていきたい」

そう話す氏子の田部井久男さんは九十歳。「田部井」姓は、この地に土着した家臣の一人、岡田四郎友治の変名と伝わる。

〈「正成が跡の妻子ども、今一度、（空しき）容貌《かたち》をも、さこそ見たく思ふらめ」〉

正成の首を京の六条河原にさらした後、敵将の足利尊氏はそう言った、と『太平記』は記す。この記述を裏付けるのが観心寺（大阪府河内長野市）にある首塚だが、正成の首塚は大阪府羽曳野市の杜本《もりもと》神社にもある。高さ約一・六メートルの五輪塔で、江戸時代の観光ガイドブック『河内名所図会』に「楠正成塔あり」と紹介されている。

「全国各地に伝承が残るのは、それだけ正成を敬慕する人が多いことの証しなのでしょう」

観心寺の永島龍弘長老はそう話し、形が残ることの大切さを説く。

「拝む対象となる首塚や墓を残すことで初めて、後世に正成の生き方を伝えることができるのです」

〈忠徳院殿大圓義龍大居士《ちゅうとくいんでんだいえんぎりゅうだいこじ》〉

後醍醐天皇が正成に贈ったとされる戒名である。江戸期に水戸の黄門様（徳川光圀）が湊川に建てた墓碑には、こう刻まれた。

〈嗚呼忠臣楠子之墓〉

墓碑の完成は元禄五（一六九二）年。この十年後、赤穂浪士たちの吉良邸討ち入りが起きる。討たれた吉良上野介《きらこうずけのすけ》は足利氏の末裔《まつえい》に当たる。

「この出来事が、（浪士の頭目だった）大石内蔵助《おおいしくらのすけ》に正成公の再来を連想させ、両者の人気を大きく後押しした」

明治五年に墓所に創建され、正成を祭る湊川神社の垣田宗彦宮司はそう話す。

「鎌倉幕府打倒を目指した正成公は、江戸幕府にとっては『うれしくない人物』のはずだが、光圀公が墓を建てた。それだけ正成公は、なりたい理想の人物像だったのでしょう」

忠を支える義。そんな時代の理想が見える。

二大忠臣

忠臣蔵の敵役、吉良上野介の吉良家は足利一門の名門。今川家とともに足利将軍家の連枝としての家格を誇った。戦国時代に衰えたが、徳川氏に取り立てられて儀典を取り仕切る高家《こうけ》筆頭の家格を付与された。

垣田氏は、赤穂浪士の討ち入りがあった元禄期、「足利」を断絶させた大石内蔵助らに、足利尊氏と戦った楠木正成を投影する風潮があったと指摘する。正成は「忠臣」、赤穂浪士たちの行動は「忠臣蔵」と呼ばれ、当時の二大忠臣に。大衆文学、大衆演劇などを通じて正成と赤穂浪士は忠孝の理想像、英雄となった。

観阿弥・世阿弥に連なり

〈「汝《なんじ》はすでに十歳に余れり。一言《いちごん》耳の底に留まらば、わが教誡《きょうかい》に違《たが》ふ事なかれ」〉

楠木正成は、この言葉から嫡子・正行《まさつら》に後事を託した、と『太平記』は記す。桜井の決別として有名な父子の別れである。正成はこの後、湊川の戦いで壮絶な最期を遂げ、正行は郷里の河内で母の訓戒も受け、見事な青年武将に育って南朝に尽くした。

湊川神社の宝物殿に所蔵される絵画「大楠公像」は、慈父を思わせる穏やかな表情で、桜井の決別を連想させる。作者は横山大観。昭和十年の楠公六百年祭にちなんで奉納された。

「人物画が少ない大観に当時の宮司が、まさに三顧の礼でお願いしたと聞きます。当時の美術界の重鎮が描いてくれたことで、その後、楠公さんを描く画家が非常に増えました」

同殿の岡村光浩・主任専門員はそう話す。それまでの正成像は、江戸時代の錦絵の影響を受けた甲冑《かっちゅう》姿、戦う姿が多かったが、大観以降は諭し、導く威厳ある姿が主流になったという。

所蔵約四百点。絵画だけでも約二百点という宝物殿は、博物館、資料館並みの規模だが、重要文化財は二点しかない。段威腹巻《だんおどし》と正成の真筆と伝わる法華経奥書《おくがき》だ。

「父子二代だけでなく、子孫の大半も南朝のために戦い、滅びたので、ゆかりの品が驚くほど残っていない。楠公さんらしい現実だと思います」

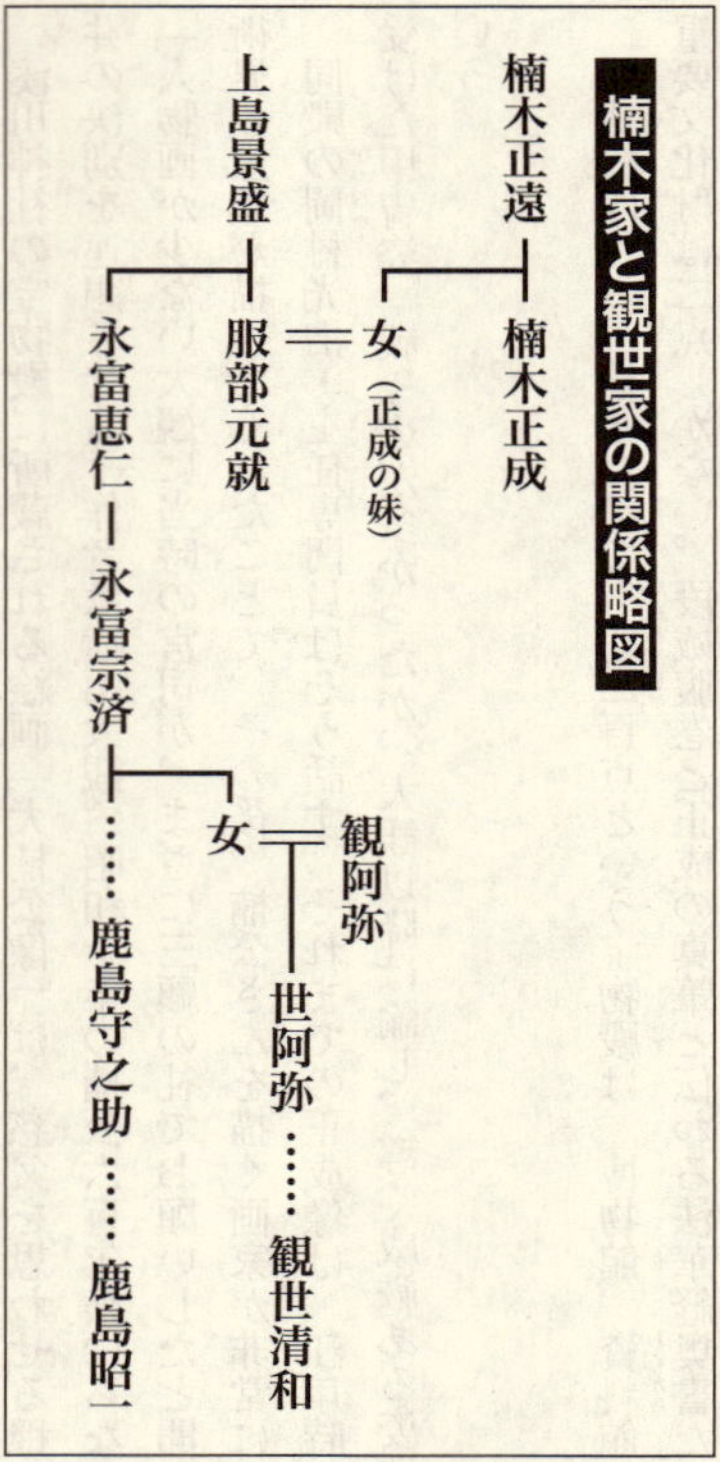

楠木家と観世家の関係略図

段威腹巻は正成着用といわれ、龍野藩主・脇坂家に伝わり、明治二十四年に奉納された。

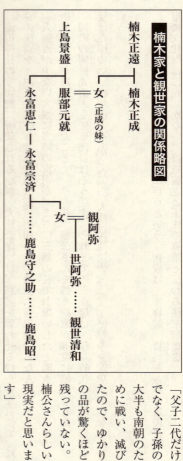

「脇坂家では家宝として保存してきたが、湊川神社ができたので、そちらで保存、展示してほしいということだったようです」

法華経奥書は、正成が寺か神社に奉納したものとみられ、現存する真筆では唯一、楷書で書かれている。

「建武の中興が成立して宿願がかなったお礼として書かれたものです。楷書には深い感謝の念がこもっています」

そう呼ばれる施設が湊川神社にはある。四百人余りを収容できる能楽堂で、由来を示した〈神能殿《しんのうでん》〉

掲示板には別掲のような系図（敬称略）が載っている。

正成には妹がおり、伊賀の服部家に嫁いで能の始祖・観阿弥を産んだことを示すものだ。観阿弥は服部家に連なる永富家から嫁をもらい、世阿弥、そして観世《かんぜ》家へとつながる家系となった。永富家は現在のゼネコン「鹿島《かじま》」の創業家へとつながる。

「このご縁で神能殿は鹿島がつくりました。多額の寄付も頂戴したと聞いています」

同神社の元禰宜、平塩滋敏氏はそう話す。能舞台は、観世宗家の舞台を移築したものだ。

「長く、兵庫県内唯一の能舞台として活用されました。楠公さんは文化面でも兵庫に貢献していたといえるかもしれません」

楠木家と観世家

観世家の系譜についての史料は、世阿弥の談話を筆記した『申楽談儀《さるがくだんぎ》』と世阿弥のおい、観世小次郎の画賛があるが、『申楽談儀』は芸能上の系譜を記したものと判明した。観阿弥は文中三（一三七四）年、三代将軍・足利義満の面前で能を演じて盛名を得たが、楠木氏の血縁を秘匿するために世阿弥は、芸能上の系譜のみを語ったと考えられる。

神能殿で紹介されている系譜は、観阿弥の父方の実家、伊賀の上島家の古文書から発見された『観世福田系図』と、兵庫県揖保川《いぼがわ》町（現在のたつの市）の豪農、永富家の古文書で裏付けられた。

人々の願望映す騎馬武者像

〈大楠公像〉

そう刻まれた台座（高さ約五メートル）の上には、馬を駆って今にも敵陣に向かおうとする騎馬武者像（像高約三・五メートル）が乗っている。神戸市兵庫区の湊川公園にある楠木正成像である。

西から迫る足利尊氏の大軍に正成が、わずか七百騎で挑んだ場所。それが湊川で、像の建立は、正成が亡くなって六百年の楠公六百年祭が行われた昭和十年のことだ。

「昔は、新開地商店街を山側に抜けるとすぐ正面に楠公さんの像があった」

新開地商店街で理髪店を経営する高四代《たかよんだい》氏は、そう話す。今、像があるのは公園の北端だが、昭和四十三年の地下駐車場建設で移設されるまでは南側にあったという。

明治三十八年、湊川の付け替えに伴い、旧湊川を埋め立てて誕生した歓楽街が新開地。芝居小屋や映画館、商店などが軒を連ね、「東の浅草、西の新開地」と並び称されるほどにぎわった。その地に正成像を建立したことが、兵庫の人々の熱い思いを想像させる。

「正成はこうあってほしいという当時の人々の思いが、楠公像には込められている」

『銅像受難の近代』などの著作がある愛知県美術館学芸員（当時）の平瀬礼太氏は、皇居外苑などに残る正成像について、そう指摘する。たいていは大鎧を着用した騎馬武者像で、大刀をはき、多くの矢を入れた箙《えびら》を負い、弓を手にしている。

「本当は、正成にふさわしいのは大刀ではなく槍《やり》。千早城などのある千早赤阪村に来ればわかるが、山深い地で、大刀は自在に振るえない。馬も役に立たず、徒《かち》で槍を自在に使わなければ、鎌倉幕府の大軍を撃退できなかった」

そう話すのは千早赤阪村の松本昌親《まさちか》村長だ。にもかかわらず、正成像が大刀をはく騎馬武者であるのは、湊川の戦いでの最期が人の心を打つからだろう。

〈足利尊氏が再び、軍を整えて京都へ攻め上ると聞いた後醍醐天皇は、湊川で迎え撃つよう、楠木正成に命令を下しました。正成は別の提案を行いましたが、受け入れられず、負け戦と分かりながら出陣しました。そして、勢力を拡大しながら湊川にやってきた足利尊氏軍に楠木正成軍はなすすべなく敗北してしまいました〉

神戸市の市立中学校で使用されている社会科の副読本は、湊川の戦いをそう説明し、敗北必至の戦いに挑んだ正成の勇ましい姿を今に伝えている。

大楠公像は公園北側に隣接する兵庫区役所建て替えに伴い、移設を余儀なくされる。神戸市は、再設置場所については地元住民らと協議して決めるという。

「できればもともとあった公園南側に戻して、新開地のシンボルの一つとしてＰＲしたい」。高さんはそう話す。戦時中、金属供出も免れた大楠公像は、寄付金で建立してくれた市民らと、時を刻み続けている。

大楠公像

湊川の戦いゆかりの地に正成像を建立しようと、地元紙の神戸新聞社が市民らから寄付金を募り、昭和十年五月に湊川公園に設置した。ブロンズ製。兵庫県内では同時期に六甲山頂にも建設されたほか、小学校（国民学校）にも二宮尊徳像とともに設置されていた記録が残るが、戦時中の金属供出で姿を消し、湊川公園の像だけが残っている。残った理由は明確にはわからない。

新開地は戦後、繁華街の地を三宮に譲ったが近年、高氏ら商店主らが中心となって寄席の誘致やアートを取り入れた活性化策に取り組んでいる。

「婦人の鑑」慕う気持ち 今も

平成二十九年四月二十七日午後、神戸市中央区の湊川神社本殿に塚本弘子会長ら湊川神社婦人会の会員が集まり、そろって参拝した。同会が八十周年を迎え、記念すべき「奉告祭《ほうこくさい》」である。

手を合わせる先、ご祭神の楠木正成に寄り添うように合祀《ごうし》されているのは、大楠公夫人と呼ばれる妻・久子を祭る摂社、甘南備《かんなび》神社。同会創設以来八十年、「婦人の鑑《かがみ》」として代々の会員らが敬愛してきた女性だ。

「子供のころから暮らしの中で慣れ親しんできました。生活の中心はいつも『楠公さん』であり、『甘南備さん』です。こうしてお参りすると、いつでも心の安らぎが得られます」

塚本会長はそう話す。昭和八年、地元で生まれ、近隣に嫁いだ。戦前は教科書で「楠公夫人」の物語を学んだ世代。かつては誰でも知っていた〝お話〟が戦後、すっかり姿を消したことが残念だという。

〈氏子の発願により、大楠公夫人を祭祀《さいし》する摂社甘南備神社の創建を、宮司より請願す〉

〈氏子総代等七人、河内赤坂城址にて大楠公夫人神霊勧遷《しんれいかんせん》の儀を行ひて帰社、兵庫県知事以

下奉迎す〉

湊川神社年表の明治三十八、三十九年の項にそうあり、甘南備神社の創建が、兵庫挙げての念願だったことがうかがえる。

同会の発足は昭和十二年。初代会長には当時の神戸市長夫人が就任した。同年十一月の神社広報誌『菊水』の婦人会だよりは、会員数が千四百七十六人になったことを伝えている。

神社近くで和菓子店を営む副会長の一人、佐々田一代さんは、昭和四十年代まで神社前を走っていた神戸市電にまつわる創建間もないころの記憶をこう話す。

「前を通る時は市電が止まり、乗務員さんが脱帽する。もちろん、乗客もみなさん、自分の席から黙祷《もくとう》するんです。自然に頭を下げ、手を合わせる……。そんな時代でした」

この婦人会の特徴は、戦後も活動が鈍らなかったことだ。昭和二十七年に再結成されると、元宮家の北白川祥子《さちこ》さんが総裁という名でトップに就任した。北白川さんは、四十四年に宮内庁の女官長に就任するまで務め、機会があるごとに湊川神社を参拝し、会員らに親しく接したという。

「五月二十五日の楠公祭が終わると衣替え、と決まっていました。大掃除は皆さん、五月三日でしたね」

副会長の松井英壬子《えみこ》さんはそう話す。三日に掃除をするのは、家や町をきれいにして祭りを迎えるためだ。

〈大楠公夫人、南江氏久子の方。婦徳四海《ふとくしかい》に輝き、貞節萬古《ばんこ》に薫る〉

会員らの心にあるのは、久子の伝記『大楠公夫人伝 楠花譜《くすのきかふ》』（湊川神社発行）の冒頭に書かれたこの文章だ。

「十月には七五三で千歳飴《あめ》の袋詰め、節分の福豆準備もあります。母の時代は戦時中で、千人針もしていました。大切なのは、ご奉仕させていただくという気持ち」（塚本会長）

会員は約百十人に減ったが、楠公夫人を慕う気持ちは変わらず息づいている。

神戸の甘南備神社

湊川神社の摂社として明治三十九年九月二十二日に鎮座。祭神は「大楠公楠木正成公夫人（大楠公御夫人滋子刀自命《しげことじのみこと》）」。久子、滋子などと伝わる正成の妻で、当初は本社殿東側にあった。

社名は久子の生まれ故郷で、晩年に隠棲《いんせい》した終焉《しゅうえん》の地、大阪河内国・甘南備（現在の大阪府富田林市甘南備）にちなむ。先の大戦で焼失したため、湊川神社社殿復興の際に本殿に合祀《ごうし》。その遺徳を顕彰する湊川神社婦人会は昭和十二年に結成され、戦後の同二十七年、元皇族で後に香淳皇后の女官長を務める北白川祥子さんを総裁に再結成された。

第十六章

千早赤阪村が伝える「記憶」

鎌倉後期から南北朝時代作とされる建水分神社の狛犬
（千早赤阪村立郷土資料館）

山深き里 僅かに残る「楠木の跡」

楠木正成《まさしげ》が鎌倉幕府の大軍を迎撃した千早城跡（大阪府千早赤阪村）を下る途中に、高さ約一・七メートルの五輪塔がある。玉垣の扉には楠木家を表す「菊水紋」。正成の三男・正《まさ》儀《のり》の墓とされるのがこの五輪塔だ。

四條畷《しじょうなわて》の戦いで長兄の正行《まさつら》と次兄の正時が敗死した後、楠木家の当主となったのが正儀である。

〈楠は、父にも似ず、兄にも替はりて、心少し延びたる者なりければ〉

『太平記』は、正儀をそう記す。やや優柔不断な者という評価である。南朝の勢力挽回に努める一方、南北朝合一も視野に入れたことが「心少し延びたる」の評価につながっている。

文和元（一三五二）年と同三年、康安元（一三六一）年の計三回、正儀は京を奪還する活躍を見せている。最初の戦いでは、その戦上手ぶりを『太平記』はこう書いている。

〈楠が兵、かねての巧みあつて、一枚楯の中の算を繁く打つて、梯《かけはし》の如くに拵《こしら》へたりければ〉

このはしごを使ってえりすぐりの射手三百人余を民家の屋根に上げ、足利勢を散々に射すくめたというのである。二度目の戦いでは足利一族の足利直冬《ただふゆ》と、三度目の戦いでは元幕府

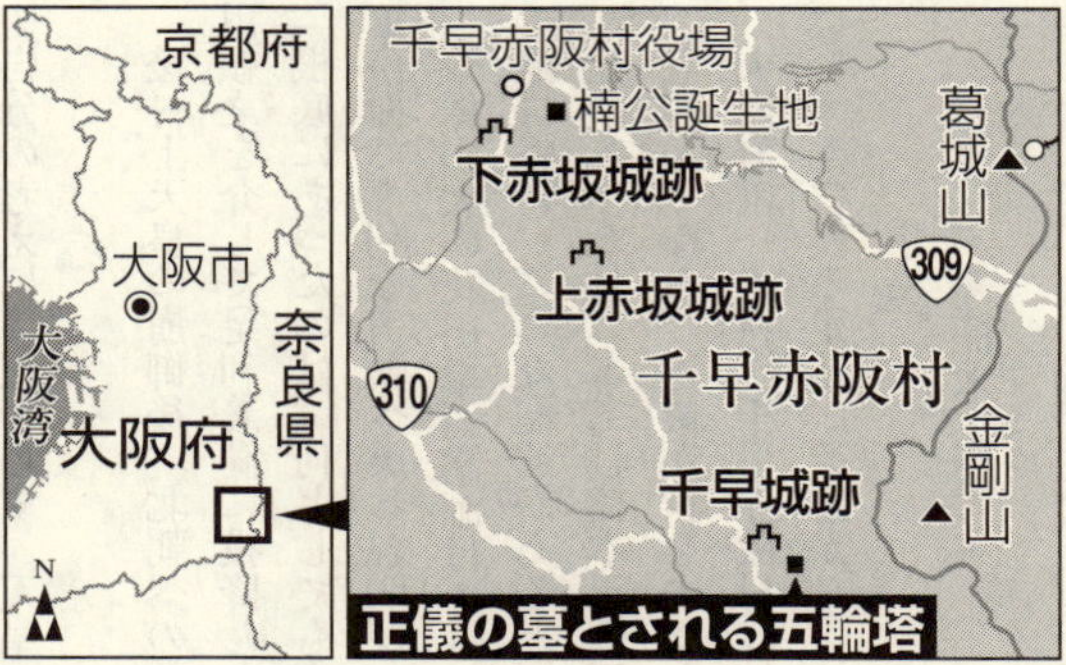

執事の細川清氏《きようじ》と共闘して京を奪回した。発想の柔軟性と政治力を感じさせる武将ぶりである。

〈父の正成譲りの智謀《ちぼう》に長けてゐて、しかもまた一面、徹底した合理主義者（略）政治的な感覚の豊かな武人〉

正成を祭る湊川神社（神戸市中央区）の『湊川神社史・上巻』は、正儀をそう評している。その評価を裏付ける場面を『太平記』も記している。南朝についた細川清氏が「京を一日で攻め落とす」と大言した際、後村上天皇に意見を求められて正儀はこう答える。

〈「天下の士卒、なほ皇天を戴《いただ》く者少なく候ひし間、官軍、洛中に足を留むる事を得候はず」〉

一時的に京を占領しても維持できるほど天下の心は寄せられていないと断言した上で、こう言った。

〈「但《ただ》し、短才（才能なき自分）の愚案《ぐあん》にて、公儀をさみし申すべきに候はねば、ともかくも綸言《りんげん》に順《したが》ひ候ふべし」〉

自分の考えにこだわらず、天皇の決定に従うという言葉は、父・正成を彷彿《ほうふつ》させるものだ。

後村上天皇の崩御後、北朝への強硬派、長慶《ちょうけい》天皇が即位すると、正儀は北朝方の武将・細川頼之を介して足利義満に投降した。しかし、頼之が没落すると、南朝に帰った。

「根底にあったのは、何としても南朝を守らねばという考えだったと思う。そうでなければ、軍事面で不利な南朝へ戻る説明がつかない」

帝塚山《てづかやま》大の花田卓司講師はそう話す。『千早赤阪村誌』には、久親恩寺《くしんおんじ》（大阪府枚方市）の過去帳に、こんな記述があると記す。

〈元中八年八月二十二日楠木正儀河内赤坂にて討死す。正厳孝儀大居士 六十二歳〉

記述通りなら、正儀が世を去ったのは、夢見た南北朝合一が実現する一年前になる。

大阪府唯一の村、千早赤阪村は楠木家が拠点とした地である。府の東南端、今も山深い里にわずかに残る足跡・遺跡から、楠公精神を正しく伝える難しさを考える。

楠木正儀

楠木正成の三男。生没年不詳。兄・正行の死後、南朝方の軍事部門の中心として活躍した。

足利方と戦って京奪還を目指した一方で、南北朝合一を標榜し、北朝に投降した後は中務大輔《なかつかさたいふ》に任じられた。南朝への帰参後は参議に昇進した。『湊川神社史・上巻』によると、南朝復帰は天授六（一三八〇）年から弘和二（一三八二）年ごろとみられるが、時期を確実に裏付ける史料はない。

子に正秀、正勝らの名前が確認されている。兄の正行、正時らには子がなかったとされる。

「伝承」が城を守ってきた

〈史跡　千早城跡〉〈日本の100名城　千早城〉

標高約六六〇メートルの千早城跡（大阪府千早赤阪村）の登り口には、そう書かれた看板が二枚立っている。いずれも『太平記』が、千人足らずの兵で鎌倉幕府の百万騎を撃退したと書く楠木正成の戦功を、今に伝えるものだ。

〈五百数十段の石段を登ると四の丸があり、それより本丸までは奥行が約三〇〇米（メートル）、その比高は約三〇米である〉

昭和九年に文化庁などが立てた看板は、千早城の堅城ぶりをそう記している。この城に正成亡き後、嫡子・正行が住み、正行が四條畷の戦いで死んだ後は三男・正儀、その子の正勝が籠もって南朝軍の拠点とした。「不落城」が落ちたのは明徳三（一三九二）年。正成が築いてから約六十年後、正勝が北朝側の畠山基国《はたけやまもとくに》に敗れ、攻め落とされた。

正成が鎌倉幕府の大軍を迎え撃つために築城した千早城、上赤坂城、下赤坂城はいずれも、現在の千早赤阪村にある。

「出土遺物は十四～十六世紀のものが多い。土器の破片などが多いので、上赤坂城の本丸と

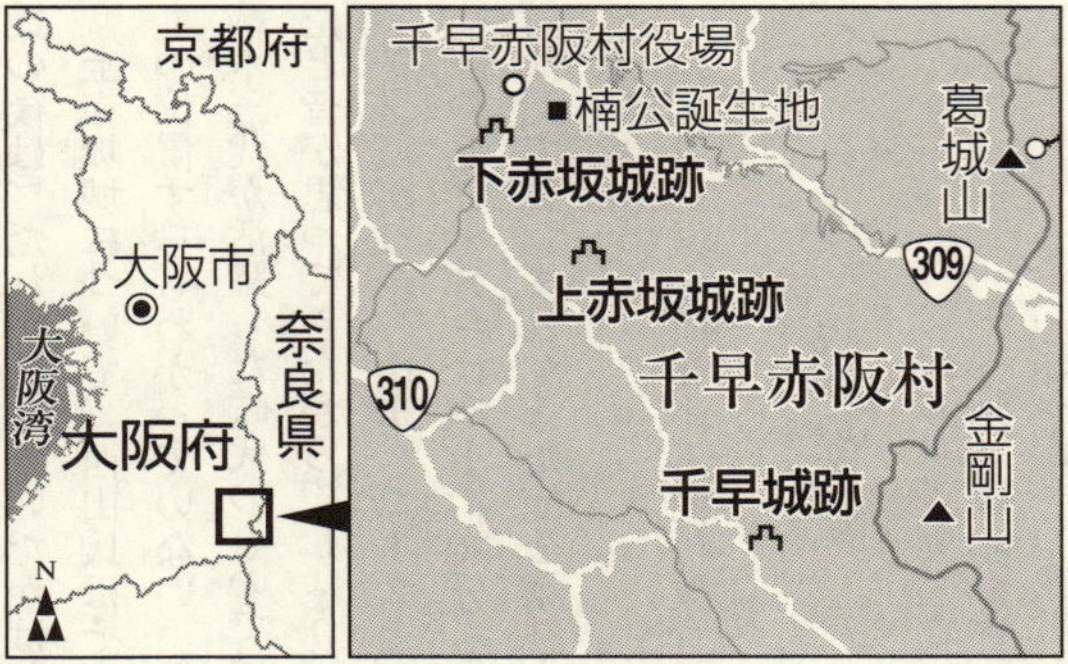

二の丸をつなぐ曲輪《くるわ》辺りは、茶碗原と呼ばれます」

三城の発掘調査を行ったことのある兵庫県まちづくり技術センターの西山昌孝氏はそう話す。時代の幅がある遺物が出土することは、楠木氏の衰退後も、軍事拠点として活用されたことを推測させる。昭和五十五年発行の『千早赤阪村誌』は、楠木氏に代わって河内の守護職になった畠山氏の治世について、こう書く。

〈畠山持国《もちくに》に子がなく、弟の子政長を養子にした後、義就《よしなり》が生れ、この二人が戦った。幼少の二人をとりまく家臣等がその権勢を争ったのである〉

応仁元（一四六七）年の項にはこう記している。

〈南北朝の争乱も両統の相続争いが原因で、民衆はその戦火に苦しみつづけたのである〉

応仁の乱へとつながる戦乱は、楠木氏が消えた河内で始まったのだ。

「十六世紀末までは使われた城と思われるが、（楠木氏の後は）だれが使っていたかはわかりません」

上赤坂城について、西山氏はそう話す。下赤坂城跡は城としての遺構を残しておらず、本丸の位置すらもわかっていない。千早城の遺構も戦国期の改修を受けている。現在の三城は、楠木三代が活躍した時代のものではないのだ。「それでも残ってきたのは、『楠公さんのお城』だと皆が思ってきたからでしょう。伝承が今まで、遺跡を守ってきている面もあります」。

千早城跡は今、山歩きコースとして人気があり、こんな看板も立つ。

〈四の丸0・3キロ徒歩約30分　本丸0・7キロ徒歩約60分〉

「地元で親しまれてきた楠公精神を若い人たちに伝え続けたい、という人が増えてきたように思います」

地元で三城を研究する同村教育課の吉光貴裕氏は、そんな変化を感じている。

現在の三城

千早城跡には正成、久子夫人、正行を祭神とした千早神社がある。近くにはかつて「大楠公の精神を学び取る文武両道の修錬道場」の場だった「存道館《そんどう》」があり、現在は村が管理する「千早山の家」となっている。

下赤坂城跡は城としての遺構を残していないが、小高い山の上に広場がある。周辺には美しい棚田が広がり、平成十一年に「日本の棚田百選」に選ばれた。

上赤坂城跡の本丸は標高約三五一・二メートル。大阪平野を一望でき、正成をしのんで訪れる人が今も絶えない。

狛犬が示す「正成はここに」

千早城をはじめとする千早赤阪村（大阪府）の山城跡は「赤坂城塞群《じょうさいぐん》」と呼ばれる。主なものだけでも十カ所以上。山中にまとまって城跡があること自体、南北朝時代の激しい戦いを示す証拠にほかならない。

「当時、これほど地域と強固なつながりを持ち、多くの山城を築くことができたのはだれか。人を動員する力があった人物は、と考えると、やはり楠木正成しかいませんね」

地域というキーワードから、正成という武将を読み解く阪南大の和泉大樹准教授はそう話す。

「これらは同時期に、計画的に造られています。山城跡から同じような意図がくみ取れるのです」

たとえば坊領山《ぼうりょうやま》城は、尾根伝いに上赤坂城へ向かうルートと、枡形《ますがた》城へつながるルートの拠点になっている。途中の猫路山《ねこじやま》城には、大きな堀切（地面を掘って切り通した堀）が造られ、北から攻めてくる鎌倉幕府軍を意識した防御の構えと考えられる。ただ、戦うための簡易な山城で、手がかりとなる出土品は乏しい。

「これらすべてが楠木氏の城かどうか、結論を出すのは難しい。その後にこの土地を支配し

赤坂城塞群の主な山城

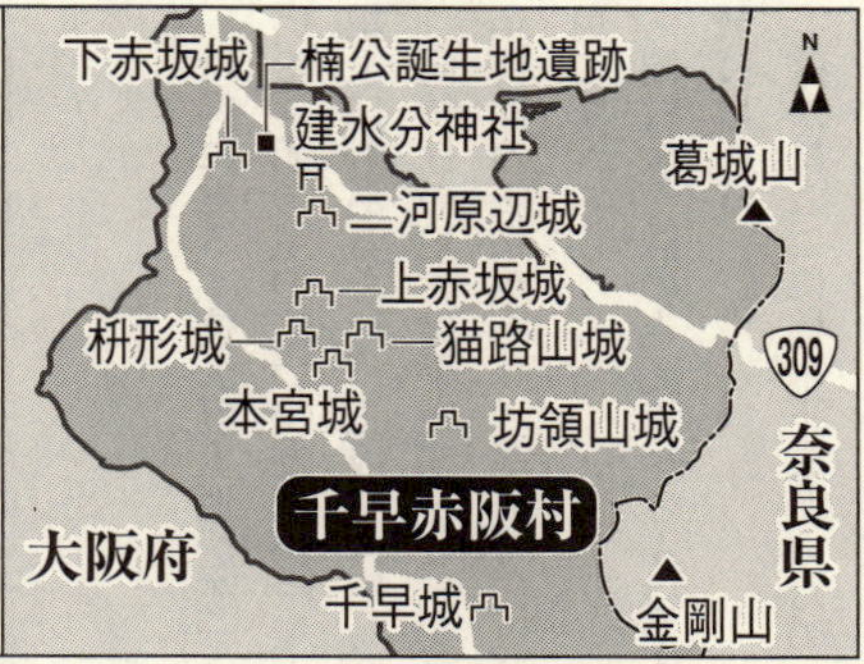

た勢力も利用しているからです。楠木氏や正成についての検証と証明は非常に難しい」

村内で水神として信仰を集める建水分《たけみくまり》神社は、楠木一族の氏神で、ゆかりの扁額《へんがく》（門戸などにかける額）が残る。表面は肉眼では確認できないが、社記に「正《しょう》一位《いちい》水分大明神之額《みくまりだいみょうじんのがく》」という記述があり、裏面には延元五（一三四〇）年四月八日の日付と、同二（一三三七）年に同社が位を受けたことを保証する「裏書き」として正成の嫡子・正行の名が刻まれている。正行が裏書きをする立場にいたということだ。

同社に残る四組八体の木製の狛犬《こまいぬ》は、最も古いものは鎌倉時代だが、次が鎌倉後期～南北朝、残る二組が室町時代の作とみられ、時代が近い。

「ほぼ同時期に三組も新調した理由は何か。同社には本殿が三棟あるので、それぞれに対応しているのではないか」と和泉准教授は話す。社伝によれば、同神社は建武元（一三三四）年、建武中興が成った際に後醍醐天皇の命で、別の場所から現在の場所に遷《うつ》したという。その時の河内国の守護は正成。狛犬は、楠木氏の存在や財力を示唆するものだ。

村内にある「楠公誕生地遺跡」は中世の城館跡で、希少な輸入品の青磁や白磁が出土している。館の主の広い交友関係や権力、財力を示しているほか、同神社に近く、山城群の延長線上にもあるため、正成らの屋敷跡と推測される。

同神社の狛犬は平成二十七年、村指定文化財の第二号となった。

「神社の伝来があり、室町時代以前の古木像ということで希少性も高い。極めて貴重な文化財です」

同村教育課の吉光貴裕さんはそう話す。同村内の楠木氏の足跡は明確ではないが、和泉准教授は言う。

「確かにここに楠木正成がいたのです」

赤坂城塞群

大阪府で唯一の村、千早赤阪村の山間部に密集する中世の山城跡の総称。『太平記』などでも知られるように、楠木正成が鎌倉幕府軍と壮絶なゲリラ戦を繰り広げ、南北朝の動乱の舞台となった。

主なものは、聖地として信仰の対象でもある金剛山とふもとの村落を結び、いくつかのルートに分かれるように配置されている。具体的には、史跡指定を受けた千早城、上赤坂城（楠木城）、下赤坂城（赤阪城）を中核に、枡形城、本宮城、猫路山城、坊領山城などの山城が点在している。

「不落の千早城」は地域の宝

「合格祈願」と赤字された白い紙に、黒々と書かれているのは楠木正成の名である。

〈正成公御兵糧米《おんひょうろうまい》〉

〈不落《おちない》千早城〉

中身は、大阪府千早赤阪村で平成二十五年から販売されている米だ。「日本の棚田百選」に選ばれた下赤阪の棚田で収穫された米一五〇グラム。ただし、ただの米ではない。千早城跡にある千早神社でおはらいを済ませてある。鎌倉幕府の大軍を相手に奮闘した城と城主・正成にあやかり、お札やお守りの代わりにしてもらおうというものだ。

「昨年（平成二十八年）は（売り上げで）千早神社の水飲み場の改修工事ができたほどです」

松本昌親《まさちか》村長は、正成に着目した「特産品」の効果をそう話す。一袋千円。それでこれだけの「財源」になったことは、正成をテーマにした観光振興を考える村にとって吉兆だ。

不落の名城・千早城跡は「日本城郭検定」を主催する「日本城郭協会」（事務局＝東京都）の「日本100名城」に選ばれている。大阪府内でそこに名を連ねているのは他に、太

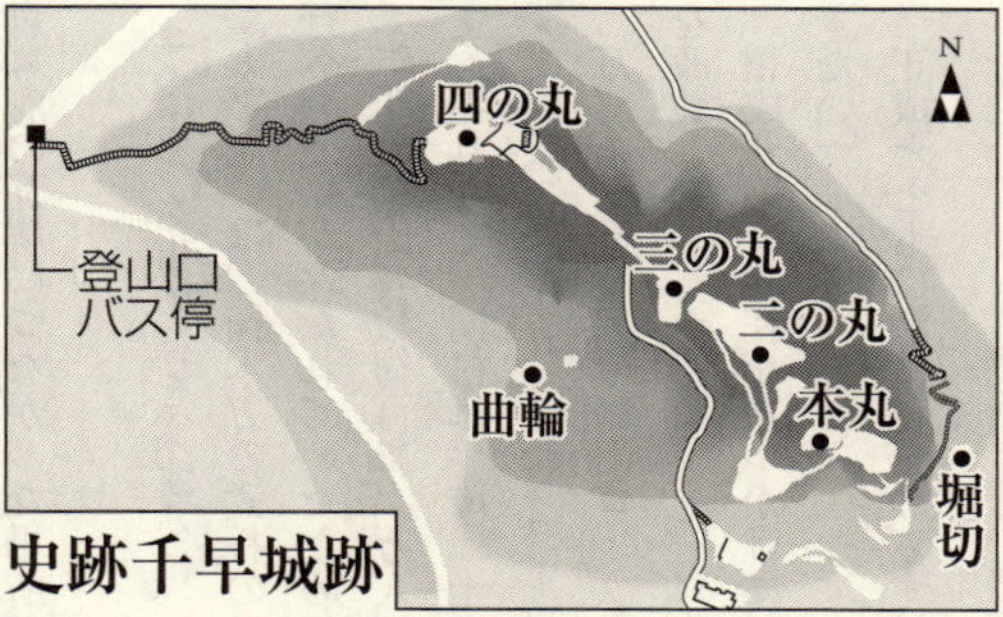

閤秀吉が築城した大坂（阪）城のみだ。

「最後まで鎌倉幕府軍を相手に落城しなかったところが、人々の心をとらえているのだと思う」

同村観光・産業振興課の倉真《まこと》係長はそう話す。

〈寄手は（略）二百万騎に余りければ、城の四方二、三里が間は、見物相撲の場の如く打ち囲みて、尺地も余さず充満したり〉

『太平記』がそう書く城攻めを、わずか千人足らずで守り抜いた正成らの活躍は、同村にとって最高の観光資源でもある。

全国の100名城をめぐるスタンプラリーの公式スタンプ帳は平成二十八年度、約十二万九千部が売れた。販売開始の二十四年度から二十七年度までの累計が約十二万三千部だったことを考えると、名城への関心は急速に高まっている。今後、千早城への客足も期待できる

「千早城に向かう急峻《きゅうしゅん》な階段を上ることで、ここが鎌

倉幕府の瓦解《がかい》につながった場所だということを体感してほしい」と倉係長は力を込める。

〈「つらつら事の様を案ずるに、吉野、金剛山の城、いまに相支えて決せず」〉

『太平記』は、楠木方の武将の言葉をそう記す。千早城が落ちなかったのは、金剛山から吉野への連絡が保たれていたため、ということを示唆している。

年間の登山者数約百二十万人。同村と奈良県御所《ごせ》市の府県境にある金剛山にさらに注目してもらうため、同村は平成二十八年春、観光協会などとともに、山の名にちなんだ任意団体「金剛山の里《こせ》ツーリズムビューロー」を立ち上げた。宿泊施設などを掲載したガイドブック二万部を発行し、金剛山ロープウェイの山上にある金剛山駅（標高九七五メートル）の駅舎を改装した。

「正成という存在をきっかけに、村で少しでも多くの時間を過ごしてもらえるようにしていきたい」

正成とともに活性化をめざす村の進路を、倉氏はそう代弁する。

日本100名城

財団法人・日本城郭協会が平成十八年四月に認定。選考基準は▽優れた文化財・史跡▽著名な歴史の舞台▽時代・地域の代表――などとなっている。大阪府内からは大坂（阪）城と千早城が認定された。平成二十九年四月には第二弾の続日本100名城が認定され、芥川山城《あくたがわさん》（高槻市）、飯盛城《いいもり》（四條畷市と大東市）、岸和田城（岸和田市）が選ばれた。いずれも室町時代末期から戦国時代に活躍した三好長慶《ながよし》ゆかりの城だが、飯盛城は楠木正成の嫡子・正行が奮戦した四條畷の合戦場に近く、城跡には現在、正行の銅像が建っている。

奥河内に息づく正成の記憶

昭和十五年の千早赤阪村生まれ。七十七年間の大半を村内で暮らす松本昌親村長にとって、楠木正成はずっと身近に感じていた「住人」である。

「今は改修工事が行われて無くなったが、家の近くの川に大石が十個以上転がっていた。大人から、あれは楠公《なんこう》さんが幕府軍に落としたもんやと聞いていた。そんな土地柄でしたから」

村長に就任して四期目。為政者として正成の領主ぶりを常に考える。

「山村で、利用できる土地は少ない。そこで住民を食わしていくためには物流だったのでしょう」

運送業を束ねる武将・正成の統治は「特産品」も生んだ。村内では昭和三十年代まで高野豆腐つくりが盛んだった。冬には氷点下五度にはなる気候を生かした産業だが、もともとは高野山（和歌山県）からもたらされた技術である。

「正成の仕事が、今で言う技術移転につながった。河内木綿は正成の妻、久子が主導して生産が始まったと伝わります。正成は、領主というより地域マネジャーみたいな人ですね」

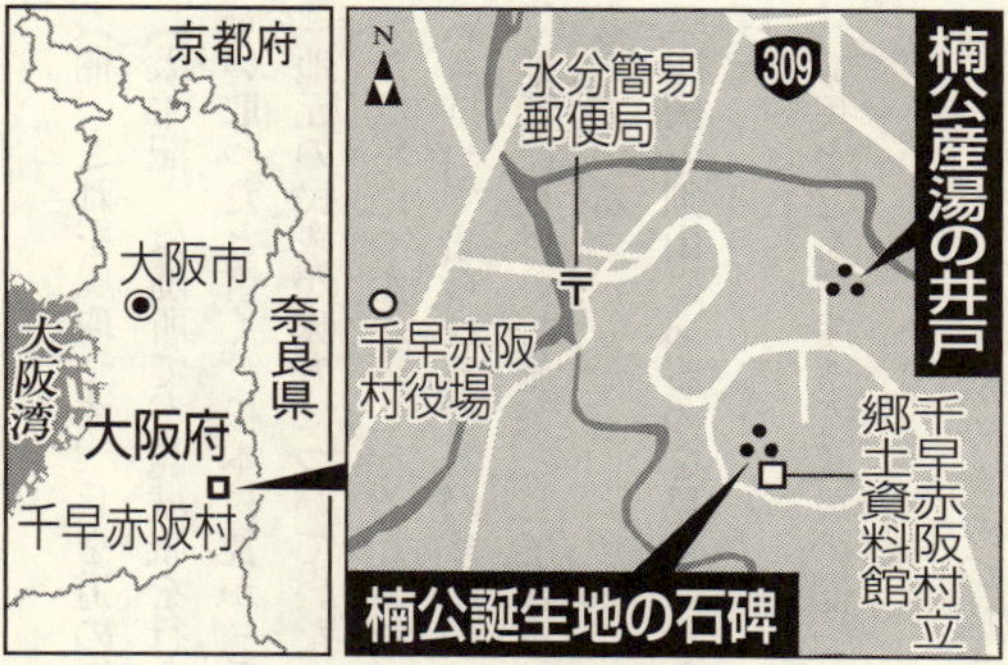

同村の人口は約五千四百人（平成二十七年）。昭和六十年の約七千七百人をピークに減少し続け、平成二十六年には府内唯一の過疎指定を受けた。

村内を高速道路は通っておらず、府内で唯一、コンビニエンスストアもない。主要産業だった林業は衰退したままだ。

「誘致をしてもなかなか企業が来てくれない。これまで観光を真剣に考えてこなかった面があるが、『正成公ゆかりの地』として観光を伸ばすのが一番と考えています」

そう話す松本村長にとって、隣接する大阪府河内長野市が呼びかけた正成・正行父子ゆかりの地としての日本遺産への申請は、格好の施策だった。早々に共同歩調を取り、府内の富田林市や四條畷市、島本町と、神戸市の計六市町村で平成二十九年四月の認定をめざした。結果は落選だったが、松本村長は「認定されるまでやりたい」と話す。

〈楠、これを風取《かざど》つて、兵を道の切所へ差し遣はし、悉《ことごと》くこれを奪ひ取つてけり〉

『太平記』は随所で、籠城《ろうじょう》戦を行う正成が敵の情勢を知って輸送部隊を襲い、兵糧《ひょうろう》や武具を奪い取ったと書く。松本村長が一番感心する武将ぶりである。

「地元の民衆が味方についていたからこそ、正成には敵情が筒抜けだった。地域に根付いていた武将だったからこそ強かった。楠公さんといえば、桜井の決別とか湊川の戦いとか悲壮感も持って語られることが多いが、河内での治世にもっと目を向けてほしい」

地元に根付いた施策として松本村長は今、千早城跡に簡易モノレールを敷設できないかと考えている。

「四国の剣山にあるのを見て、そう考えた。年を取って千早城に登れない人も増えましたから」

領民とともに生きた正成の記憶は今も、奥河内の山村に息づいている。

正成ゆかりの観光スポット

千早赤阪村では楠公誕生地跡に昭和六十一年に開設された村立郷土資料館があり、正成が築いた山城跡のジオラマやゆかりの甲冑《かっちゅう》などが展示されている。近くには正成が産湯に使ったと伝承される楠公産湯の井戸があり、ＮＨＫ大河ドラマ「太平記」が放映された平成三年度には約四万六千人が入館した。しかし、平成二十八年度は約三千八百人と低迷している。

千早城跡に連なる金剛山は標高九七五メートルまで金剛山ロープウェイが運行しており、上れば関西国際空港から明石海峡大橋まで眺めることができる。

第十七章

全国で祭られる忠義の心

群馬・館林市に鎮座する楠木神社。周辺には変名した正成の家来が住んだと伝わる

佐賀に伝わり「葉隠」の核に

〈本邦創祀《そうし》楠神社〉

本殿に掲げられた扁額《へんがく》にそう書かれている。日本で初めて楠木正成《まさしげ》を祭った神社という意味だ。

佐賀市白山の楠神社。龍造寺《りゅうぞうじ》八幡宮の境内社で、ご神体は寛文三（一六六三）年に制作された「楠公父子櫻井《さくらい》の驛訣別《えきけつべつ》の像」。正成は、湊川の戦いに出陣する前、桜井の駅（現在の大阪府島本町）で嫡子・正行《まさつら》に後事を託し、本拠地の河内に帰した。その時の様子を彫った江戸時代の作品が、ご神体なのである。

「深江信溪《しんけい》という佐賀藩士が江戸に向かう途中、湊川の古戦場が荒れ果てているのに心を痛め、楠木父子の顕彰を藩内で訴えたことが制作のきっかけでした」

龍造寺八幡宮の江《え》頭慶宣《とうよしのぶ》禰宜《ねぎ》はそう話す。信溪の訴えには二代藩主の鍋島光茂から藩士、僧侶や婦人まで賛同し、当時の奉加帳《ほうがちょう》には約二百五十人が名を連ねている。

〈死をいたすきは（際）までも、不義をにくみ、仁勇を守護して、明言を残したりし勢、言語の及ぶところにあらず（略）願《ねがわ》ば両将のために寺をもたて、忠孝の助けとし玉ふべし〉

信溪は、寄進を求める趣意書にそう書いている。死の直前まで不義を憎んで戦い、後進の

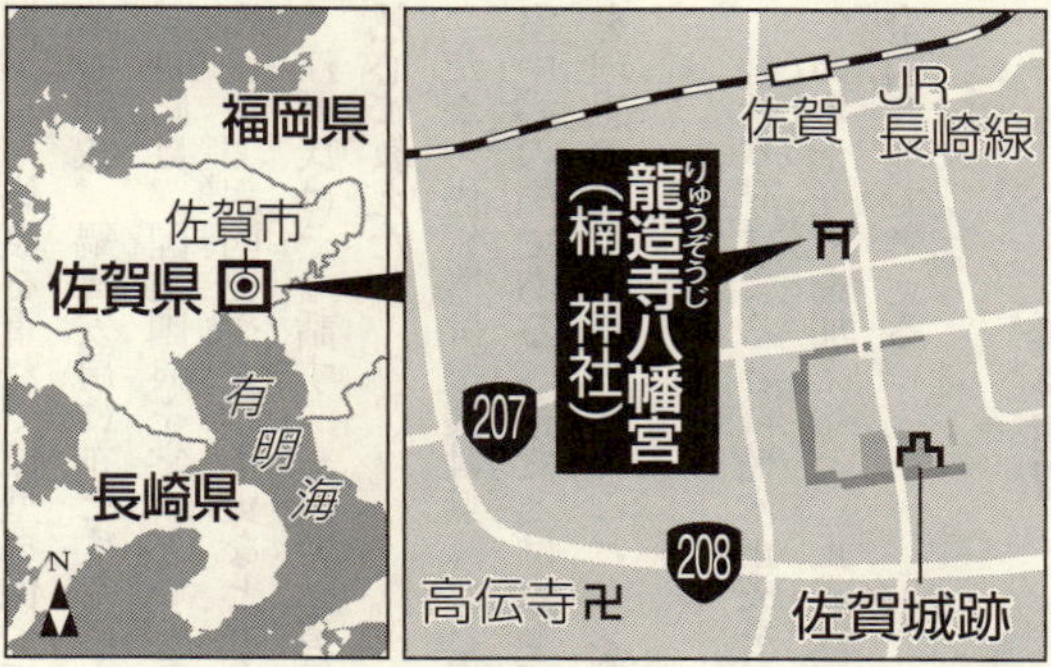

進むべき道を示した父子を忠孝の手本としようという内容である。

「ちょうど時代が武断から文治に変わろうとするころで、武士たちは新たな生き方を模索していた。そこで重視したのが主君への忠と親への孝。両方を合わせ持つ名将が楠木父子だと考えたのです」

葉隠《はがくれ》研究会の大園隆二郎理事はそう話し、佐賀藩の武士道を説く『葉隠』にもその思想が反映されていると指摘する。『葉隠』が武士に求める誓い「四《し》誓《せい》願《がん》」は、現代文にすればこんな内容だ。▽武士道においておくれをとらぬこと▽主君のお役に立つこと▽親孝行すること　▽人のためになること。

「精神の四本柱のうち二つは忠と孝。利がなくても動ける人間を理想像とするのが『葉隠』ですが、その象徴的人物が楠木父子だったことを、信溪たちは『太平記』などで知っていたのでしょう」

父子像は、藩主・鍋島家の菩提寺《ぼだいじ》、高伝寺などに安置され、修復を重ねて原型を保ってきた。同八幡宮に遷座《せんざ》されたのは安政三（一八五六）年。藩の執政、鍋島安房に神とすることを勧めたのは藩校・弘道館の国学教諭、枝吉神陽《えだよししんよう》だった。

「神陽は、国史国典を学べということを説いた教諭で、読むように勧めた本には古事記や日本書紀、六国《りっこく》史や大日本史などとともに『太平記』も入っていた」

江頭氏はそう話す。一方で弘道館は、長崎警備を受け持つ藩の藩校らしく、洋書や漢書も熱心に教えた。

「だから佐賀藩は攘夷は無謀だと考え、薩長のような尊皇攘夷は行わなかったが、日本は皇室中心の国であるべきだとは思っていたので、最後に官軍に参加する。そこには正成・正行を理想の武士としていたことも影響していたでしょう」

神社本庁によると、楠木正成を祭る神社は全国に三十三社ある。そこに境内社として祭っている十九社を加えると、正成は五十二社で神となっている。正成の何が尊崇《そんすう》を集めたのか、全国各地で考える。

義祭《ぎさい》同盟

楠公義祭同盟ともいう。枝吉神陽が中心になって嘉永三（一八五〇）年、楠木正成・正行の忠義をたたえる祭祀を行うために結成した崇敬団体。第一回の祭祀には副《そえ》島種臣《じまたねおみ》、大木喬任《たかとう》ら三十八人が参加。その後、鍋島安房ら藩の重役も参加したため、楠木父子の龍造寺八幡宮への遷座もスムーズに行われた。

祭祀の後は無礼講で議論を深めたため、尊王論を広げ、天下国家の行く末を語り合う塾の趣を深めた。参加総数は三百五十人。その中には江藤新平や大隈重信の名もあり、日本の近代化に大きな役割を果たした。

尊皇の象徴　徳川御三家も崇拝

〈三霊《さんれい》神社遺趾〉

名古屋市中区栄の洲崎《すさき》神社の境内に、その碑は立っている。幕末の尾張藩主、徳川慶勝《よしかつ》が文久二（一八六二）年に創建した神社である。社名の由来は、左に和気清麿《わけのきよまろ》、右に物部守屋《もののべの》、そして中央に楠木正成を祭っていたことだ。

三人に共通するのは朝敵を許さなかったこと。清麿は、奈良時代に皇位を奪おうとした道鏡に、守屋は、穴穂部皇子《あなほべのみこ》を殺害した蘇我馬子に待ったをかけ、正成は後醍醐天皇に弓を引いた足利尊氏と戦った。

尾張の正成崇拝はその後も高まり、慶応三（一八六七）年、同市東区徳川の赤塚神明社境内に湊川神社が、明治二（一八六九）年には同市中区錦の泥江縣《ひじえあがた》神社境内に楠《くすのき》社が建立された。

「三つの神社の周りには当時、武家屋敷が立ち並んでいました。正成公を御旗として勤王派の尾張藩士が集まり、近隣藩を勤王派に誘引するための会議も開かれたと考えられます」

泥江縣神社の中野昭男宮司はそう話す。

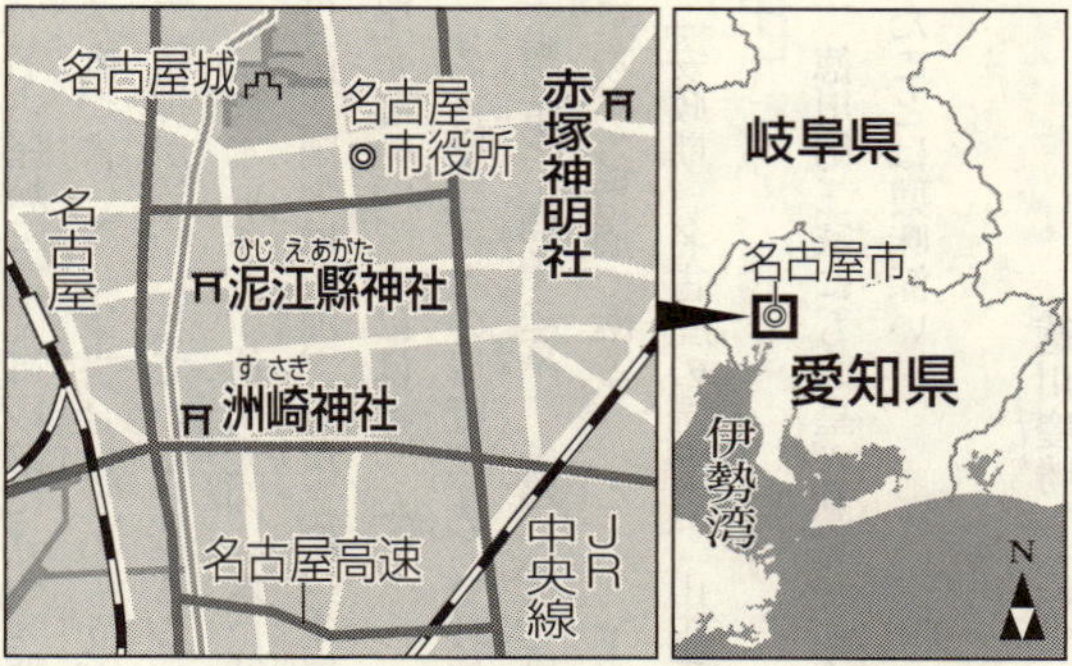

　尾張藩の正成崇拝には安政の大獄が影響している。天皇の勅許《ちょっきょ》を得ないまま幕府が、日米修好通商条約を結んだことに反発した尊皇攘夷派を、幕府大老の井伊直弼《なおすけ》が弾圧した事件だ。

　慶勝は、前水戸藩主の徳川斉昭《なりあき》とともに江戸城に押しかけ、直弼を糾弾したことで謹慎を命じられ、藩主の座を追われた。二年後、直弼が江戸城桜田門外で水戸藩の脱藩者らに襲撃されて落命。全面赦免《しゃめん》となった慶勝は、三霊神社を創建したのである。

「わが心太古に在り」

　創建時、慶勝はそう書いた詩を奉納した。太古とは平安時代末期に武家政治が台頭する以前、天皇親政時代を指す、と中野宮司は言う。

「もはや慶勝に幕府を支える考えはなく、王政復古へと心が固まっていたことを伝えています」

〈王命に依《よ》って催さるる事〉

名古屋城二之丸御殿跡に立つ「藩訓秘伝の碑」にそう刻まれている。初代尾張藩主の徳川義直《よしなお》が書いた『軍書合鑑《ぐんしょごうかん》』の一文だ。武家と朝廷が対立すれば必ず、朝廷側につけという勤王精神が込められているとされる。

「二代水戸藩主、徳川光圀《みつくに》（水戸黄門）が伯父の義直に学んで歴史書『大日本史』を編んで以後、国学は契沖《けいちゅう》、賀茂真淵《かものまぶち》、本居宣長《もとおりのりなが》らが発展させたが、その開基は義直だという理解が尾張藩の国学者にはあった」

名古屋芸術大の岸野俊彦名誉教授はそう話す。光圀は、正成が敗死した湊川に正成の墓碑「嗚呼忠臣楠子之墓《ああちゅうしんなんしのはか》」を建て、正成顕彰の先駆けになったが、その原点も義直にあることを示唆する指摘である。

「安政期、名古屋の国学者、山田千疇《ちうね》が正成らを祭る会を毎月開いていた記録が残っています」

徳川御三家にも尊皇の意識が強く、それを具現化する存在として正成が位置づけられていたことは興味深い。

徳川慶勝《よしかつ》

嘉永二（一八四九）年、十四代尾張藩主に就任。西欧列強諸国による東洋進出への危機感から水軍の近代化を進め、黒船来航後は開国は時期尚早と主張。「列強と対等に渡り合えるように軍事力整備に力を入れるべきだ」との建白書を幕府に提出した。

鳥羽伏見の戦い直後の慶応四（一八六八）年一月、旧幕府側につくか、新政府側につくかを迫られ、旧幕府軍主力の会津藩と桑名藩の藩主は実弟だったが、新政府側を選択。東海道最大の雄藩の決断は、同年四月の江戸城無血開城につながった。

群馬に根付く「楠木」の誇り

〈うたがひは人によりてぞ残りけるまさしげなるは楠が頸《くび》と、狂歌を札に書いてぞ立てたりける〉

『太平記』は、湊川の戦いで敗死した楠木正成の首が、京の六条河原にさらされた時の様子をそう書く。下赤坂城での鎌倉幕府軍との戦いで、自分に見せかけた死体を焼く策略で時間を稼いだ正成だけに、「今度の首は本物らしいが、正成だけに疑いが残る」と、民衆は考えていたのだ。

こうした空気を現代に伝えるのが、群馬県館林市の楠木神社である。伝承によると、七人の家来が正成の首が敵に渡ることを恐れ、塩漬けにして奥州の北畠顕家《あきいえ》らを頼ろうとした。約一年の逃亡で生き残った五人が館林にたどり着くと、正成が夢枕に立ち、「ここに鎮座を望む」と告げた。そこで松の大樹の下に首を埋めたことが神社の起源。伝承を補強する記述が、昭和四十四年発行の『館林市誌』に載っている。

〈(足利)尊氏に差し出されたのは正成らと共に自害した宇佐美河内守正安の偽首であった〉

クスノキの巨木が茂る境内の近くには、正成の首を洗ったとされる「首洗堰《くびあらいぜき》」があり、由

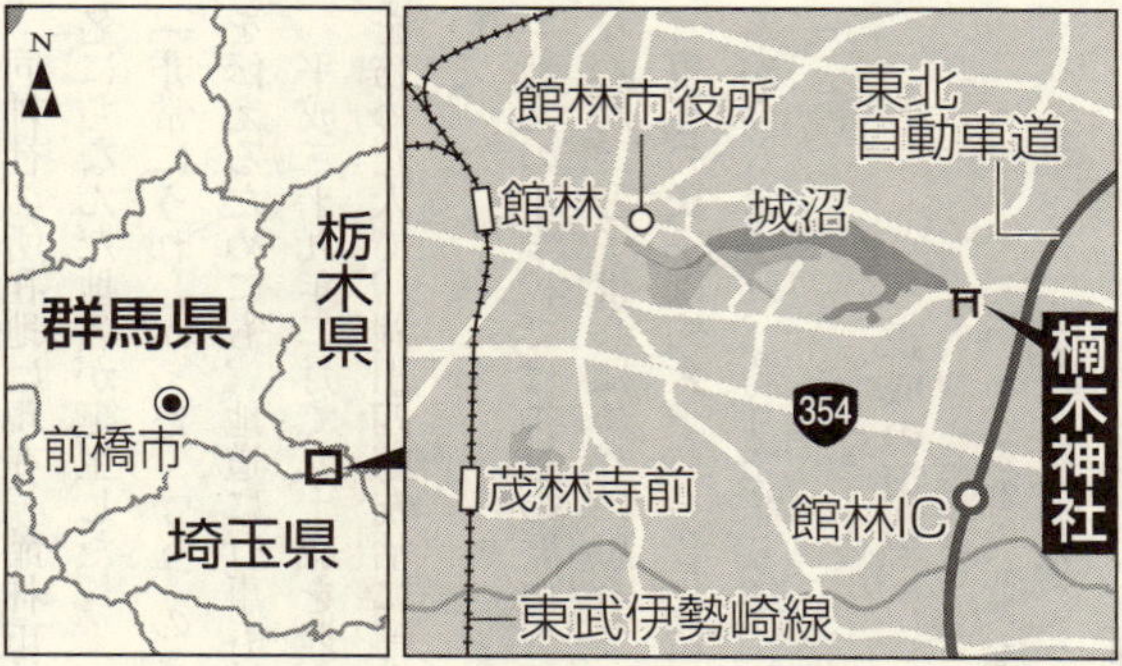

来を刻んだ「大楠公首洗堰碑」（昭和十四年建立）も立っている。

　こうした「モノ」以上に伝承を雄弁に語るのは住民の名字である。神社の周辺には「田部井」「半田」といった名字が多く、五人の変名が由来と伝わる。

　たとえば半田は、半田淡路正久と名乗った富田七郎正武、田部井は、田部井監物《けんもつ》正茂と名乗った岡田四郎友治が草分けとされる。

「江守と名乗った一族は後に別の場所に移り、館林の南の明和町《めいわまち》には何軒か、江守姓の方がいらっしゃいます」

　同市教委文化振興課の宮田圭祐学芸員はそう話す。江守は、江守主水《もんど》正行と名乗った江田四郎高次の子孫に当たる。家来たちが変名したのは足利尊氏による追及を恐れたためだ。同神社も最初は野木神社と呼ばれ、楠木神社を名乗ったのは明治二十五年のことである。

同神社の所在地は現在、館林市楠町《くすのきちょう》。昭和六十一年十一月、付近の地区が合併し、神社の名にちなんだ地名が誕生した。

「非常にうれしかった。『くすのき』の名前が永久に残るわけですから。正成とのつながりを伝えるためにも、地道に行事も続けていかなくては」

平成二十九年二月で九十歳を迎えた氏子の田部井久男氏はそう話す。長年、氏子の総代長を務めた人で、岡田四郎友治に連なる。正成・正行父子が教科書に載っていた戦前も知っている。

「地元の小学校では神社の歴史も紹介されていた。自分たちの先祖をたどれば大楠公の重臣なんだ、と子供心に誇りに思っていました」

現在の氏子は約六十戸。昔に比べれば回数は減ったものの、夏の大祭や冬至祭などの諸行事が今も営まれ、誇りを語り継ぐ努力が続いている。

正成の策略

京の狂歌の元になったのは、下赤坂城での正成の策略。後醍醐天皇のお召しに応じて鎌倉幕府軍と戦ったが、初戦で急造の城だったため、長期戦は不可能と考えて自ら城に火を放って退却。その際、城内の大穴に二十～三十体の焼死体を残したため、幕府軍は正成と一族と考えて関東に帰陣した。そのすきに正成は千早城などの戦備を進めた。

翌年、正成は幕府方が籠もる下赤坂城を奪還するが、その際は兵糧を運び入れる荷《に》駄《だ》隊《たい》を襲って自らの兵に成り代わらせ、空の俵に武具を入れて城内に潜入。一戦もせず降伏させた。

忠義心を継承した鹿児島の西郷像

〈懐《おも》う君が一死七生の語、此の忠魂を抱くもの今在《あ》りや無しや〉

『楠公《なんこう》の図に題す』という漢詩を詠み、楠木正成のように七度生まれて敵を滅ぼそうとする忠義の心の者は今、いるだろうか——と問いかけたのは明治維新三傑の一人、西郷隆盛である。平成二十二年に確認された書『湊川感懐』では、蛍となって正成の霊を慰めたいという漢詩もつくっていた。

〈願くは青蛍《せいけい》と化して墓畔に生まれ、香骨《こうこつ》に追随して吾《わ》が心を快《たの》ましめん〉

書を確認し翌年、西郷南洲《なんしゅう》顕彰館（鹿児島市）で企画展「楠公と西郷隆盛」を開催した高柳毅・元館長はこう語る。

「これほどまでに楠公に傾倒していたとは、と驚いた。明治維新（の原動力）が南北朝にまでさかのぼる証しでしょう」

薩摩藩の楠公崇拝が西郷に限らなかったことを示すのが、鹿児島県さつま町の楠木神社だ。ご神体は正成の木像。社伝では、江戸時代に徳川光圀が摂津（神戸）・広厳寺《こうごんじ》に奉納した三体のうち、唯一現存すると伝わる像で、非公開だが、高さ約二五センチの甲冑《かっちゅう》姿の立像

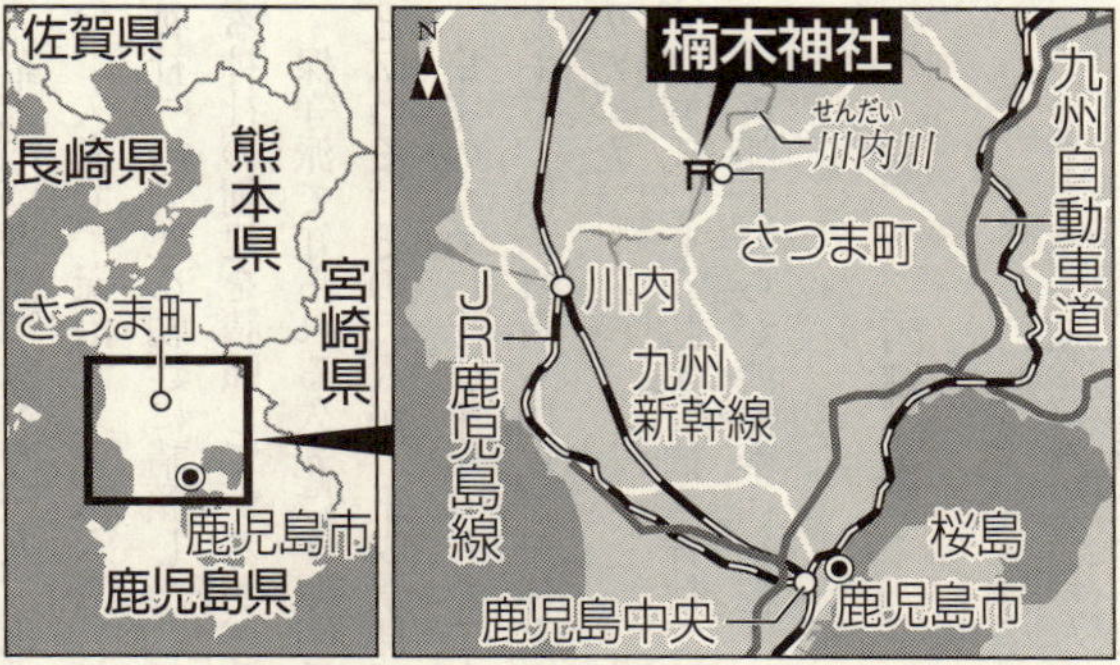

である。

像はもともと、幕末の薩摩藩士、有馬新七らが藩内の伊集院石谷（現在の鹿児島市）に建立した楠公社に祭り、鹿児島城下の皇軍神社や私学校を経て、私学校の勇将で現さつま町の宮之城区長を務めた辺見《へんみ》十郎太《じゅうろうた》が宮之城に移したとされる。有馬は、寺田屋事件で落命した志士。辺見は、西郷の影響を受けた同志ともいうべき存在だ。

「西郷には、有馬の尊皇精神を継承し、有馬の死後は楠公像を祭らなければ、という意識があったとみられる」

志学館大の原口泉教授はそう話し、その効果をこう評価する。

「西郷は、尊皇精神を持って近代天皇制を築くことにいそしんだ。（明治維新後の）天皇制確立には、漢詩でたたえた忠義（精神）が役立っただろう」

幕末の薩摩藩にはもう一人、正成崇拝に熱心だった人物がいる。十二代藩主・島津忠義の父、久光で、元治元（一八六四）年、湊川に護良《もりよし》親王や正成らの霊を祭る神社（現在の湊川神社）の創建を朝廷に請願した。三七〇ページで紹介した尾張の徳川慶勝《よしかつ》も京に、正成を祭る神社の創建を請願しているが、それは久光に三年遅れてのことだ。

保守派で知られる久光は、開明派だった十一代藩主・斉彬《なりあきら》に登用された西郷を嫌っていたと伝わる。その二人が、正成崇拝では一致していたことは興味深い。

「皇室のために忠義を尽くしたことを慕うのが楠公崇敬。古来、日本にはそうした尊皇精神があり、明治維新も国民が一体となるために、天皇を中心に主権在民の体制にするというものだった」

高柳氏はそう話す。楠木神社では、荒れた境内の再興をめざし、さつま町郷土史研究会の三浦哲郎会長らが清掃奉仕を続けている。

西郷隆盛

一八二八〜七七年。幕末の薩摩（鹿児島）藩士で、大久保利通、木戸孝允《たかよし》とともに明治維新の三傑。

島津斉彬に抜擢《ばってき》されるが、斉彬没後には流罪になったことも。その後、薩長同盟を結ぶなどして活躍。戊辰《ぼしん》戦争を指揮し、江戸城無血開城に成功した。新政府の参議として廃藩置県に尽力したが、征韓論争で対立して帰郷。西南戦争で政府軍に敗れて自決した。

海音寺潮五郎の『西郷隆盛』や司馬遼太郎の『翔《と》ぶが如く』などに描かれ、平成三十年にはＮＨＫ大河ドラマ『西郷《せご》どん』が放送されている。

大分に生き続ける報国精神

〈慶長年間ニ於《おい》テ竹田岡城主中川山城守久清、楠公ノ忠節義ヲ欽慕《きんぼ》シテ居城内ニ社殿ヲ創建シ、中川家守護ノ神トシテ祭祀セリ〉

大分県竹田市の楠公社《なんこうしゃ》の由緒書は、創建の事情をそう書く。中川家は、家祖の瀬兵衛《せびょうえ》清秀が賤ケ岳《しずがたけ》の戦いで羽柴秀吉方として奮戦して戦死。子の秀成が播州三木四万石の大名に取り立てられた後、竹田に転封した家である。石高は七万石。その家の三代藩主が、由緒書にある久清だ。

「この地方は、菊池一族など南北朝時代に宮方として戦った武士が多い。中川家は、加増になって地元武士も召し抱えたでしょうから、楠公さんを祭ったことには彼らの心を取る意味合いもあったでしょう」

楠公社の後藤勇宮司はそう話す。城内にあった社は廃藩置県で城外に移り、明治八年、同市玉来《たまらい》の吉野山に遷座された。元尊皇藩士の矢野勘三郎が、後醍醐天皇とゆかりの深い奈良・吉野山と同じ名の小山に遷座を進言したと伝わる。

〈七生報国《しちしょうほうこく》一死心堅　再期成功　含笑上船（七生報国　一死心堅シ　再ビ成功ヲ期ス　笑

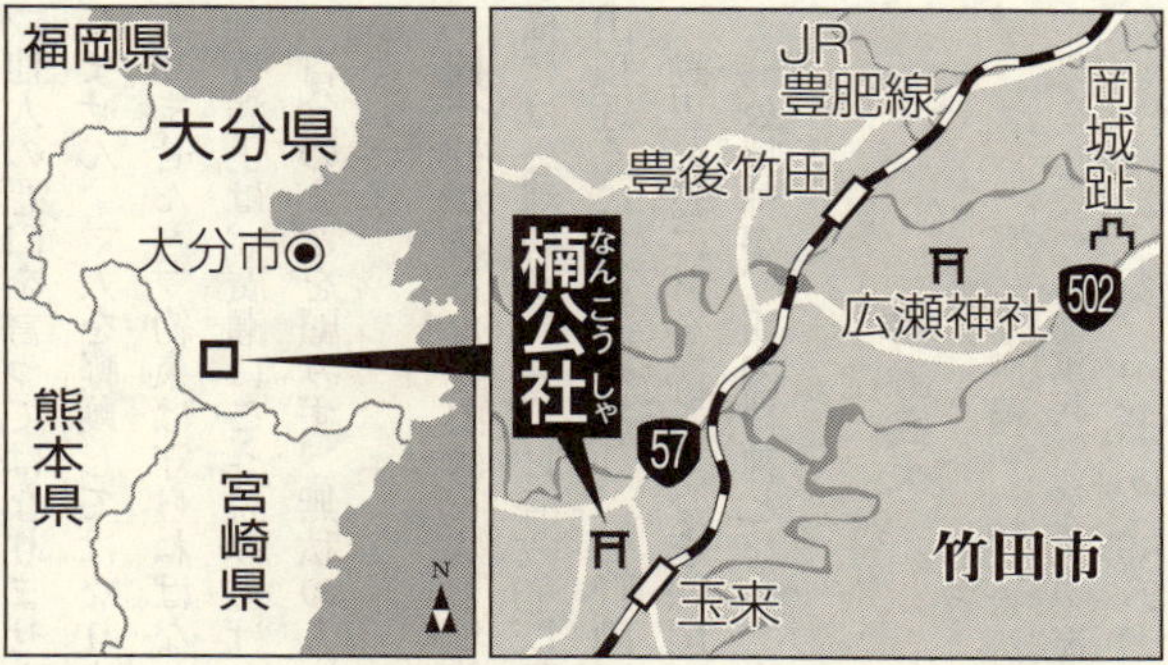

ヒ含ミテ船ニ上ル〉

この漢詩とともに、ご祭神の写真を拝殿に掲げているのは、同市の広瀬神社である。ご祭神は、日露戦争の旅順口閉塞《へいそく》戦で戦死した廣瀬武夫中佐。沈みゆく汽船内で、命がけで部下を捜索し、直撃弾を受けた人だ。

漢詩は、廣瀬が旅順に向かう直前、兄にあてた手紙に書いたものだ。湊川の戦いに敗れた楠木正成が刺し違える弟、正季《まさすえ》に覚悟を問い、正季が返した言葉から生まれた「七生滅賊《しちしょうめつぞく》」が原型である。

「廣瀬家は菊池一族で、中佐の父、重武は最後の岡藩士。それも尊皇のために働いた人でした。中佐が、後醍醐天皇のために働いた楠木正成を信奉していたのは自然なことでしょう」

同神社を管理する鈴木啓子氏はそう話す。

廣瀬に菊池一族の誇りを教えたのは祖母の智満子で、竹田では「智満子の教え八か条」が伝承されている。

▽他人の悪口を言ってはなりません　▽嘘をついてはなりません▽弱い者をいじめてはなりません　▽人を軽蔑してはなりません▽愚痴をこぼしてはなりません▽人を妬《ねた》んではなりません▽約束は守らねばなりません　▽口にしたことは実行しなければなりません

智満子は、廣瀬にこう読み上げさせた後、「これぞ誠の侍ぞ」と結ばせた。「自分のことを顧みず、無私の人になれという教えで、この精神は楠木正成に連なるものでしょう」

楠公社がある吉野山は、八十年前に地元住民が植えたツツジでおおわれている。楠公社の横には忠魂碑が立ち、日清戦争以降の戦役で戦死した地元の約百十人の名が刻まれている。山頂近くにも石碑があり、矢野勘三郎の漢詩が残る。〈勤王の為に財を擲《なげう》ち、身を報国に投じ、忠を盡《つく》す〉楠公精神が、報国精神となって生き続けたことがうかがえる

廣瀬武夫

明治元（一八六八）年五月二十七日、旧岡藩士、廣瀬重武の次男として生まれる。海軍兵学校を経て海軍少尉任官。日露戦争では戦艦・朝日の水雷長（少佐）だった。ロシアの太平洋艦隊を無力化するための旅順口閉塞戦に第一次から参加。第二次作戦で汽船・福井丸を指揮。沈みゆく福井丸で部下の杉野孫七・一等兵曹（後に兵曹

長）を三度捜索し、カッターで退避途中に直撃弾を受けて戦死した。海軍三軍神に数えられ、昭和十年、出身地の大分県竹田市に広瀬神社が建立された。

第十八章

歴史に残る楠公精神

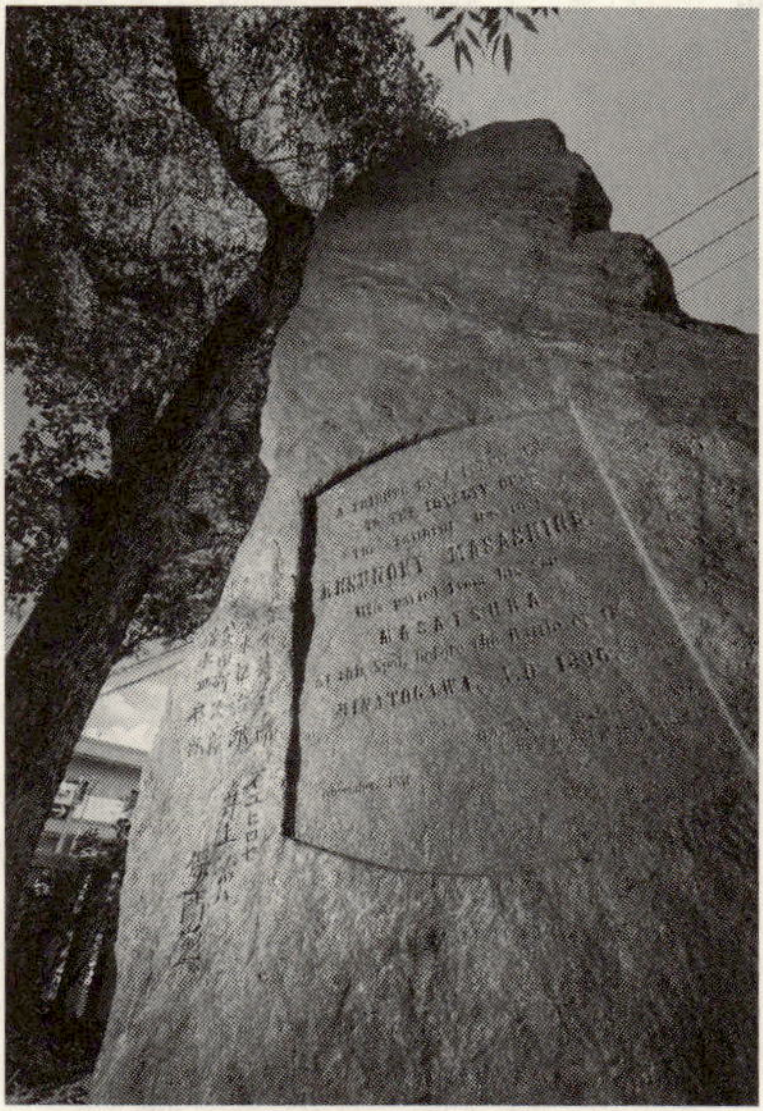

「楠公訣児之處」碑の背面に刻まれたパークスの顕彰文（大阪府島本町）

賊とされた正成を光圀が再評価

〈嗚呼《ああ》忠臣《ちゅうしん》楠子之《なんしの》墓《はか》〉

楠木正成《まさしげ》を祭る湊川神社（神戸市中央区）の境内にある正成墓碑の碑銘は、水戸藩二代藩主、徳川光圀《みつくに》の筆によるものだ。建立は元禄五（一六九二）年。徳川家による幕藩体制の全盛期に光圀は、家臣の佐々宗淳《むねきよ》を湊川に派遣して、墓所の工事を指揮させた。

「徳川家の人間という立場上、朝廷に味方した正成の碑は、藩主としては建てられなかった。だから隠居後、『陰ながら』という形で建立に尽力された」

常磐《ときわ》神社（水戸市）の石原慎一郎権禰宜《ごんねぎ》はそう話す。名園・偕楽園《かいらく》の近くにある同神社は、光圀と九代藩主、斉昭《なりあき》を祭る。光圀の隠居は元禄三年。その二年後に墓碑を建立したのである。

〈我が主君は天子なり。今将軍は我が宗室《そうしつ》なり〉

光圀の伝記や逸話を書き記した『桃源遺事《とうげんいじ》』に、光圀が家臣に言い聞かせていた言葉が記されている。

「われわれが主君と仰ぐのは天皇であり、現今（江戸時代）の将軍は親戚頭《しんせきがしら》である、という

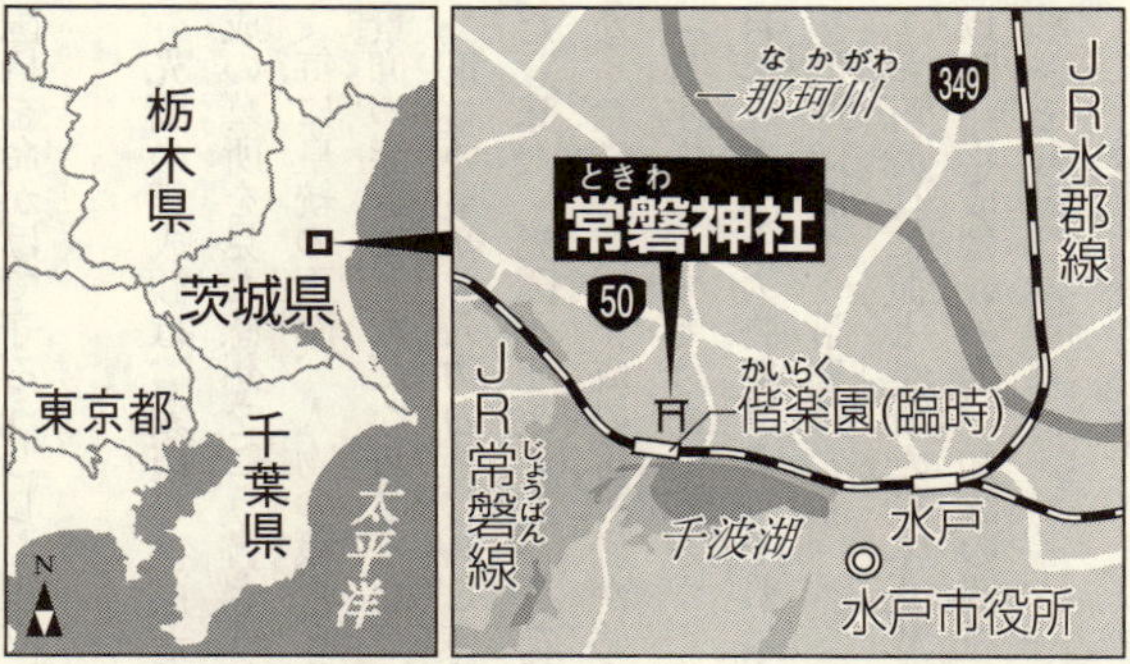

意味です」。水戸史学会理事・事務局長で植草学園短期大名誉教授の但野《ただの》正弘氏は、そう解説する。

明治維新のエネルギーとなった水戸学の根本思想を、シンプルに表現した言葉ともいえる。但野氏は、徳川御三家の光圀が天皇を主君と考えるようになった理由は、育った環境にあると考える。

光圀は、家臣の三木《みき》仁兵衛《にへえ》之次《ゆきつぐ》の屋敷で生まれ、幼少時を過ごした。三木の妻・武佐《むさ》は宮中に仕えていた女性だった。一方で、父の初代藩主・頼房《よりふさ》は朝廷への尊崇の念が厚く、水戸・那珂《なか》川産の一番鮭を毎年、献上していた。そうした環境で育った光圀は、神武天皇から百代の天皇の治世を書く『大日本史』の編纂《へんさん》事業を始めた。『大日本史』の特徴の一つは、足利尊氏の軍事力を背景にした北朝を否定し、南朝正統論を取っていることだ。

「光圀は、長年にわたる国史の研究で、後醍醐天皇に忠義を尽くして天皇を中心とした国体、言い換えれば国柄を命がけで守ろうとした正成に感動し、尊敬するようになったのでしょう」

光圀の正成観は、家臣らに広がった。『大日本史』編纂に携わった一人、大串元善《おおくしもとよし》は、正成の墓所を見た感想をこう書き残している。

〈毎《つね》に皇統の正閏《せいじゅん》、人物の藏否《ぞうひ》を論じては必ず楠公を推して間然《かんぜん》すべからずとなし（中略）景仰《けいぎょう》の深きことただならざるなり〉

正しい皇統と人物の善しあしを論じるうえで、正成ほど尊敬できる人物はいない、といった意味だ。光圀が死後に贈られた諡号《しごう》は義公。義の人と周囲に見られていた光圀の眼鏡にかなったことで、正成の再評価が始まったと言っても過言ではない。

「日本人としてどうあるべきか。それを命がけで示したのが楠木正成。水戸学の中でも最も目標とすべき人物であり、それは今も変わっていない」

但野氏はそう語る。

室町時代に賊とされた楠木正成を、初めて公然と評価したのは水戸の黄門様だった。それ以降、正成は義の人、知謀の武将として語り継がれる。近世から現代までに、正成が与えた影響を考えたい。

徳川光圀

寛永五（一六二八）年〜元禄十三（一七〇一）年。若い頃は無軌道な生活を送っていたが、十八歳の時に『史記』の『伯夷伝《はくいでん》』を読んで感銘を受け、改心した。伯夷と叔斉《しゅくせい》の兄弟が家督を譲り合う内容で、兄・頼重《よりしげ》を差し置いて家督を継ぐことが決まっていた自身の姿を重ね合わせたとみられる。

歴史を残す重要さを認識し、『大日本史』編纂を始めた。編纂作業は水戸藩がなくなった明治以降も続けられた。楠木正成の墓所建立で、現場を指揮した家臣の佐々宗淳は、映画やテレビドラマ『水戸黄門』に登場する助さんのモデルとされる。

赤穂四十七士に継承された

「昔から東の楠公さん、西の大石さんと呼ばれてきて、楠公さんには特別な親しみを感じます」

そう語るのは大石内蔵助《おおいしくらのすけ》ら赤穂四十七士を祭る赤穂大石神社（兵庫県赤穂市）の飯尾義明宮司である。楠木正成と大石内蔵助。両者のゆかりを伝える二つの建物が同神社の境内に残る。正成を祭る湊川神社の神門だった義芳門《ぎほうもん》と、同神社の宝物館を移築した義士宝物殿だ。

義芳門は昭和十七年に移築された。義士宝物殿は、戦前から湊川神社にあって戦災で焼け残った宝物館を五十一年に移築したもので、屋根瓦には菊水の紋があしらわれている。

「移築の詳しい経緯はわかりませんが、移築するなら同じ忠臣として仰がれる大石ら四十七士ゆかりの神社にしようという強い意志があったのではないでしょうか」

正成と四十七士を歴史上でつなぐのは山鹿素行《やまがそこう》だ。山鹿流兵学を創始した兵学者で、儒学者としても名を残した。素行の儒学は、当時の主流だった朱子学に異を唱え、平和な時代の武士の存在理由を模索し、忠や信、義を重んじる士道の実践を説くものだった。

「時代的には、素行は儒学者よりも兵学者として高名でした。正成の戦術を研究する楠木流

兵学もすでに盛んでしたから、素行も何らかの影響を受けたことは間違いない」

東京素行会の佐藤健二講師はそう指摘する。実際、素行は正成の戦術をまとめた文献『楠正成一巻之書』を所蔵し、自ら序文をつけて出版している。また、弟子との問答を集めた『山鹿語類』では、正成を絶賛した。

〈身の利害を不謀《はからず》して、唯《ただ》義を守り忠を尽すことを専《もっぱら》とす（中略）忠臣義士の本意と可謂《いうべき》也〉

忠臣義士となれ、という思想を練り上げた素行は承応元（一六五二）年、赤穂藩に召し抱えられた。当時の藩主、浅野長直がすでに門人になっており、禄高は一千石。家老の大石家に次ぐ高禄だった。素行は、赤穂城の築城に関わり、兵法の教授に当たった。約七カ月の赤穂滞在で親しく交流した藩士に、内蔵助の祖父、良欽《よしたか》の名が残る。

幕府に罪に問われた素行の配流先も赤穂だった。配流期間は寛文六（一六六六）年から九年間。その間に素行は『中朝事実《ちゅうちょうじじつ》』『武家事紀《ぶけじき》』『配所残筆《はいしょざんぴつ》』などの著作を完成した。学者・兵学者としての充実期ともいえる。

〈年に一、二度は藩主の招きに応じて登城し、家老の大石良重の邸でもてなしを受けていた〉『赤穂市史』にはそんな内容の記述がある。良重は内蔵助の大叔父。正成を本意とする素行の義士道が、赤穂藩に浸透していったことは想像に難くない。

「一身の利害を考えず、忠のため、義のために行動する正成の精神は、素行の教えを通じて、四十七士の行動にもつながっているといえるでしょう」

佐藤氏はそう話す。

山鹿素行

江戸時代前期の兵学者、儒学者。九歳で林羅山《らざん》に入門して朱子学を学ぶ一方、甲州流兵学を修め、神道や国文学などにも親しんだ。朱子学に疑問を持ち、朱子学を含めた後世の注釈に頼らず、孔子らの書に直接学ぶ姿勢を明らかにした『聖教要録』を出版。播州赤穂に流罪となった。

山鹿流兵学の名を現代に伝えるのは、赤穂浪士の討ち入りの際、大石内蔵助が打った山鹿流陣太鼓だが、実際にはそうした太鼓はない。兵学そのものは、吉田松陰が素行を「先師」として敬い、その著作を弟子たちに講義していた。

幕末のベストセラー　躍る正成

〈勤王の功は、われ楠氏を以《もっ》て第一となす〉

〈天斯《こ》の人を生じて、以て世道《せどう》を匡済《きょうさい》するに非《あら》ざるを知らんや（天が楠公を世に降《くだ》し、乱れを正そうとしたのかもしれない）〉

こうした文章で後醍醐天皇に忠義を尽くした楠木正成を絶賛するのは『日本外史《にほんがいし》』である。異国船の来航に日本中が騒然とした幕末の大ベストセラー。この一書が幕末を動かしたとさえ言いたくなる――と司馬遼太郎が評した本だ。

著者は江戸後期の儒学者で文人の頼山陽《らいさんよう》。人生の半分、約二十五年をかけて完成させた全二十二巻の史書である。外史とは、個人で編んだ歴史書という意味で、源平時代から徳川期までの武士の興亡を、躍動感ある漢文体で綴《つづ》っている。

「湊川の合戦など日本史の名場面が次から次へと描かれています。史書というより大河ドラマに近い」

山陽が青年期を過ごした屋敷跡に建つ頼山陽史跡資料館（広島市）の花本哲志《さとし》主任学芸員はそう話す。『日本外史』に心を熱くした志士は多く、吉田松陰は講義で正成の自刃の場面になると、塾生の前でも涙を流したという。

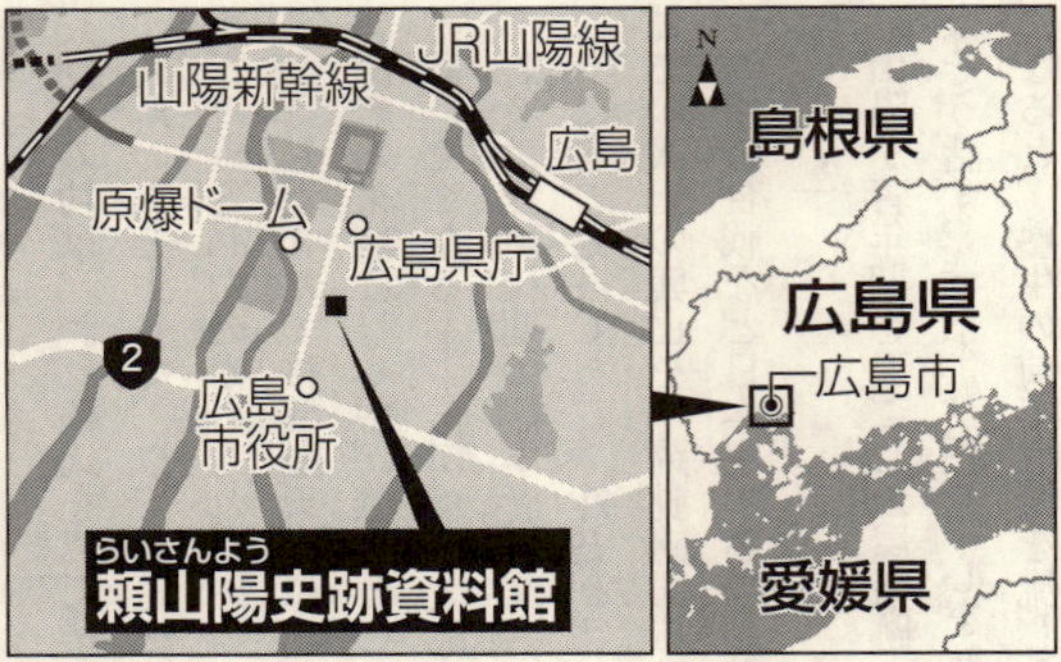

「山陽は『日本外史』の冒頭で、朝廷が権力を失ったことを嘆いています。そのため『歴史を検証して天皇の善政、失政を書き示すので、後世の参考にしてほしい』と執筆動機を記しています」

花本氏の指摘通り、山陽は後醍醐天皇にも厳しい文言を並べた。▽正成への恩賞が少ない▽湊川の合戦では正成を大将にすべきだった▽三種の神器があっても正成のいない南朝に誰が付くのか――。

天皇をも批判する山陽の書は、幕府側にも読まれた。将軍御台所《みだいどころ》だった天璋院篤姫《てんしょういんあつひめ》や新撰組局長の近藤勇らが読んだとみられ、花本氏は「山陽に倒幕の意思はなかったと思います」と話す。

〈楠氏の如き者は真に武臣の名に愧《は》ぢずと謂《い》ふべし〉

ひたすら正成を絶賛する『日本外史』は、山陽の意図とは別にいつしか倒幕論と結びつき、「志士必携の書」として、明治維新の原動力となった。

山陽没後百年にあたる昭和六年、山陽を顕彰する催しが全国各地で開かれた。東京での式典には、若槻礼次郎首相が出席し、ＮＨＫラジオが五時間にわたって中継した。

「その式のプログラムには『日本外史』から『楠公父子　桜井駅の訣別《けつべつ》』の場面の抜粋と、山陽が湊川の正成の墓前で詠んだ漢詩も印刷されています。会場で吟じたのではないでしょうか」

小説『頼山陽』を書いた作家、見延《みのべ》典子氏はそう話す。同年には、正成が嫡子《ちゃくし》・正行《まさつら》と別れた地とされる桜井駅跡（大阪府島本町）に、正成をしのぶ明治天皇御製を東郷平八郎の筆で刻んだ碑が建てられた。碑の裏面には、この地で山陽が詠んだ漢詩が刻まれている。山陽の正成賛美は、昭和まで引き継がれていたのだ。

頼山陽

安永九（一七八一）年、大阪生まれ。広島で育ち、二十一歳で脱藩に失敗。屋敷の離れに幽閉されている五年間に著述に専念し、『日本外史』の草稿を仕上げる。三十二歳で京都に移り、五十二歳で没した。草稿を書いた離れは原爆投下で焼失したが、昭和三十三年に居室として復元された。

幼いころは、いくさごっこで楠公を演じたり、南朝を悪く言う人に噛み付いたりしたという。山陽の子孫で漢文学者の頼惟勤《らいつとむ》氏は頼氏について「言い伝えでは橘氏」と書き残している。楠木氏も一説には橘諸兄《もろえ》の後裔《こうえい》とされる。

英国公使も共鳴し碑に刻む

国史跡の桜井駅跡にある「楠公訣児《なんこうけつじ》之處《のところ》」碑の顕彰文は英文で書かれている。同町による訳文はこうだ。

〈西暦一三三六年　湊川の戦いに赴くに際し　この地で子正行と別れた　「忠臣」楠木正成の忠義を　一外国人としてたたえるものである〉

碑に刻まれた署名は、駐日英国公使ハリー・S・パークス。日付は一八七六年十一月。同年は明治九年で、湊川の戦いに赴く正成が嫡男・正行と別れた場所とされる駅跡に立つ碑の中で最も古い。

「建立の経緯は全くわかっていません。ただ、碑文については地元の故人が所有していた元原稿が残っています」

同町立歴史文化資料館の吉村光子館長はそう話す。郷土史『水無瀬野《みなせの》』によると、地元の人が碑の用地を寄付し、有志三人が寄付金を募った経緯や石工の名も書かれているという。この碑が端緒となり、後には乃木希典《のぎまれすけ》筆の石碑「楠公父子訣別之所」が建てられるなど、顕彰地の整備が進んだ。大正十年、国の史跡に指定された。

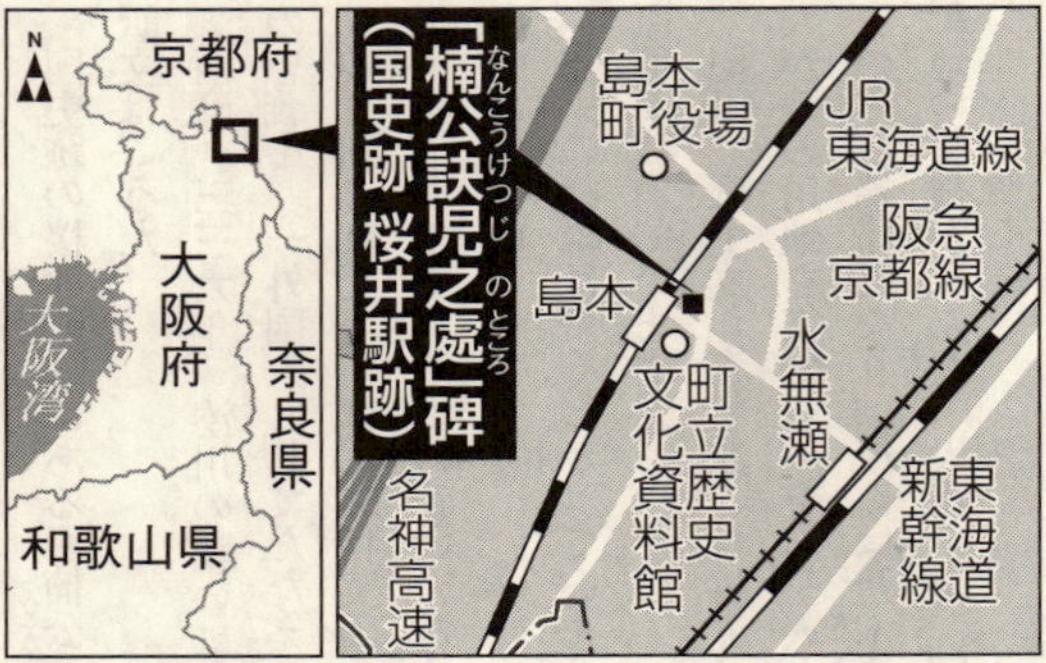

二代駐日英国公使のパークスの来日は、四月に慶応と改元される一八六五年。当初は十五代将軍・徳川慶喜を高く評価していたが、王政復古の大号令（慶応三年）後、京の二条城を脱出して大阪に来た慶喜に謁見し、失望した。

〈大君（将軍）は豪胆というよりも、むしろ陰険という印象を受ける〉

パークスの慶喜評はそう残っている。その後、英国は他国に先駆け、最初に明治新政府を承認した。パークスの幻滅の影響を、十九世紀日本史研究の第一人者でロンドン大のウィリアム・ビーズリー名誉教授は論文でこう分析している。

〈天皇制こそ、過去におけるよりも一層「近代的」かつ「文明化された」政治形態のための基礎を提供するかもしれないという認識をもたらした〉（『サー・ハリー・パークスと明治維新』）

「忠臣の鑑《かがみ》とされた正成の逸話がよほど心の琴線に触れたのでしょう。日本人を威嚇し続けたイメージがあるパークスの意外な一面です」

著書『幕末維新を動かした8人の外国人』でパークスを取り上げた作家、小島英記氏はそう話す。パークスは幼いころに両親を亡くし、努力して中国語を学んで外交官になった。一八六〇年、英仏連合軍の北京遠征の際、交渉が決裂して捕虜となったが屈服せず、その功でビクトリア女王からサーの称号を与えられている。パークスも、女王と大英帝国に対する忠誠心が深かったのだ。

「まさに立志伝中の人。ハングリーな生い立ちや人生が、正成（の生涯）に共鳴する精神構造を説明してくれる気がします」

碑の表の揮毫《きごう》は、当時の大阪府権知事《ごんちじ》、渡辺昇の筆による。建立の年は西南戦争前年。近代国家建設半ばの日本で、幕末の混乱を知る英国公使が正成を評価していた。

ハリー・S・パークス

一八二八〜八五年。イングランドの鉄工所主の家庭に生まれる。祖父は英国国教会牧師。両親を相次いで亡くし、退役軍人の叔父に育てられるが、十三歳で中国（清国）のマカオで暮らす姉の元に身を寄せる。通訳官などを経て厦門《アモイ》や上海の領事を務め、一八六五年、二代駐日英国公使として来日。その外交姿勢は「恫喝《どうかつ》外交」と評された。

六八年、京都で攘夷派の志士に襲われるが、難を逃れた「パークス襲撃事件」が有名。七一～七三年に一時帰国し、岩倉使節団を接待した。八三年に駐清国公使となり、北京で没。享年五十七。

連隊が受け継ぐ菊水紋の歴史

平成二十九年四月十六日、陸上自衛隊の信太山《しのだやま》駐屯地（大阪府和泉市）の創立六十周年記念行事が行われた。観閲式で駐屯地司令でもある丸尾寿明・第三十七普通科連隊長はこう述べた。

「連隊のシンボルマークである菊水紋は、地域と関わりが深い大楠公の御印であり、陸軍歩兵第三十七連隊を経て、第三十七普通科連隊が受け継いでいるものです」

明治二十九年、楠木正成の地元・河内を含む大阪府南部の出身者で構成されたのが旧陸軍の歩兵第三十七連隊だった。八年後に勃発した日露戦争では、第二軍に属して奉天に一番乗りした連隊として知られる。

「満州軍の大山巌《いわお》総司令官が、奉天に入城した際の写真に連隊旗が写っています。武勇に優れた連隊だったと聞いています」

丸尾連隊長はそう話す。連隊は、菊水連隊を自称していた。楠木家の家紋、菊水紋をシンボルマークにしていたからだ。菊水紋は戦後、陸自の第三十七普通科連隊に受け継がれ、隊員の識別帽などに広く使われている。

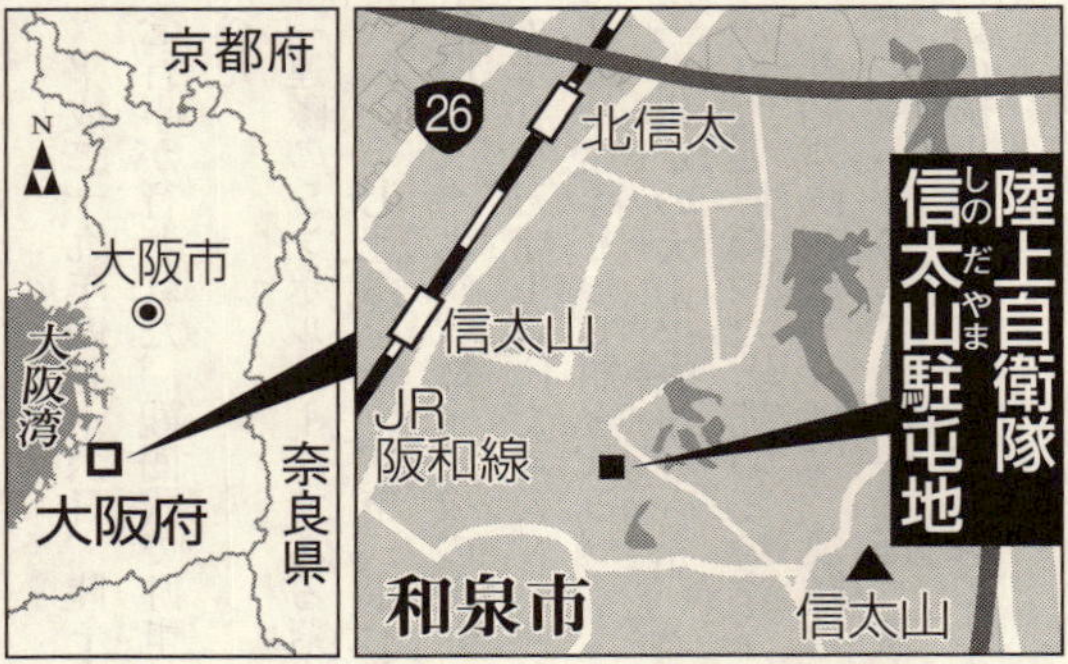

戦後、陸軍が陸自に変わっても兵に当たる隊員は、地元採用が基本だ。約八百人の隊員は、正成麾下《きか》の武士たちの気質を連想させる存在でもある。

「やんちゃで行儀が悪いが、目標を与えると（気持ちが）乗ってくる。ひとたび立てば、何事かやらん、といった熱い心の若者が多い」

そう話す丸尾連隊長は、第七普通科連隊（京都府福知山市）と第十普通科連隊（北海道滝川市）で勤務経験がある。第七連隊は寡黙で実直、忍耐強く、第十連隊は、純朴でおおらかな隊員が多かったという。

「第三十七連隊は士気が高い。しかし、諦《あきら》めが早いところがあるので、緊張感が切れないように統率する必要を感じます」

こうした気質の武士たちを使って百日に及ぶ千早城籠城戦を行い、京での市街戦で勝利したと想像すれば、武将・正成の人間通ぶりがわかる気がする。

第三十七普通科連隊は昭和三十七年の創設時、三十九の数字が付されるはずだった。陸自は編成順に番号をつけ、同時編成の場合は北から、さらに同緯度の場合は東から数字を付すことを原則としているからだ。その原則を曲げて三十七としたのは、当時の陸上幕僚長の杉田一次《いちじ》陸将だった。

〈由緒ある三十七連隊は大阪にとの強い御指導を行われた。このため師団の改編順序が適切に律せられ例の少ない同番号の連隊の誕生となったのである〉

『大阪歩兵第三十七聯隊史《れんたいし》』はそう書いている。杉田氏は戦前、陸軍士官学校を卒業後初めて、少尉として赴任したのが歩兵第三十七連隊だった。

「大楠公は常に、寡をもって衆を撃った。そのためには効率的、合理的に用兵しなければならず、脳漿《のうしょう》を絞って考え抜いたと想像します。その歴史はしっかり認識したい」

連隊の歴史を踏まえて、丸尾連隊長はそう語る。

風土と印象背負う連隊

旧陸軍で、歩兵第三十七連隊とともに大阪府民で編成された歩兵第八連隊は、こんな俗謡で有名だった。

〈またも負けたか八連隊　それでは勲章九連隊《くれんたい》敵の陣屋も十連隊《とれんたい》大阪鎮台へぼ鎮台〉

師団が鎮台と呼ばれていた明治二十一年までに生まれた俗謡で、大阪の兵が主に商人や町人から徴募されていたことを揶揄《やゆ》。連隊が、地域の風土や印象を背負う存在だったことがわかる。実際の八連隊は、陸軍草創期から佐賀の乱や萩の乱、西南戦争でも大阪鎮台の中核部隊として活躍した。

終章

神となった親王と武将たち

楠木正行の墓「小楠公御墓所」（大阪府四條畷市）

「敵地」で弔われる悲劇の宮

クスノキの大木が茂る神苑《しんえん》に、一基の大きな石碑がある。碑には明治天皇の言葉が刻まれている。

「護良《もりよし》親王のことを思い出すたび、涙が流れて止めることができない。親王がどのような働きをして亡くなられたのか、多くの人々に知らせたい」

要約すればこうなる。明治六年、大塔宮《おおとうのみや》護良親王を祭神とする鎌倉宮《かまくらぐう》（神奈川県鎌倉市）に行幸した後、明治天皇が太政大臣の三条実美《さねとみ》に語ったものだ。

同宮は明治天皇の勅命で同二年、親王終焉《しゅうえん》の地に創建された。「鎌倉宮」の社号も明治天皇の命名で、天皇自らが創建した神社の一つだ。

「護良親王は、戦前は不屈の宮さま、戦後は悲劇の宮さまとして、信仰を集めてきました」

鎌倉宮の小岩裕一宮司はそう話す。その言葉が示す通り、親王の生涯は波乱に満ちていた。倒幕に大きく貢献しながら、足利尊氏の策謀により鎌倉に送られ九カ月間幽閉。尊氏の弟、直義《ただよし》の手によって最期を遂げた。二十八歳だった。

〈〝餅なしの村〟から先祖の罪を謝して参拝　六百年来の禁制を破る餅献上〉

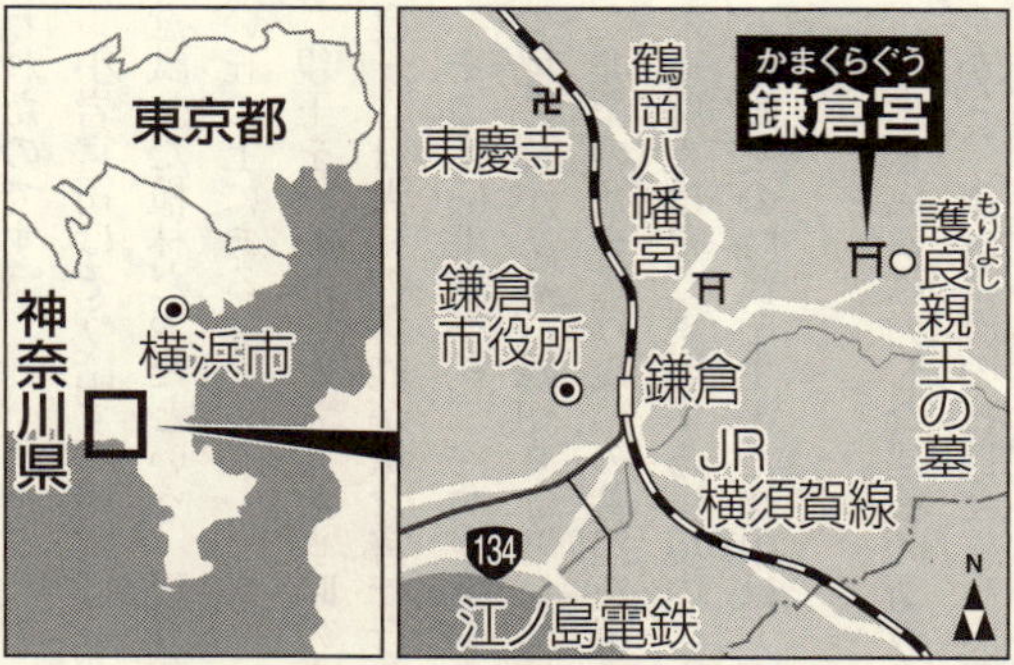

鎌倉宮に残る古いスクラップ帳に、こんな見出しの新聞記事があった。昭和十年八月二十日付の記事だ。

護良親王が北条軍に追われて山伏姿で紀州鮎川に落ちのびた際、餅を所望された村人は後難を恐れて断った。しかし、後に護良親王と知った村人はそれを悔い、以降、正月でも餅をつくことはなかった。昭和に入り、親王六百年祭にようやく餅をつき、この鎌倉宮に供えて先祖の不忠をわびた――という内容だ。

鮎川地区は、平成の大合併までは護良親王にちなんだ「大塔村」に属した。現在は和歌山県田辺市に編入されている。

民俗学者の柳田国男は、「熊野の山間で、近代最も人望ある半神の貴人は大塔宮」と書き残している。

「鎌倉宮の神苑にクスノキが多いのは、楠木正成《まさしげ》公の名に由来しています。創建時に森を整備した際、共に倒幕に尽くした正成公は、護良親王の一番の盟友と思われたのです」

小岩宮司はそう話す。同宮は紅葉の名所としても知られるが、これも親王ゆかりの京都を意識した植林だったという。護良親王の墓は、この森を見下ろすように、鎌倉宮近くの小高い丘の上にある。

親王を慰めたいと考えた当時の人々の思いは、戦後も受け継がれ、昭和三十四年からは奈良・春日大社の薪能が鎌倉宮で行われている。

そこから北西へ約二キロ、北鎌倉の東慶寺には、後醍醐天皇の皇女で、護良親王の姉、用堂尼《ようどうに》の墓がある。縁切り寺として知られたこの寺の第五世住持《じゅうじ》だ。

「非業の死を遂げた弟の菩提《ぼだい》を弔うため、寺に入ったと伝わっています」

東慶寺はそう説明する。境内にある用堂尼の墓は、親王の墓と同様に宮内庁が管理している。動乱の時代を生きた姉弟は、「敵地」ともいえる鎌倉で手厚く弔われている。

楠木正成が尽力した建武の新政は実質三年で崩壊し、日本史から天皇親政の時代は消える。しかし、鎌倉幕府の打倒と新政実現に協力した人々は今も、全国各地で神として祭られている。正成と目的を同じくした人々を神とした日本人の心を基に、「公」精神とは何かを考える。

建武中興十五社

後醍醐天皇はじめ、建武の新政（中興）に尽くした南朝の皇族・武将を主祭神とする十五の神社。その多くは明治期、建武の新政をたたえる機運が高まる中で、整備されていった。平成四年には「建武中興十五社会」を結成している。

戦前までの社格でいうと、官幣《かんぺい》大社一社（吉野神宮）、官幣中社四社（皇子を祭る鎌倉宮など）、別格官幣社十社（忠臣を祭る湊川神社など）からなる。

「西郷どん」が憧れた楠木一族

熊本県北部に位置する中世以来の城下町、菊池市。中心部にある市民広場には、今まさに敵陣に突入するかのような躍動的な騎馬像が立つ。この地を本拠とした菊池氏の第十五代武光《たけみつ》である。後醍醐天皇の皇子で征西将軍、懐良《かねよし》親王を迎え、北朝方に勝利した英雄として知られる。

〈連綿として王事に励み　清廉《せいれん》にして信義に篤《あつ》く〉

銘文が伝えるのは、南朝に尽くした一族の「菊池精神」だ。一族は明治時代に神格化され、広場北東の菊池神社に祭られている。

「菊池氏は天皇はもちろん、一族の絆《きずな》を大切にした。それが慕われる理由でしょう」

同神社の前田澄輝禰宜《ねぎ》はそう話す。神社は地元で「新宮《しんみや》さん」として親しまれ、全国から「菊池」姓の参拝者が絶えないという。

〈元弘の忠烈は、労功の輩《はい》これ多しといへども、いづれも身命を存する者なり。独り勅諚《ちょくじょう》によりて一命を墜《おと》せる者は、武時《たけとき》入道なり。忠厚尤《もっと》も第一たるか〉

一族の功績を主張した十七代武朝《たけとも》の申状《もうしじょう》によると、楠木正成は建武政権成立後、十二代武

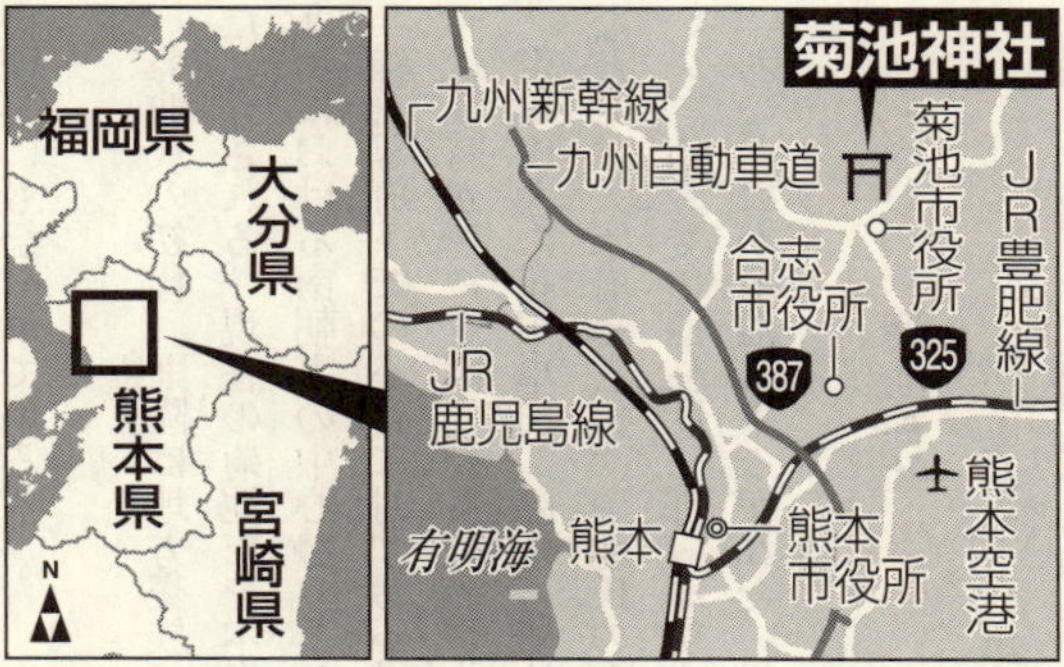

時の「忠厚」をそう激賞したという。武時は後醍醐天皇の命を受け、鎮西探題を攻めたものの、大友貞宗らの離反もあって討ち死にした。これが評価され、嫡男の十三代武重《たけしげ》は肥後守《ひごのかみ》に任じられたとされる。

「正成公が自らの功績よりも武時公をたたえたことは、この社の原点。大楠公と菊池一族の精神は似ており、天皇に仕えた思いは同じだったでしょう」

前田禰宜はそう語る。

さらに『太平記』では、正成にたたえられた武時の子、武吉《たけよし》（原文では武朝）の神戸・湊川の戦いでの最期が書かれている。

〈正成が腹を切る所へ行き合ひて、いかでかこの体《てい》を見捨て、をめをめとは帰るべきとて（略）同じく自害をして焔《ほのお》の中に臥しにけり〉

菊池氏の縁者らでつくる「全国菊池の会」の菊池武則会長は、「楠木正成と志を同じくしていたのでは」と語る。武吉は、正成らとともに湊川神社（神戸市中央区）にも祭られている。

菊池氏の初代、則隆《のりたか》は地方豪族で、父は大宰府の権官《ごんかん》（仮の官人）だった藤原隆家に仕えたともされる。現在の菊池市を本拠とし、鎌倉御家人となったが、武時が倒幕に挙兵。以後、九州における南朝方の中心勢力として奮戦した。

「鎌倉幕府下での不遇に対する不満や幕府に没収された所領の回復という目的があった。さらに武時が連携を図ったものの、仇《あだ》となった少弐《しょうに》氏、大友氏への対抗意識があっただろう」

帝塚山大の花田卓司講師は、菊池氏の変遷についてそう推測する。武光は、少弐氏を破るなどして大宰府を占領、菊池氏の全盛期を築いた。西郷隆盛は自らの源を菊池氏に求めたといい、市教委の西住欣一郎・歴史文化政策監はこう語る。

「あの西郷が菊池にあこがれた。信義にあつかった一族はこの町の源です」

菊池神社

熊本県菊池市に鎮座し、菊池武時、武重、武光を主祭神に一族を祭る。明治天皇が菊池一族をたたえ、明治三（一八七〇）年、菊池本城跡に社殿が創建された。所蔵品に「菊池神社文書」（重要文化財）があり、このうち武重の起請文は、署名血判を押した自筆文書として貴重。三カ条から成る「寄合衆内談の事」で、一族の団結を図った「菊池家憲」として知られる。

十月の大祭では、「菊池の松囃子《まつばやし》」（重要無形民俗文化財）が懐良親王ゆかりのムクノキ「将軍木」前の能舞台で奉納される。

「尊氏を討つ」執念実らず

平成六年九月、三重県津市の御殿場海岸に二隻の巨大貨物船が漂着した。造船所で建造中だった貨物船が、台風二六号の強風にあおられて漂流。約二キロ離れた御殿場海岸に流れ着いたのだ。海岸の近くにある結城神社の一室には、貨物船が座礁した様子を撮影した写真が今も飾られている。

「台風で貨物船が漂着したと知って連想したのは、奥州に向かう途中の海上で暴風にあってこの地に流れ着き、まもなく病死した宗広《むねひろ》公のこと。ここには台風のたびに多くの船が漂着していたのかと考えると、宗広公の故事が一層身近に感じられる」

同神社の宮崎吉史宮司代務者はそう話す。宗広公とは、同神社が祭る南朝方の武将、結城宗広のことである。

〈結城上野《こうずけ》入道が乗つたりける船は、悪風に放たれて、渺々《びょうびょう》たる海上にゆられ漂ふ事、七日七夜なり。すでに海底に沈むか、羅刹国《らせつこく》に墜つるかと覚えしが、風少し静まりて、これも伊勢国安濃津《あのつ》へぞ吹き着けける〉

『太平記』は、奥州を目指した宗広が安濃津（津市）に漂着した様子をそう記す。

宗広の出自は陸奥国白河（福島県白河市）。元弘三（一三三三）年五月、新田義貞に呼応して鎌倉に攻め入り、北条氏滅亡に貢献した。建武政権成立後は、陸奥守となった北畠顕家《あきいえ》に従って奥州に赴いたが、足利尊氏が後醍醐天皇に反旗をひるがえすと、顕家とともに奥州から長駆して京に入り、足利軍を九州に追い落とした。

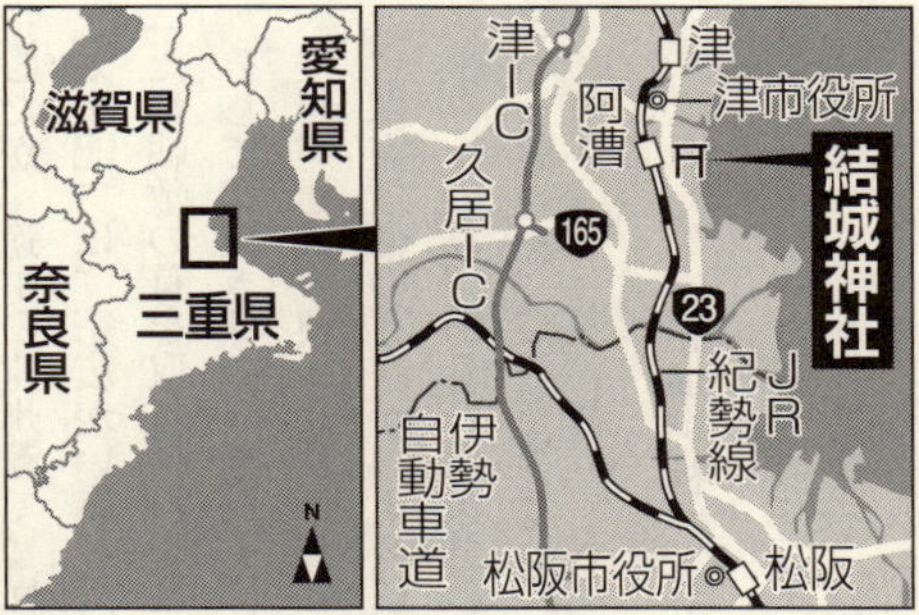

しかし、尊氏が勢力を盛り返し、楠木正成や名和長年などの重臣が相次いで戦死。後醍醐天皇が吉野への遷御《せんぎょ》を余儀なくされた状況をみて、宗広は顕家とともに再度、京を目指した。

「宗広公は当時、すでに相当な老齢だったと思われるが、何度も奥州と京を行き来するなどエネルギッシュな猛将という印象が強い。尊氏を討つ執念のようなものすら感じる」

宮崎氏はそう話す。

延元三（一三三八）年五月、北畠顕家は和泉国石津（大阪府堺市）で足利軍と戦って敗死した。宗広は再び奥州に下って兵をまとめるため、海路伊勢から奥州を目指したが、途中の遠州灘で暴風にあい、伊勢に漂着。まもなく病にかかった。

『太平記』は、宗広がいまわの際に残した言葉を次のように記す。

「ただ朝敵の首を取り、わが墓の前に懸けて見すべし」

そして、抜き身の刀を逆手に持ち、歯がみしながらこの世を去った。

後年、建武中興十五社として崇敬を集める祭神の共通点として、皇学館大の岡野友彦教授は、御霊信仰の存在がベースにあるのではないかと推論する。

「恨みをのみ、あるいは失意のうちに死を迎えた宗広ら南朝の人々の無念の思いを鎮めたいという願いが、彼らを神として敬う心へと転化したのではないでしょうか」

結城神社

結城宗広を主祭神とし、次男の親光以下の一族殉難将士を配祀《はいし》する。宗広の没後、地元住民らが「結城明神」として崇敬し、小さなほこらを建てたことが起源とされる。文政七（一八二四）年、津藩第十代藩主の藤堂高兌《たかさわ》が、儒学者、津坂東陽の建議をいれて社殿を改築。現在も湊川神社に残る楠木正成の墓碑を参考に、宗広の墳墓も修築した。明治十五（一八八二）年、別格官幣社に列せられた。境内には長崎市の平和祈念像を手がけた彫刻家、北村西望《せいぼう》制作の狛犬《こまいぬ》が、戦災を免れ残っている。

後世に伝えたい無私の心

〈今はこれまでとや思ひけん、楠帯刀正行《くすのきたてわきまさつら》、舎弟次郎正時《しゃていじろうまさとき》、和田新発意《しんぼち》、三人立ちながら差し違へ、同じ枕に臥したりけり〉

『太平記』は、楠木正成の嫡男・正行《まさつら》らの最期をそう記す。正行が散ったとされる地「ハラキリ」（大阪府大東市）から北西約一キロにも満たない場所に、四方を玉垣で囲まれた「小楠公御墓所」（同府四條畷《しじょうなわて》市）が建つ。元は約一二メートル四方の墓だったが、明治期に一辺約六〇メートルへ拡大され、明治政府の重鎮・大久保利通の筆跡を刻んだ高さ約六・五メートルの石碑も設置されて、今の姿になった。

正行を祭神とする四條畷神社は明治二十三年創建。『四條畷市史』によると、神社は墓所に建てられる計画だったが、選ばれたのは東に約一キロ離れた飯盛山の中腹だった。

「当時の墓所周辺は田んぼばかりで、神社を建てるには『景観宜《よろ》しからず』との考えがあったからだそうです」

「四條畷楠正行の会」の扇谷《おうぎたに》昭代表はそう話す。

同神社の創建に大きく貢献したのは、神社近くの住吉平田神社の神職で、初代市長・三牧《みまき》

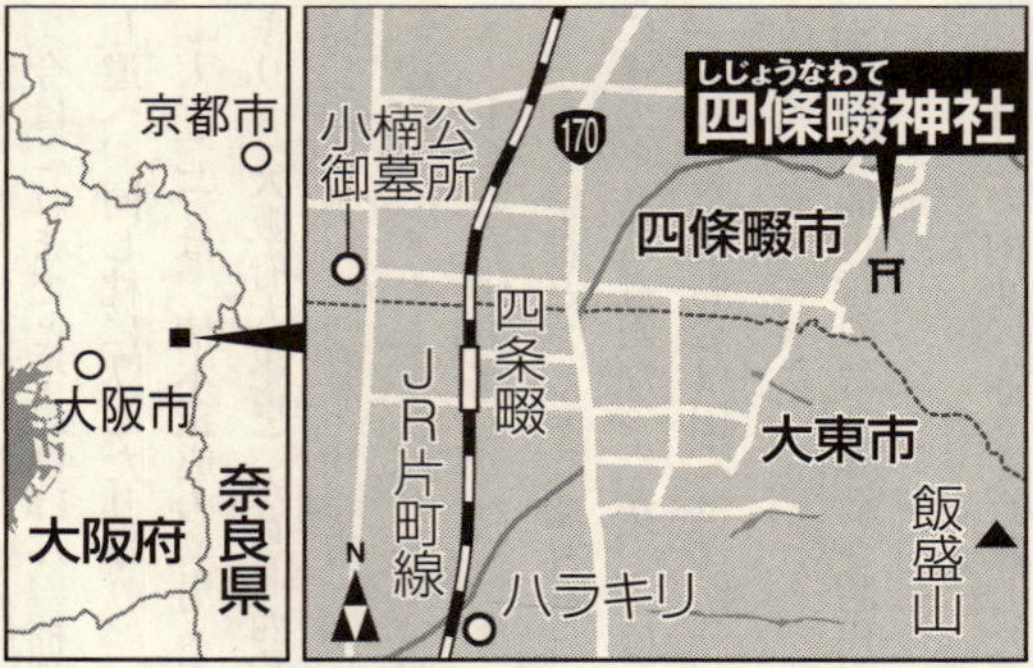

信知氏の祖父にあたる文吾《ぶんご》氏だった。
「鎧《よろい》なのか何なのかは分からないのですが、三牧家は先祖代々、正行の残した『武具』を守っていたそうです」

　文吾氏のひ孫、康祐氏はそう話す。史料によると、後醍醐天皇侍講の子孫と自覚する文吾氏は明治元年、政府の弁事伝達御役所に神社造立勅許の願書を提出する。「追って沙汰すべし」など何度門前払いを受けても嘆願を重ね、七年に「公然墓地の営繕を為すべき旨」（大阪府全誌）、つまりは墓所拡大の認可を得て、神社創建勅許へつながっていく。

「明治五年に創建された正成を祭る湊川神社の存在が大きかったと思います。『国も認める神社』を作り、正行を祭ろうという気持ちがあったのでしょう」

　文吾氏が四條畷神社創建に尽力した理由について、康祐氏はそう推察する。

〈里人喜び境内地や金品を寄進して、老《おい》も若きも土を運び石を積んで奉仕し（後略）〉

『四條畷神社略記』は、神社建設の様子をそう記す。参拝客向けとしてJR片町線の前身・浪速鉄道が敷設され、自治体としては甲可村だったこの地は昭和七年、四條畷村となった。地域の歴史は神社によって形作られていったといっていい。

「無私の心で生きた正行を四條畷の人々は誇りに思っていた。それを『後世に伝えたい』という思いが形になったのです」

扇谷氏はそう話す。神社の石段を半分ほど登ると、まっすぐ延びた道の先に、巨大なクスノキがそびえる小楠公御墓所が見える。

「墓所を『見守る』ような場所に神社を建てようとの思いがあったのかもしれません」

四條畷神社の大町直人権禰宜《ごんねぎ》は、当時の人々の心情にそう思いをはせる。

四條畷神社

主祭神は正行で、弟の正時、いとこの和田賢秀（『太平記』では和田新発意源秀）ら二十五人を祭る。鎮座は明治二十三年四月。

当時、正行は「忠孝両全」、父・正成同様に、理想的な人物像として仰がれたため、参拝者は創建当初から年間三十万人を数えたという。鉄道唱歌でも「四條畷に仰ぎみる小楠公の宮どころ　ながれも清き菊水の　旗風いまも香らせて」などと歌われている。

境内には大正十四年、地元の女性の力だけで正行の母・久子を祭る摂社・御妣《みおや》神社が創建され、父子像と母子像もある。

幕末の志士　忠臣に魅せられ

明治改元を前にした慶応四（一八六八）年四月二十一日、明治天皇が楠木正成を祭神とする湊川神社の創建を命じた。明治百五十年を迎えた平成三十年は、同社の「創祀《そうし》御沙汰《ごさた》」百五十年でもある。御沙汰はその理由をこう記す。

〈楠贈正三位中将正成《くすのきぞうしょうさんみのちゅうじょうまさしげ》　精忠節義其功烈《せいちゅうせつぎそのこうれつ》　萬世輝真千歳之一人《ばんせいにかがやきまことにせんざいのいちにん》　臣子《しんし》之《の》亀鑑《きかんに》候《そうろう》（楠木正成の忠義の功績は永遠に輝き千年に一人の存在で臣下の鑑《かがみ》である）〉

幕末、倒幕佐幕にかかわらず、志士や公家らの間では忠臣で知られる正成の信奉者が多かった。尾張藩や薩摩藩などが相次いで創建に動いたが結局、同年三月、当時兵庫裁判所の役人だった伊藤博文らが国による創建を願う建白書を提出。受理されて天皇の沙汰が下った。

正成を神とする祭事は、江戸時代初期にはすでに佐賀藩で営まれていたといわれる。文献上の初見は、幕末の志士で神職でもあった真木和泉が、弘化四（一八四七）年に「楠公祭」を行ったことである。

「実際はもっと以前から行われていたでしょう。正成公を神として祭ることは江戸時代にはすでに一般に広がっていたと思います」

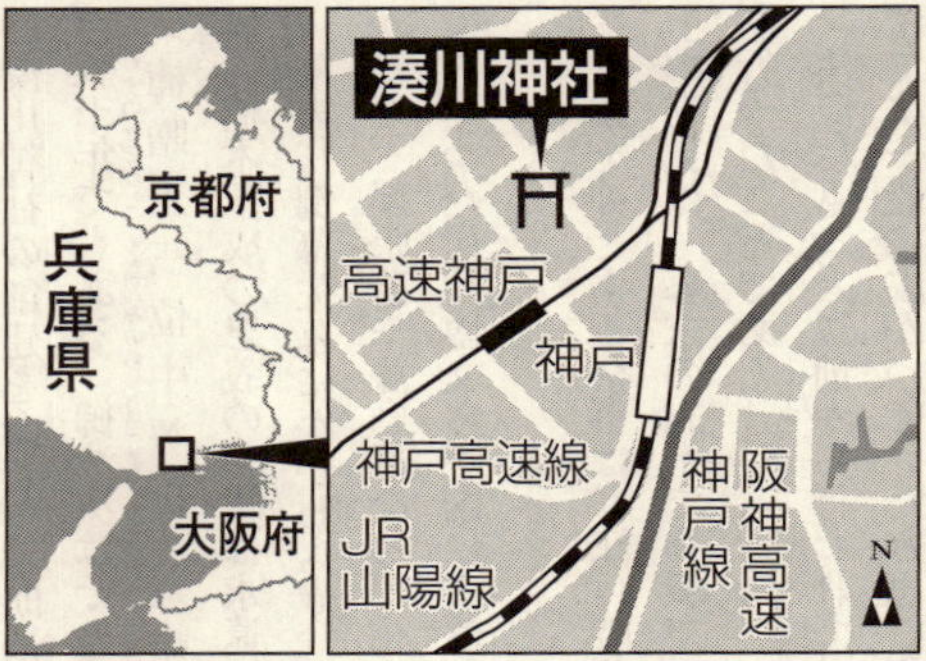

同神社の垣田宗彦宮司はそう話す。垣田宮司は、後に初代総理大臣となる伊藤を「湊川神社の基礎を築いた人物」と評する。

楠公崇拝の念を持つ吉田松陰の松下村塾で学んだ伊藤は、神社創祀の沙汰が下った直後の五月に初代兵庫県知事に就任。境内地の選定などを差配し、翌年、職を離れた際には灯籠二基を奉納している。

「守り本尊の虚空菩薩像の裏に正成・正行《まさつら》公の命日を刻んでいたほどでした」と伊藤の熱心さを、垣田宮司は語る。

もう一人、武将としての正成を尊崇し、自身と重ね合わせた幕末の志士は西郷隆盛だ。平成二十二年に発見された「湊川感懐《かんかい》」ではとうとう思いを詠んでいる。

〈王家の萋棘《せいきょく》（雑草）、古《いにしえ》も猶《なお》今のごとし。遺恨千秋《いこんせんしゅう》、湊水《そうすい》の潯《ふち》。願くは青蛍《せいけい》と化して墓畔《ぼはん》に生まれ、香骨《こうこつ》に追随して吾が心を快《たの》ましめん（雑草がはびこるのは昔もなお今のよう。楠公の恨みは深く湊川に千年も漂う。願わくば青い蛍と化してこの墓畔に生じ、香《かぐわ》しい尊皇精神に追い従って自分の心を爽快にしたいものだ〉

西郷南洲顕彰館の高柳毅・元館長は「西郷が下野後の作で、自身の死期を予想して詠んでいる」という。「西郷は正成を国難を救った英雄として尊敬していた」というのは歴史作家の加来耕三氏だ。「策を容れられなかった正成と自身を重ね、正成が湊川に赴いたように西南戦争に向かったのではないか。二人とも政治家ではなく軍政家だった」

戦後、語られることの少なかった正成だが、地元神戸では今も「楠公さん」と親しまれている。

「私利私欲なく公に生きたからこそ、神と祭られ慕われてきた。敵の足利尊氏とも結ぶ策を進言したのも平和を願ったからです」

五月二十六日（平成三十年）の楠公行列を前に、垣田宮司はそう語った。

湊川神社と楠公武者行列

神戸市中央区で祭神・楠木正成を祭る。嫡男の正行、弟の正季《まさすえ》らを配祀、摂社・甘《かん》南備《なび》神社の祭神として正成の妻、大楠公夫人を合祀《ごうし》する。

境内には社殿のほか、湊川の戦いで正成が、正季と刺し違えた場所とされる「殉節地」（史跡楠木正成戦没地）、徳川（水戸）光圀《みつくに》による墓碑「嗚呼《ああ》忠臣楠子之《ちゅうしんなんしの》墓《はか》」が立つ墓所などがある。主な祭事は五月二十四～二十六日楠公祭、七月十二日例大祭。平成三十年の楠公祭では、五年ぶりに「楠公武者行列」が行われ、約六時間かけて神戸市中心部を騎馬武者らが練り歩いた。

取材班スタッフ

安本寿久（やすもと・としひさ）

昭和33年、兵庫県生まれ。大阪社会部次長、編集局次長兼総合編集部長、産経新聞編集長などを経て特別記者編集委員。著書に『評伝廣瀬武夫』、共著に『親と子の日本史』『坂の上の雲をゆく』『人口減少時代の読み方』など。

荒木利宏（あらき・としひろ）

昭和54年、大阪府生まれ。和歌山支局、大阪本社整理部、神戸総局を経て姫路支局記者。行政や警察、司法などを担当するかたわら、楠木正成の取材に取り組んでいる。

岩口利一（いわぐち・としかず）

昭和44年、大阪市生まれ。大阪本社整理部、同地方部などを経て現在、奈良支局記者。宗教と文化財、教育を担当。夕刊で「清々し春日式年造替」を連載している。

恵守 乾（えもり・かん）

昭和54年、宮崎県生まれ。カメラマンとして入社し、ニュース担当、スポーツ担当、京都総局駐在を経て再度、ニュース担当。スポーツから神話まで幅広く担当。。

新村俊武（しむら・としたけ）

昭和40年、兵庫県生まれ。平成３年、産経新聞大阪本社に入社。現在、整理部長。『太平記』に登場する武将「大塩次郎」は郷土の誇り。

藤崎真生（ふじさき・まお）

昭和49年、大阪府生まれ。サンケイスポーツと産経新聞の整理部、姫路、福山、洲本などの支局で勤務し、平成28年から社会部大阪総局富田林駐在。楠木正成ゆかりの地を担当。

山上直子（やまがみ・なおこ）

昭和40年、京都府生まれ、大阪育ち。平成３年、大阪新聞入社。産経新聞京都総局、文化部次長を経て26年から論説委員兼編集局編集委員、27年大阪特派員を兼務。

本書は平成 28（2016）年 3 月 21 日から 30 年 5 月 26 日まで、産経新聞（大阪版）に連載された『楠木正成考―「公」を忘れた日本人へ』に、加筆・修正し、再編集したものです。肩書や事実関係は、新聞連載時のものです。
単行本　平成 30 年 7 月　産経新聞出版刊

装幀／伏見さつき　ＤＴＰ／佐藤敦子　写真・地図／産経新聞社

産経ＮＦ文庫

教科書が教えない　楠木正成

二〇一九年八月二十三日　第一刷発行

著　者　産経新聞取材班

発行者　皆川豪志

発行・発売　株式会社　潮書房光人新社

〒100-8077　東京都千代田区大手町一-七-二

電話／〇三-六二八一-九八九一(代)

印刷・製本　凸版印刷株式会社

定価はカバーに表示してあります

乱丁・落丁のものはお取りかえ致します。本文は中性紙を使用

ISBN978-4-7698-7014-2　C0195

http://www.kojinsha.co.jp

産経NF文庫の既刊本

国会議員に読ませたい 敗戦秘話

政治家よ！もっと勉強してほしい

産経新聞取材班

敗戦という国家存亡の危機からの復興、そして国際社会で名誉ある地位を築くまでになったわが国——なぜ、日本は今、繁栄しているのか。国会議員が戦後の真の歴史を知らずして、この国を動かしているとしたら、日本国民としてこれほど不幸なことはない。

定価〈本体820円＋税〉 ISBN978-4-7698-7003-6

国民の神話

日本人の源流を訪ねて

産経新聞社

乱暴者だったり、色恋に夢中になったりと、実に人間味豊かな神様たちが多く登場し、躍動します。感受性豊かな祖先が築き上げた素晴らしい日本を、もっともっと好きになる一冊です。日本人であることを楽しく、誇らしく思わせてくれるもの、それが神話です！

定価〈本体820円＋税〉 ISBN978-4-7698-7004-3

産経NF文庫の既刊本

総括せよ！　さらば革命的世代
50年前、キャンパスで何があったか

産経新聞取材班

半世紀前、わが国に「革命」を訴える世代がいた。当時それは特別な人間でも特別な考え方でもなかった。にもかかわらず、彼らは、あの時代を積極的に語ろうとはしない。彼らの存在はわが国にどのような功罪を与えたのか。そもそも、「全共闘世代」とは何者か？

定価〈本体800円＋税〉　ISBN978-4-7698-7005-0

金正日秘録
なぜ正恩体制は崩壊しないのか

龍谷大学教授　李　相哲

米朝首脳会談後、盤石ぶりを誇示する金正恩。正恩の父、正日はいかに権力基盤を築き、三代目へ権力を譲ったのか。機密文書など600点に及ぶ文献や独自インタビューから初めて浮かびあがらせた、2代目独裁者の「特異な人格」と世襲王朝の実像！

定価〈本体900円＋税〉　ISBN978-4-7698-7006-7

中国人が死んでも認めない　捏造だらけの中国史

黄　文雄

真実を知れば、日本人はもう騙されない！中国の歴史とは巨大な嘘！中華文明の歴史が嘘をつくり、その嘘がまた歴史をつくる無限のループこそが、中国の主張する「中国史の正体」なのである。だから、一つ嘘を認めれば、歴史を誇る「中国」は足もとから崩れることになる。

定価〈本体800円＋税〉　ISBN978-4-7698-7007-4